HAMBURGER LESEHEFTE

PLUS

TEXT UND MATERIALIEN

THEODOR STORM

DER SCHIMMELREITER

HLV

Bange Verlag

HAMBURGER LESEHEFTE PLUS
KÖNIGS MATERIALIEN
513. HEFT

Zur Textgestaltung

Dem vorliegenden Text liegt der Wortlaut der Ausgabe von Theodor Storms *Sämtlichen Werken* zugrunde, die K. E. Laage und D. Lohmeier im Deutschen Klassiker Verlag (Frankfurt a. M. 1988) herausgegeben haben (Bd. III, S. 634–756), der, abgesehen von einigen wenigen Verbesserungen, auf den Text der Ausgabe letzter Hand, auf Storms *Gesammelte Schriften* (Bd. 19 [1889], S. 99–326) zurückgeht. Der Text wurde für die vorliegende Ausgabe behutsam den amtlichen Rechtschreibregeln angeglichen.

Analysiert und interpretiert mit Textverweisen auf dieses Heft wird *Der Schimmelreiter* in Königs Erläuterungen, 978-3-8044-1946-9, C. Bange Verlag.

1. Auflage 2020

Alle Drucke dieser Ausgabe und die der Hamburger Lesehefte sind untereinander unverändert und können im Unterricht nebeneinander genutzt werden.

Heftbearbeitung Text: Ingwert Paulsen jr.
Heftbearbeitung Materialien: Carina Orf
Umschlaggestaltung und Layout: Petra Michel
Umschlagzeichnung: Ingeborg Strange-Friis
Druck und Weiterverarbeitung: Husum Druck- und Verlagsgesellschaft, Husum

ISBN 978-3-8044-2592-7

www.bange-verlag.de

ISBN 978-3-87291-512-2

www.verlagsgruppe.de

INHALT

TEXT

← Die Pfeile verweisen auf Anmerkungen im Anhang.
Kurze Worterläuterungen stehen direkt neben dem Text.

Was ich zu berichten beabsichtige, ist mir vor reichlich einem halben Jahrhundert im Hause meiner Urgroßmutter, der alten Frau Senator Feddersen, kundgeworden, während ich, an ihrem Lehnstuhl sitzend, mich mit dem Lesen eines in blaue Pappe eingebundenen Zeitschriftenheftes beschäftigte; ich vermag mich nicht mehr zu entsinnen, ob von den „Leipziger“ oder von „Pappes Hamburger Lesefrüchten“. Noch fühl ich es gleich einem Schauer, wie dabei die linde Hand der über Achtzigjährigen mitunter liebkosend über das Haupthaar ihres Urenkels hinglitt. Sie selbst und jene Zeit sind längst begraben; vergebens auch habe ich seitdem jenen Blättern nachgeforscht, und ich kann daher umso weniger weder die Wahrheit der Tatsachen verbürgen, als, wenn jemand sie bestreiten wollte, dafür aufstehen; nur so viel kann ich versichern, dass ich sie seit jener Zeit, obgleich sie durch keinen äußeren Anlass in mir aufs Neue belebt wurden, niemals aus dem Gedächtnis verloren habe.

Es war im dritten Jahrzehnt unseres Jahrhunderts, an einem Oktobernachmittag – so begann der damalige Erzähler –, als ich bei starkem Unwetter auf einem nordfriesischen Deich entlangritt. Zur Linken hatte ich jetzt schon seit über einer Stunde die öde, bereits von allem Vieh geleerte Marsch, zur Rechten, und zwar in unbehaglichster Nähe, das Wattenmeer der Nordsee; zwar sollte man vom Deiche aus auf Halligen und Inseln sehen können; aber ich sah nichts als die gelbgrauen Wellen, die unaufhörlich wie mit Wutgebrüll an den Deich hinaufschlugen und mitunter mich und das Pferd mit schmutzigem Schaum bespritzten; dahinter wüste Dämmerung, die Himmel und Erde nicht unterscheiden ließ; denn auch der halbe Mond, der jetzt in der Höhe stand, war meist von treibendem Wolkendunkel überzogen. Es war eiskalt; meine verklommenen Hände konnten kaum den Zügel halten, und ich verdachte es nicht den Krähen und Möwen, die sich fortwährend krächzend und gackernd vom Sturm ins Land hineintreiben ließen. Die Nachtdämmerung hatte begonnen, und schon konnte ich nicht mehr mit Sicherheit die Hufen meines Pferdes erkennen; keine Menschenseele war mir begegnet, ich hörte nichts als das Geschrei der Vögel, wenn sie mich oder meine treue Stute fast mit den langen Flügeln streiften, und das Toben von Wind und Wasser. Ich leugne nicht, ich wünschte mich mitunter in sicheres Quartier.

Das Wetter dauerte jetzt in den dritten Tag, und ich hatte mich schon über Gebühr von einem mir besonders lieben Verwandten auf seinem Hofe halten lassen, den er in einer der nördlicheren

← Harden besaß. Heute aber ging es nicht länger; ich hatte Geschäfte in der Stadt, die auch jetzt wohl noch ein paar Stunden weit nach Süden vor mir lag, und trotz aller Überredungskünste des Vetters und seiner lieben Frau, trotz der schönen selbst gezogenen Perinette- und Grand-Richard-Äpfel, die noch zu probieren waren, am Nachmittag war ich davongeritten. „Wart nur, bis du ans Meer kommst", hatte er noch an seiner Haustür mir nachgerufen; „du kehrst noch wieder um; dein Zimmer wird dir vorbehalten!"

Und wirklich, einen Augenblick, als eine schwarze Wolkenschicht es pechfinster um mich machte und gleichzeitig die heulenden Böen mich samt meiner Stute vom Deich herabzudrängen suchten, fuhr es mir wohl durch den Kopf: ‚Sei kein Narr! Kehr um und setz dich zu deinen Freunden ins warme Nest.' Dann aber fiel's mir ein, der Weg zurück war wohl noch länger als der nach meinem Reiseziel; und so trabte ich weiter, den Kragen meines Mantels um die Ohren ziehend.

Jetzt aber kam auf dem Deiche etwas gegen mich heran; ich hörte nichts; aber immer deutlicher, wenn der halbe Mond ein karges Licht herabließ, glaubte ich eine dunkle Gestalt zu erkennen, und bald, da sie näher kam, sah ich es, sie saß auf einem Pferde, einem hochbeinigen hageren Schimmel; ein dunkler Mantel flatterte um ihre Schultern, und im Vorbeifliegen sahen mich zwei brennende Augen aus einem bleichen Antlitz an.

Wer war das? Was wollte der? – Und jetzt fiel mir bei, ich hatte keinen Hufschlag, kein Keuchen des Pferdes vernommen; und Ross und Reiter waren doch hart an mir vorbeigefahren!

In Gedanken darüber ritt ich weiter; aber ich hatte nicht lange Zeit zum Denken; schon fuhr es von rückwärts wieder an mir vorbei; mir war, als streifte mich der fliegende Mantel, und die Erscheinung war, wie das erste Mal, lautlos an mir vorübergestoben. Dann sah ich sie fern und ferner vor mir; dann war's, als säh ich plötzlich ihren Schatten an der Binnenseite des Deiches hinuntergehen.

Etwas zögernd ritt ich hinterdrein. Als ich jene Stelle erreicht hatte, sah ich hart am Deich im Kooge unten das Wasser einer großen Wehle blinken – so nennen sie dort die Brüche, welche von den Sturmfluten in das Land gerissen werden und die dann meist als kleine, aber tiefgründige Teiche stehen bleiben.

Das Wasser war, trotz des schützenden Deiches, auffallend unbewegt; der Reiter konnte es nicht getrübt haben; ich sah nichts weiter von ihm. Aber ein anderes sah ich, das ich mit Freuden jetzt begrüßte: vor mir, von unten aus dem Kooge, schimmerten eine Menge zerstreuter Lichtscheine zu mir herauf; sie schienen aus jenen lang gestreckten friesischen Häusern zu kommen, die vereinzelt auf mehr oder minder hohen Werften lagen; dicht vor mir aber auf halber Höhe des Binnendeiches lag ein großes Haus derselben Art; an der Südseite, rechts von der Haustür, sah ich alle Fenster erleuchtet; dahinter gewahrte ich Menschen und glaubte trotz des Sturmes sie zu hören. Mein Pferd war schon von selbst auf den Weg am Deich hinabgeschritten, der mich vor die Tür des Hauses führte. Ich sah wohl, dass es ein Wirtshaus war; denn vor den Fenstern gewahrte ich die so genannten „Ricks", das heißt auf zwei Ständern ruhende Balken mit großen eisernen Ringen, zum Anbinden des Viehes und der Pferde, die hier Halt machten.

Rick
dasselbe Wort wie: Reck = Latte, Stange

Ich band das meine an einen derselben und überwies es dann dem Knechte, der mir beim Eintritt in den Flur entgegenkam. „Ist hier Versammlung?", frug ich ihn, da mir jetzt deutlich ein Geräusch von Menschenstimmen und Gläserklirren aus der Stubentür entgegendrang.

„Is wull so wat", entgegnete der Knecht auf Plattdeutsch – und ich erfuhr nachher, dass dieses neben dem Friesischen hier schon seit über hundert Jahren im Schwange gewesen sei – „Diekgraf un Gevollmächtigten un wecke von de annern Interessenten! Dat is um't hoge Water!"

Is wull so wat
ist wohl so etwas

→

Als ich eintrat, sah ich etwa ein Dutzend Männer an einem Tische sitzen, der unter den Fenstern entlanglief; eine Punschbowle stand darauf, und ein besonders stattlicher Mann schien die Herrschaft über sie zu führen.

Ich grüßte und bat, mich zu ihnen setzen zu dürfen, was bereitwillig gestattet wurde. „Sie halten hier die Wacht!", sagte ich, mich zu jenem Manne wendend; „es ist bös Wetter draußen; die Deiche werden ihre Not haben!"

„Gewiss", erwiderte er; „wir, hier an der Ostseite, aber glauben jetzt außer Gefahr zu sein; nur drüben an der anderen Seite ist's nicht sicher; die Deiche sind dort meist noch mehr nach altem Muster; unser Hauptdeich ist schon im vorigen Jahrhundert umgelegt. – Uns ist vorhin da draußen kalt geworden, und Ihnen", setzte er hinzu, „wird es ebenso gegangen sein; aber wir müssen hier noch ein paar Stunden aushalten; wir haben sichere Leute draußen, die uns Bericht erstatten." Und ehe ich meine Bestellung bei dem Wirte machen konnte, war schon ein dampfendes Glas mir hingeschoben.

Ich erfuhr bald, dass mein freundlicher Nachbar der Deichgraf sei; wir waren ins Gespräch gekommen, und ich hatte begonnen, ihm meine seltsame Begegnung auf dem Deiche zu erzählen. Er wurde aufmerksam, und ich bemerkte plötzlich, dass alles Gespräch umher verstummt war. „Der Schimmelreiter!", rief einer aus der Gesellschaft, und eine Bewegung des Erschreckens ging durch die Übrigen.

Der Deichgraf war aufgestanden. „Ihr braucht nicht zu erschrecken", sprach er über den Tisch hin; „das ist nicht bloß für uns; anno 17 hat es auch denen drüben gegolten; mögen sie auf alles vorgefasst sein!"

←

Mich wollte nachträglich ein Grauen überlaufen: „Verzeiht!", sprach ich, „was ist das mit dem Schimmelreiter?"

Abseits hinter dem Ofen, ein wenig gebückt, saß ein kleiner hagerer Mann in einem abgeschabten schwarzen Röcklein; die eine Schulter schien ein wenig ausgewachsen. Er hatte mit keinem Worte an der Unterhaltung der anderen teilgenommen; aber seine bei dem spärlichen grauen Haupthaar noch immer mit dunklen Wimpern besäumten Augen zeigten deutlich, dass er nicht zum Schlaf hier sitze.

Gegen diesen streckte der Deichgraf seine Hand: „Unser Schulmeister", sagte er mit erhobener Stimme, „wird von uns hier Ihnen das am besten erzählen können; freilich nur in seiner Weise und nicht so richtig, wie zu Haus meine alte Wirtschafterin Antje Vollmers es beschaffen würde."

„Ihr scherzet, Deichgraf!", kam die etwas kränkliche Stimme des Schulmeisters hinter dem Ofen hervor, „dass Ihr mir Euern dummen Drachen wollt zur Seite stellen!"

„Ja, ja, Schulmeister!", erwiderte der andere; „aber bei den Drachen sollen derlei Geschichten am besten in Verwahrung sein!"

„Freilich!", sagte der kleine Herr; „wir sind hierin nicht ganz derselben Meinung"; und ein überlegenes Lächeln glitt über das feine Gesicht.

„Sie sehen wohl", raunte der Deichgraf mir ins Ohr; „er ist immer noch ein wenig hochmütig; er hat in seiner Jugend einmal Theologie studiert und ist nur einer verfehlten Brautschaft wegen hier in seiner Heimat als Schulmeister behangen geblieben."

Theologie *(griechisch)* Gotteslehrsamkeit

Dieser war inzwischen aus seiner Ofenecke hervorgekommen und hatte sich neben mir an den langen Tisch gesetzt. „Erzählt, erzählt nur, Schulmeister", riefen ein paar der Jüngeren aus der Gesellschaft.

„Nun freilich", sagte der Alte, sich zu mir wendend, „will ich gern zu Willen sein; aber es ist viel Aberglauben dazwischen und eine Kunst, es ohne diesen zu erzählen."

„Ich muss Euch bitten, den nicht auszulassen", erwiderte ich; „traut mir nur zu, dass ich schon selbst die Spreu vom Weizen sondern werde!"

Der Alte sah mich mit verständnisvollem Lächeln an: »Nun also!«, sagte er. »In der Mitte des vorigen Jahrhunderts oder vielmehr, um genauer zu bestimmen, vor und nach derselben, gab es hier einen Deichgrafen, der von Deich- und Sielsachen mehr verstand, als Bauern und Hofbesitzer sonst zu verstehen pflegen; aber es reichte doch wohl kaum; denn was die studierten Fachleute darüber niedergeschrieben, davon hatte er wenig gelesen; sein Wissen hatte er sich, wenn auch von Kindesbeinen an, nur selber ausgesonnen. Ihr hörtet wohl schon, Herr, die Friesen rechnen gut, und habet auch wohl schon über unseren Hans Mommsen von Fahretoft reden hören, der ein Bauer war und doch Bussolen und Seeuhren, Teleskope und Orgeln machen konnte. Nun, ein Stück von solch einem Manne war auch der Vater des nachherigen Deichgrafen gewesen; freilich wohl nur ein kleines. Er hatte ein paar Fennen, wo er Raps und Bohnen baute, auch eine Kuh graste, ging unterweilen im Herbst und Frühjahr auch aufs Landmessen und saß im Winter, wenn der Nordwest von draußen kam und an seinen Läden rüttelte, zu ritzen und zu prickeln, in seiner Stube. Der Junge saß meist dabei und sah über seine Fibel oder Bibel weg dem Vater zu, wie er maß und berechnete, und grub sich mit der Hand in seinen blonden Haaren. Und eines Abends frug er den Alten, warum denn das, was er eben hingeschrieben hatte, gerade so sein müsse und nicht anders sein könne, und stellte dann eine eigene Meinung darüber auf. Aber der Vater, der darauf nicht zu antworten wusste, schüttelte den Kopf und sprach: „Das kann ich dir nicht sagen; genug, es ist so, und du selber irrst dich. Willst du mehr wissen, so suche morgen aus der Kiste, die auf unserem Boden steht, ein Buch; einer, der Euklid hieß, hat's geschrieben; das wird's dir sagen!“

– – Der Junge war tags darauf zu Boden gelaufen und hatte auch bald das Buch gefunden; denn viele Bücher gab es überhaupt nicht in dem Hause; aber der Vater lachte, als er es vor ihm auf den Tisch legte. Es war ein holländischer Euklid, und Holländisch, wenngleich es doch halb Deutsch war, verstanden alle beide nicht. „Ja, ja“, sagte er, „das Buch ist noch von meinem Vater, der verstand es; ist denn kein deutscher da?“

Der Junge, der von wenig Worten war, sah den Vater ruhig an und sagte nur: „Darf ich's behalten? Ein deutscher ist nicht da.“

Und als der Alte nickte, wies er noch ein zweites, halb zerrissenes Büchlein vor. „Auch das?“, frug er wieder.

„Nimm sie alle beide!“, sagte Tede Haien; „sie werden dir nicht viel nützen.“

Aber das zweite Buch war eine kleine holländische Grammatik,

→

→

Bussole *(lateinisch, italienisch, französisch)* Kompass

Teleskop *(griechisch)* Fernrohr

prickeln stechen; hier mit dem Zirkel

→

und da der Winter noch lange nicht vorüber war, so hatte es, als endlich die Stachelbeeren in ihrem Garten wieder blühten, dem Jungen schon so weit geholfen, dass er den Euklid, welcher damals stark im Schwange war, fast überall verstand.

Es ist mir nicht unbekannt, Herr«, unterbrach sich der Erzähler, »dass dieser Umstand auch von Hans Mommsen erzählt wird; aber vor dessen Geburt ist hier bei uns schon die Sache von Hauke Haien – so hieß der Knabe – berichtet worden. Ihr wisset auch wohl, es braucht nur einmal ein Größerer zu kommen, so wird ihm alles aufgeladen, was in Ernst oder Schimpf seine Vorgänger einst mögen verübt haben.

Als der Alte sah, dass der Junge weder für Kühe noch Schafe Sinn hatte und kaum gewahrte, wenn die Bohnen blühten, was doch die Freude von jedem Marschmann ist, und weiterhin bedachte, dass die kleine Stelle wohl mit einem Bauer und einem Jungen, aber nicht mit einem Halbgelehrten und einem Knecht bestehen könne, ingleichen, dass er auch selber nicht auf einen grünen Zweig gekommen sei, so schickte er seinen großen Jungen an den Deich, wo er mit anderen Arbeitern von Ostern bis Martini Erde karren musste. ‚Das wird ihn vom Euklid kurieren', sprach er bei sich selber.

Martini
Der Martinstag ist der 11. November.

Und der Junge karrte; aber den Euklid hatte er allzeit in der Tasche, und wenn die Arbeiter ihr Frühstück oder Vesper aßen, saß er auf seinem umgestülpten Schubkarren mit dem Buche in der Hand. Und wenn im Herbst die Fluten höher stiegen und manch ein Mal die Arbeit eingestellt werden musste, dann ging er nicht mit den anderen nach Haus, sondern blieb, die Hände über die Knie gefaltet, an der abfallenden Seeseite des Deiches sitzen und sah stundenlang zu, wie die trüben Nordseewellen immer höher an die Grasnarbe des Deiches hinaufschlugen; erst wenn ihm die Füße überspült waren und der Schaum ihm ins Gesicht spritzte, rückte er ein paar Fuß höher und blieb dann wieder sitzen. Er hörte weder das Klatschen des Wassers noch das Geschrei der Möwen und Strandvögel, die um oder über ihm flogen und ihn fast mit ihren Flügeln streiften, mit den schwarzen Augen in die seinen blitzend; er sah auch nicht, wie vor ihm über die weite, wilde Wasserwüste sich die Nacht ausbreitete; was er allein hier sah, war der brandende Saum des Wassers, der, als die Flut stand, mit hartem Schlage immer wieder dieselbe Stelle traf und vor seinen Augen die Grasnarbe des steilen Deiches auswusch.

Nach langem Hinstarren nickte er wohl langsam mit dem Kopfe oder zeichnete, ohne aufzusehen, mit der Hand eine weiche Linie in die Luft, als ob er dem Deiche damit einen sanfteren Abfall geben wollte. Wurde es so dunkel, dass alle Erdendinge vor seinen Augen verschwanden und nur die Flut ihm in die Ohren donnerte, dann stand er auf und trabte halbdurchnässt nach Hause.

Als er so eines Abends zu seinem Vater in die Stube trat, der an seinen Messgeräten putzte, fuhr dieser auf: „Was treibst du da draußen? Du hättest ja versaufen können; die Wasser beißen heute in den Deich."

Hauke sah ihn trotzig an.

– „Hörst du mich nicht? Ich sag, du hättst versaufen können."

„Ja", sagte Hauke; „ich bin doch nicht versoffen!"

„Nein", erwiderte nach einer Weile der Alte und sah ihm wie abwesend ins Gesicht, – „diesmal noch nicht."

„Aber", sagte Hauke wieder, „unsere Deiche sind nichts wert!"

– „Was für was, Junge?"

„Die Deiche, sag ich!"

– „Was sind die Deiche?"

„Sie taugen nichts, Vater!", erwiderte Hauke.

Der Alte lachte ihm ins Gesicht. „Was denn, Junge? Du bist wohl das Wunderkind aus Lübeck!"

Aber der Junge ließ sich nicht irren. „Die Wasserseite ist zu steil", sagte er; „wenn es einmal kommt, wie es mehr als einmal schon gekommen ist, so können wir hier auch hinterm Deich ersaufen!"

Der Alte holte seinen Kautabak aus der Tasche, drehte einen Schrot ab und schob ihn hinter die Zähne. „Und wie viel Karren hast du heut geschoben?", frug er ärgerlich; denn er sah wohl, dass auch die Deicharbeit bei dem Jungen die Denkarbeit nicht hatte vertreiben können.

Schrot abgeschnittenes Stück

„Weiß nicht, Vater", sagte dieser, „so, was die anderen machten; vielleicht ein halbes Dutzend mehr; aber – die Deiche müssen anders werden!"

„Nun", meinte der Alte und stieß ein Lachen aus; „du kannst es ja vielleicht zum Deichgraf bringen; dann mach sie anders!"

„Ja, Vater!", erwiderte der Junge.

Der Alte sah ihn an und schluckte ein paar Mal; dann ging er aus der Tür; er wusste nicht, was er dem Jungen antworten sollte.

Auch als zu Ende Oktobers die Deicharbeit vorbei war, blieb der Gang nordwärts nach dem Haff hinaus für Hauke Haien die beste Unterhaltung; den Allerheiligentag, um den herum die Äquinoktialstürme zu tosen pflegen, von dem wir sagen, dass Friesland ihn

→

wohl beklagen mag, erwartete er wie heut die Kinder das Christfest. Stand eine Springflut bevor, so konnte man sicher sein, er lag trotz Sturm und Wetter weit draußen am Deiche mutterseelenallein; und wenn die Möwen gackerten, wenn die Wasser gegen den Deich tobten und beim Zurückrollen ganze Fetzen von der Grasdecke mit ins Meer hinabrissen, dann hätte man Haukes zorniges Lachen hören können. „Ihr könnt nichts Rechtes“, schrie er in den Lärm hinaus, „so wie die Menschen auch nichts können!“ Und endlich, oft im Finsteren, trabte er aus der weiten Öde den Deich entlang nach Hause, bis seine aufgeschossene Gestalt die niedrige Tür unter seines Vaters Rohrdach erreicht hatte und darunter durch in das kleine Zimmer schlüpfte.

Klei der fest gewordene Schlick

Manchmal hatte er eine Faust voll Kleierde mitgebracht; dann setzte er sich neben den Alten, der ihn jetzt gewähren ließ, und knetete bei dem Schein der dünnen Unschlittkerze allerlei Deichmodelle, legte sie in ein flaches Gefäß mit Wasser und suchte darin die Ausspülung der Wellen nachzumachen, oder er nahm seine Schiefertafel und zeichnete darauf das Profil der Deiche nach der Seeseite, wie es nach seiner Meinung sein musste.

Mit denen zu verkehren, die mit ihm auf der Schulbank gesessen hatten, fiel ihm nicht ein; auch schien es, als ob ihnen an dem Träumer nichts gelegen sei. Als es wieder Winter geworden und der Frost hereingebrochen war, wanderte er noch weiter, wohin er früher nie gekommen, auf den Deich hinaus, bis die unabsehbare eisbedeckte Fläche der Watten vor ihm lag.

Im Februar bei dauerndem Frostwetter wurden angetriebene Leichen aufgefunden; draußen am offenen Haff auf den gefrorenen Watten hatten sie gelegen. Ein junges Weib, die dabei gewesen war, als man sie in das Dorf geholt hatte, stand redselig vor dem alten Haien: „Glaubt nicht, dass sie wie Menschen aussahen“, rief sie; „nein, wie die Seeteufel! So große Köpfe“, und sie hielt die ausgespreizten Hände von weitem gegeneinander, „gnidderschwarz und blank, wie frisch gebacken Brot! Und die Krabben hatten sie angeknabbert; und die Kinder schrien laut, als sie sie sahen!“

Dem alten Haien war so was just nichts Neues: „Sie haben wohl seit November schon in See getrieben!“, sagte er gleichmütig.

Hauke stand schweigend daneben; aber sobald er konnte, schlich er sich auf den Deich hinaus; es war nicht zu sagen, wollte er noch nach weiteren Toten suchen, oder zog ihn nur das Grauen, das noch auf den jetzt verlassenen Stellen brüten musste. Er lief weiter und weiter, bis er einsam in der Öde stand, wo nur die Winde über den Deich wehten, wo nichts war als die klagenden Stimmen der großen Vögel, die rasch vorüberschossen; zu seiner Linken die leere weite Marsch, zur anderen Seite der unabsehbare Strand mit seiner jetzt vom Eise schimmernden Fläche der Watten; es war, als liege die ganze Welt in weißem Tod.

Hauke blieb oben auf dem Deiche stehen, und seine scharfen Augen schweiften weit umher; aber von Toten war nichts mehr zu sehen; nur wo die unsichtbaren Wattströme sich darunter drängten, hob und senkte die Eisfläche sich in stromartigen Linien.

Er lief nach Hause; aber an einem der nächsten Abende war er wiederum da draußen. Auf jenen Stellen war jetzt das Eis gespalten; wie Rauchwolken stieg es aus den Rissen, und über das ganze Watt spann sich ein Netz von Dampf und Nebel, das sich seltsam mit der Dämmerung des Abends mischte. Hauke sah mit starren Augen darauf hin; denn in dem Nebel schritten dunkle Gestalten auf und ab, sie schienen ihm so groß wie Menschen. Würdevoll, aber mit seltsamen, erschreckenden Gebärden; mit langen Nasen und Hälsen sah er sie fern an den rauchenden Spalten auf und ab spazieren; plötzlich begannen sie wie Narren unheimlich auf und ab zu springen, die großen über die kleinen und die kleinen gegen die großen; dann breiteten sie sich aus und verloren alle Form.

‚Was wollen die? Sind es die Geister der Ertrunkenen?', dachte Hauke. „Hoiho!", schrie er laut in die Nacht hinaus; aber die draußen kehrten sich nicht an seinen Schrei, sondern trieben ihr wunderliches Wesen fort.

Da kamen ihm die furchtbaren norwegischen Seegespenster in den Sinn, von denen ein alter Kapitän ihm einst erzählt hatte, die statt des Angesichts einen stumpfen Pull von Seegras auf dem Nacken tragen; aber er lief nicht fort, sondern bohrte die Hacken seiner Stiefel fest in den Klei des Deiches und sah starr dem possenhaften Unwesen zu, das in der einfallenden Dämmerung vor seinen Augen fortspielte. „Seid ihr auch hier bei uns?", sprach er mit harter Stimme: „Ihr sollt mich nicht vertreiben!"

Pull
Baumkrone, Haarschopf, Grasbüschel

Erst als die Finsternis alles bedeckte, schritt er steifen langsamen Schrittes heimwärts. Aber hinter ihm drein kam es wie Flügelrauschen und hallendes Geschrei. Er sah nicht um; aber er ging auch nicht schneller und kam erst spät nach Hause; doch niemals soll er seinem Vater oder einem anderen davon erzählt haben. Erst viele Jahre später hat er sein blödes Mädchen, womit später der Herrgott ihn belastete, um dieselbe Tages- und Jahreszeit mit sich auf den Deich hinausgenommen, und dasselbe Wesen soll sich derzeit draußen auf den Watten gezeigt haben; aber er hat ihr gesagt, sie solle sich nicht fürchten, das seien nur die Fischreiher und die Krähen, die im Nebel so groß und fürchterlich erschienen; die holten sich die Fische aus den offenen Spalten.

Weiß Gott, Herr!«, unterbrach sich der Schulmeister, »es gibt auf Erden allerlei Dinge, die ein ehrlich Christenherz verwirren können; aber der Hauke war weder ein Narr noch ein Dummkopf.«

Da ich nichts erwiderte, wollte er fortfahren; aber unter den übrigen Gästen, die bisher lautlos zugehört hatten, nur mit dichterem Tabaksqualm das niedrige Zimmer füllend, entstand eine plötzliche Bewegung; erst Einzelne, dann fast alle wandten sich dem Fenster zu. Draußen – man sah es durch die unverhangenen Fenster – trieb der Sturm die Wolken, und Licht und Dunkel jagten durcheinander; aber auch mir war es, als hätte ich den hageren Reiter auf seinem Schimmel vorbeisausen gesehen.

„Wart Er ein wenig, Schulmeister!", sagte der Deichgraf leise.

„Ihr braucht Euch nicht zu fürchten, Deichgraf!", erwiderte der kleine Erzähler, „ich hab ihn nicht geschmäht und hab auch dessen keine Ursach"; und er sah mit seinen kleinen, klugen Augen zu ihm auf.

„Ja, ja", meinte der andere, „lass Er Sein Glas nur wieder füllen." Und nachdem das geschehen war und die Zuhörer, meist mit etwas verdutzten Gesichtern, sich wieder zu ihm gewandt hatten, fuhr er in seiner Geschichte fort:

»So für sich, und am liebsten nur mit Wind und Wasser und mit den Bildern der Einsamkeit verkehrend, wuchs Hauke zu einem langen, hageren Burschen auf. Er war schon über ein Jahr lang eingesegnet, da wurde es auf einmal anders mit ihm, und das kam von dem alten weißen Angorakater, welchen der alten Trien' Jans einst ihr später verunglückter Sohn von seiner spanischen Seereise mitgebracht hatte. Trien' wohnte ein gut Stück hinaus auf dem Deiche in einer kleinen Kate, und wenn die Alte in ihrem Hause herumarbeitete, so pflegte diese Unform von einem Kater vor der Haustür zu sitzen und in den Sommertag und nach den vorüberfliegenden Kiebitzen hinauszublinzeln. Ging Hauke vorbei, so mauzte der Kater ihn an, und Hauke nickte ihm zu; die beiden wussten, was sie miteinander hatten.

Kate auch Kot, Kote = Hütte; engl.: cot, cottage

Nun aber war's einmal im Frühjahr, und Hauke lag nach seiner Gewohnheit oft draußen am Deich, schon weiter unten dem Wasser zu, zwischen Strandnelken und dem duftenden Seewermut, und ließ sich von der schon kräftigen Sonne bescheinen. Er hatte sich tags zuvor droben auf der Geest die Taschen voll von Kieseln gesammelt, und als in der Ebbezeit die Watten bloßgelegt waren

←
Strandnelke Armeria maritima, wächst auf den Strandwiesen

und die kleinen grauen Strandläufer schreiend darüber hinhuschten, holte er jählings einen Stein hervor und warf ihn nach den Vögeln. Er hatte das von Kindesbeinen an geübt, und meistens blieb einer auf dem Schlicke liegen; aber ebenso oft war er dort auch nicht zu holen; Hauke hatte schon daran gedacht, den Kater mitzunehmen und als apportierenden Jagdhund zu dressieren. Aber es gab auch hier und dort feste Stellen oder Sandlager; solchenfalls lief er hinaus und holte sich seine Beute selbst. Saß der Kater bei seiner Rückkehr noch vor der Haustür, dann schrie das Tier vor nicht zu bergender Raubgier so lange, bis Hauke ihm einen der erbeuteten Vögel zuwarf. →

apportieren *(französisch)* herbeibringen (der Jagdbeute)

Als er heute, seine Jacke auf der Schulter, heimging, trug er nur einen ihm noch unbekannten, aber wie mit bunter Seide und Metall gefiederten Vogel mit nach Hause, und der Kater mauzte wie gewöhnlich, als er ihn kommen sah. Aber Hauke wollte seine Beute – es mag ein Eisvogel gewesen sein – diesmal nicht hergeben und kehrte sich nicht an die Gier des Tieres. „Umschicht!“, rief er ihm zu, „heute mir, morgen dir; das hier ist kein Katerfressen!“ Aber der Kater kam vorsichtigen Schrittes herangeschlichen; Hauke stand und sah ihn an, der Vogel hing an seiner Hand, und der Kater blieb mit erhobener Tatze stehen. Doch der Bursche schien seinen Katzenfreund noch nicht so ganz zu kennen; denn während er ihm seinen Rücken zugewandt hatte und eben fürbass wollte, fühlte er mit einem Ruck die Jagdbeute sich entrissen, und zugleich schlug eine scharfe Kralle ihm ins Fleisch. Ein Grimm, wie gleichfalls eines Raubtieres, flog dem jungen Menschen ins Blut; er griff wie rasend um sich und hatte den Räuber schon am Genicke gepackt. Mit der Faust hielt er das mächtige Tier empor und würgte es, dass die Augen ihm aus den rauen Haaren vorquollen, nicht achtend, dass die starken Hintertatzen ihm den Arm zerfleischten. „Hoiho!“, schrie er und packte ihn noch fester; „wollen sehen, wer’s von uns beiden am längsten aushält!“

fürbass vorwärts

Plötzlich fielen die Hinterbeine der großen Katze schlaff herunter, und Hauke ging ein paar Schritte zurück und warf sie gegen die Kate der Alten. Da sie sich nicht rührte, wandte er sich und setzte seinen Weg nach Hause fort.

Aber der Angorakater war das Kleinod seiner Herrin; er war ihr Geselle und das Einzige, was ihr Sohn, der Matrose, ihr nachgelassen hatte, nachdem er hier an der Küste seinen jähen Tod gefunden hatte, da er im Sturm seiner Mutter beim Porrenfangen hatte helfen wollen. Hauke mochte kaum hundert Schritte weiter getan haben, während er mit einem Tuch das Blut aus seinen

Porrenfangen Krabbenfangen

Wunden auffing, als schon von der Kate her ihm ein Geheul und Zetern in die Ohren gellte. Da wandte er sich und sah davor das alte Weib am Boden liegen; das greise Haar flog ihr im Winde um das rote Kopftuch: „Tot!“, rief sie, „tot!“, und erhob dräuend ihren mageren Arm gegen ihn: „Du sollst verflucht sein! Du hast ihn totgeschlagen, du nichtsnutziger Strandläufer; du warst nicht wert, ihm seinen Schwanz zu bürsten!“ Sie warf sich über das Tier und wischte zärtlich mit ihrer Schürze ihm das Blut fort, das noch aus Nase und Schnauze rann; dann hob sie aufs Neue an zu zetern.

„Bist du bald fertig?“, rief Hauke ihr zu, „dann lass dir sagen: Ich will dir einen Kater schaffen, der mit Maus- und Rattenblut zufrieden ist!“

Darauf ging er, scheinbar auf nichts mehr achtend, fürbass. Aber die tote Katze musste ihm doch im Kopfe Wirrsal machen; denn er ging, als er zu den Häusern gekommen war, dem seines Vaters und auch den übrigen vorbei und eine weite Strecke noch nach Süden auf dem Deich der Stadt zu.

Inmittelst wanderte auch Trien' Jans auf demselben in der gleichen Richtung; sie trug in einem alten blau karierten Kissenüberzug eine Last in ihren Armen, die sie sorgsam, als wär's ein Kind, umklammerte; ihr greises Haar flatterte in dem leichten Frühlingswind. „Was schleppt Sie da, Trina?“, frug ein Bauer, der ihr entgegenkam. „Mehr als dein Haus und Hof“, erwiderte die Alte; dann ging sie eifrig weiter. Als sie dem unten liegenden Hause des alten Haien nahe kam, ging sie den Akt, wie man bei uns die Trift- und Fußwege nennt, die schräg an der Seite des Deiches hinab- oder hinaufführen, zu den Häusern hinunter.

Akt *(friesisch)* auch Acke, Ack; Auffahrt auf den Deich

Der alte Tede Haien stand eben vor der Tür und sah ins Wetter: „Na, Trien'!“, sagte er, als sie pustend vor ihm stand und ihren Krückstock in die Erde bohrte, „was bringt Sie Neues in Ihrem Sack?“

„Erst lass mich in die Stube, Tede Haien! Dann soll Er's sehen!“, und ihre Augen sahen ihn mit seltsamem Funkeln an!

„So komm Sie!“, sagte der Alte. Was gingen ihn die Augen des dummen Weibes an.

Und als beide eingetreten waren, fuhr sie fort: „Bring Er den alten Tabakskasten und das Schreibzeug von dem Tisch – – Was hat Er denn immer zu schreiben? – – So; und nun wisch Er ihn sauber ab!“

Und der Alte, der fast neugierig wurde, tat alles, was sie sagte; dann nahm sie den blauen Überzug bei beiden Zipfeln und schüttete daraus den großen Katerleichnam auf den Tisch. „Da hat Er ihn!“, rief sie; „Sein Hauke hat ihn totgeschlagen.“ Hierauf aber begann sie ein bitterliches Weinen; sie streichelte das dicke Fell des toten Tieres, legte ihm die Tatzen zusammen, neigte ihre lange Nase über dessen Kopf und raunte ihm unverständliche Zärtlichkeiten in die Ohren.

Tede Haien sah dem zu. „So“, sagte er; „Hauke hat ihn totgeschlagen?“ Er wusste nicht, was er mit dem heulenden Weibe machen sollte.

Die Alte nickte ihn grimmig an: „Ja, ja; so Gott, das hat er getan!“, und sie wischte sich mit ihrer von Gicht verkrümmten Hand das Wasser aus den Augen. „Kein Kind, kein Lebigs mehr!“, klagte sie. „Und Er weiß es ja auch wohl, uns Alten, wenn's nach Allerheiligen kommt, frieren abends im Bett die Beine, und statt zu schlafen, hören wir den Nordwest an unseren Fensterläden rappeln. Ich hör's nicht gern, Tede Haien, er kommt daher, wo mein Junge mir im Schlick versank.“

Lebig
lebendig

Tede Haien nickte, und die Alte streichelte das Fell ihres toten Katers: „Der aber“, begann sie wieder, „wenn ich winters am Spinnrad saß, dann saß er bei mir und spann auch und sah mich an mit seinen grünen Augen! Und kroch ich, wenn's mir kalt wurde, in mein Bett – es dauerte nicht lang, so sprang er zu mir und legte sich auf meine frierenden Beine, und wir schliefen so warm mitsammen, als hätte ich noch meinen jungen Schatz im Bett!“ Die Alte, als suche sie bei dieser Erinnerung nach Zustimmung, sah den neben ihr am Tische stehenden Alten mit ihren funkelnden Augen an.

Tede Haien aber sagte bedächtig: „Ich weiß Ihr einen Rat, Trien' Jans“, und er ging nach seiner Schatulle und nahm eine Silbermünze aus der Schublade – „Sie sagt, dass Hauke Ihr das Tier vom Leben gebracht hat, und ich weiß, Sie lügt nicht; aber hier ist ein Krontaler von Christian dem Vierten; damit kauf Sie sich ein gegerbtes Lammfell für Ihre kalten Beine! Und wenn unsere Katze nächstens Junge wirft, so mag Sie sich das größte davon aussuchen; das zusammen tut wohl einen altersschwachen Angorakater! Und nun nehm Sie das Vieh und bring Sie es meinethalb an den Racker in der Stadt, und halt Sie das Maul, dass es hier auf meinem ehrlichen Tisch gelegen hat!“

→

Racker
Abdecker, Schinder

Während dieser Rede hatte das Weib schon nach dem Taler gegriffen und ihn in einer kleinen Tasche geborgen, die sie unter ihren Röcken trug; dann stopfte sie den Kater wieder in das Bettbühr, wischte mit ihrer Schürze die Blutflecken von dem Tisch und stakte zur Tür hinaus. „Vergiss Er mir nur den jungen Kater nicht!“, rief sie noch zurück.

Bettbühr
Bettüberzug

– – Eine Weile später, als der alte Haien in dem engen Stüblein auf- und abschritt, trat Hauke herein und warf seinen bunten Vogel auf den Tisch; als er aber auf der weiß gescheuerten Platte den noch kennbaren Blutfleck sah, frug er, wie beiläufig: „Was ist denn das?"

Der Vater blieb stehen: „Das ist Blut, was du hast fließen machen!"

Dem Jungen schoss es doch heiß ins Gesicht: „Ist denn Trien' Jans mit ihrem Kater hier gewesen?"

Der Alte nickte: „Weshalb hast du ihr den totgeschlagen?"

Hauke entblößte seinen blutigen Arm. „Deshalb", sagte er; „er hatte mir den Vogel fortgerissen!"

Der Alte sagte nichts hierauf; er begann eine Zeit lang wieder auf und ab zu gehen; dann blieb er vor dem Jungen stehen und sah eine Weile wie abwesend auf ihn hin. „Das mit dem Kater hab ich rein gemacht", sagte er dann; „aber, siehst du, Hauke, die Kate ist hier zu klein; zwei Herren können darauf nicht sitzen – es ist nun Zeit, du musst dir einen Dienst besorgen!"

„Ja, Vater", entgegnete Hauke; „hab dergleichen auch gedacht."

„Warum?", frug der Alte.

– „Ja, man wird grimmig in sich, wenn man's nicht an einem ordentlichen Stück Arbeit auslassen kann."

„So?", sagte der Alte, „und darum hast du den Angorer totgeschlagen? Das könnte leicht noch schlimmer werden?"

– „Er mag wohl Recht haben, Vater; aber der Deichgraf hat seinen Kleinknecht fortgejagt; das könnt ich schon verrichten!"

Der Alte begann wieder auf und ab zu gehen und spritzte dabei die schwarze Tabaksjauche von sich: „Der Deichgraf ist ein Dummkopf, dumm wie 'ne Saatgans! Er ist nur Deichgraf, weil sein Vater und Großvater es gewesen sind und wegen seiner neunundzwanzig Fennen. Wenn Martini herankommt und hernach die Deich- und Sielrechnungen abgetan werden müssen, dann füttert er den Schulmeister mit Gansbraten und Met und Weizenkringeln und sitzt dabei und nickt, wenn er mit seiner Feder die Zahlenreihen hinunterläuft, und sagt: ‚Ja, ja, Schulmeister, Gott vergönn's Ihm! Was kann Er rechnen!' Wenn aber einmal der Schulmeister nicht kann oder auch nicht will, dann muss er selber dran und sitzt und schreibt und streicht wieder aus, und der große dumme Kopf wird ihm rot und heiß, und die Augen quellen wie Glaskugeln, als wollte das bisschen Verstand da hinaus."

Saatgans bezeichnet vermutlich die Mastgans

Met Honigwein, hergestellt aus gegorenem Honig

Der Junge stand gerade auf vor dem Vater und wunderte sich, was der reden könne; so hatte er's noch nicht von ihm gehört. „Ja,

Gott tröst!“, sagte er, „dumm ist er wohl; aber seine Tochter Elke, die kann rechnen!“

Der Alte sah ihn scharf an. „Ahoi, Hauke“, rief er; „was weißt du von Elke Volkerts?“

– „Nichts, Vater; der Schulmeister hat’s mir nur erzählt.“

Der Alte antwortete nicht darauf; er schob nur bedächtig seinen Tabaksknoten aus einer Backe hinter die andere.

„Und du denkst“, sagte er dann, „du wirst dort auch mitrechnen können.“

„O ja, Vater, das möcht schon gehen“, erwiderte der Sohn, und ein ernstes Zucken lief um seinen Mund.

Der Alte schüttelte den Kopf: „Nun, aber meinethalb; versuch einmal dein Glück!“

„Dank auch, Vater!“, sagte Hauke und stieg zu seiner Schlafstatt auf dem Boden; hier setzte er sich auf die Bettkante und sann, weshalb ihn denn sein Vater um Elke Volkerts angerufen habe. Er kannte sie freilich, das ranke achtzehnjährige Mädchen mit dem bräunlichen schmalen Antlitz und den dunklen Brauen, die über den trotzigen Augen und der schmalen Nase ineinander liefen; doch hatte er noch kaum ein Wort mit ihr gesprochen; nun, wenn er zu dem alten Tede Volkerts ging, wollte er sie doch besser darauf ansehen, was es mit dem Mädchen auf sich habe. Und gleich jetzt wollte er gehen, damit kein anderer ihm die Stelle abjage; es war ja kaum noch Abend. Und so zog er seine Sonntagsjacke und seine besten Stiefel an und machte sich guten Mutes auf den Weg.

– Das lang gestreckte Haus des Deichgrafen war durch seine hohe Werfte, besonders durch den höchsten Baum des Dorfes, eine gewaltige Esche, schon von weitem sichtbar; der Großvater des jetzigen, der erste Deichgraf des Geschlechtes, hatte in seiner Jugend eine solche osten der Haustür hier gesetzt; aber die beiden ersten Anpflanzungen waren vergangen, und so hatte er an seinem Hochzeitsmorgen diesen dritten Baum gepflanzt, der noch jetzt mit seiner immer mächtiger werdenden Blätterkrone in dem hier unablässigen Winde wie von alten Zeiten rauschte.

osten hier als Eigenschaftswort: ostwärts, östlich

Als nach einer Weile der lang aufgeschossene Hauke die hohe Werfte hinaufstieg, welche an den Seiten mit Rüben und Kohl bepflanzt war, sah er droben die Tochter des Hauswirts neben der niedrigen Haustür stehen. Ihr einer etwas hagerer Arm hing schlaff herab, die andere Hand schien im Rücken nach dem Eisenring zu greifen, von denen je einer zu beiden Seiten der Tür in der Mauer war, damit, wer vor das Haus ritt, sein Pferd daran befestigen könne. Die Dirne schien von dort ihre Augen über den Deich hinaus nach dem Meer zu haben, wo an dem stillen Abend die Sonne eben in das Wasser hinabsank und zugleich das bräunliche Mädchen mit ihrem letzten Schein vergoldete.

Hauke stieg etwas langsamer an der Werfte hinan und dachte bei sich: ‚So ist sie nicht so dösig!', dann war er oben. „Guten Abend auch!", sagte er zu ihr tretend; „wonach guckst du denn mit deinen großen Augen, Jungfer Elke?"

„Nach dem", erwiderte sie, „was hier alle Abend vor sich geht; aber hier nicht alle Abend just zu sehen ist." Sie ließ den Ring aus der Hand fallen, dass er klingend gegen die Mauer schlug. „Was willst du, Hauke Haien?", frug sie.

„Was dir hoffentlich nicht zuwider ist", sagte er. „Dein Vater hat seinen Kleinknecht fortgejagt, da dachte ich bei euch in Dienst."

schlanterig schlotterig, kraftlos; Slant = Lumpen, Lappen

Wirt Hausherr, Hauswirt

Sie ließ ihre Blicke an ihm herunterlaufen: „Du bist noch so was schlanterig, Hauke!", sagte sie; „aber uns dienen zwei feste Augen besser als zwei feste Arme!" Sie sah ihn dabei fast düster an; aber Hauke hielt ihr tapfer stand. „So komm", fuhr sie fort; „der Wirt ist in der Stube, lass uns hineingehen!"

←

Am anderen Tage trat Tede Haien mit seinem Sohne in das geräumige Zimmer des Deichgrafen; die Wände waren mit glasurten Kacheln bekleidet, auf denen hier ein Schiff mit vollen Segeln oder ein Angler an einem Uferplatz, dort ein Rind, das kauend vor einem Bauernhause lag, den Beschauer vergnügen konnte; unterbrochen war diese dauerhafte Tapete durch ein mächtiges Wandbett mit jetzt zugeschobenen Türen und einen Wandschrank, der durch seine beiden Glastüren allerlei Porzellan- und Silbergeschirr erblicken ließ; neben der Tür zum anstoßenden Pesel war hinter einer Glasscheibe eine holländische Schlaguhr in die Wand gelassen.

schlagflüssig zum Schlaganfall neigend

Der starke, etwas schlagflüssige Hauswirt saß am Ende des blank gescheuerten Tisches im Lehnstuhl auf seinem bunten Wollenpolster. Er hatte seine Hände über dem Bauch gefaltet und starrte aus seinen runden Augen befriedigt auf das Gerippe einer fetten Ente; Gabel und Messer ruhten vor ihm auf dem Teller.

„Guten Tag, Deichgraf!", sagte Haien, und der Angeredete drehte langsam Kopf und Augen zu ihm hin.

„Ihr seid es, Tede?", entgegnete er, und der Stimme war die verzehrte fette Ente anzuhören, „setzt Euch; es ist ein gut Stück von Euch zu mir herüber!"

„Ich komme, Deichgraf", sagte Tede Haien, indem er sich auf die an der Wand entlanglaufende Bank dem anderen im Winkel gegenübersetzte. „Ihr habt Verdruss mit Euerem Kleinknecht gehabt und seid mit meinem Jungen einig geworden, ihn an dessen Stelle zu setzen!"

Der Deichgraf nickte: „Ja, ja, Tede; aber – was meint Ihr mit Verdruss? Wir Marschleute haben, Gott tröst uns, was dagegen einzunehmen!", und er nahm das vor ihm liegende Messer und klopfte wie liebkosend auf das Gerippe der armen Ente. „Das war mein Leibvogel", setzte er behaglich lachend hinzu; „sie fraß mir aus der Hand!"

„Ich dachte", sagte der alte Haien, das Letzte überhörend, „der Bengel hätte Euch Unheil im Stall gemacht."

„Unheil? Ja, Tede; freilich Unheil genug! Der dicke Mopsbraten hatte die Kälber nicht gebörmt; aber er lag vollgetrunken auf dem Heuboden, und das Viehzeug schrie die ganze Nacht vor Durst, dass ich bis Mittag nachschlafen musste; dabei kann die Wirtschaft nicht bestehen!"

börmen
auch „börnen", Tränken (von Vieh)

„Nein, Deichgraf; aber dafür ist keine Gefahr bei meinem Jungen."

Hauke stand, die Hände in den Seitentaschen, am Türpfosten, hatte den Kopf im Nacken und studierte an den Fensterrähmen ihm gegenüber.

Der Deichgraf hatte die Augen zu ihm gehoben und nickte hinüber: „Nein, nein, Tede"; und er nickte nun auch dem Alten zu; „Euer Hauke wird mir die Nachtruh nicht verstören; der Schulmeister hat's mir schon vordem gesagt, der sitzt lieber vor der Rechentafel als vor einem Glas mit Branntwein."

Hauke hörte nicht auf diesen Zuspruch, denn Elke war in die Stube getreten und nahm mit ihrer leichten Hand die Reste der Speisen von dem Tisch, ihn mit ihren dunklen Augen flüchtig streifend. Da fielen seine Blicke auch auf sie. „Bei Gott und Jesus", sprach er bei sich selber, „sie sieht auch so nicht dösig aus!"

Das Mädchen war hinausgegangen. „Ihr wisset, Tede", begann der Deichgraf wieder, „unser Herrgott hat mir einen Sohn versagt!"

„Ja, Deichgraf; aber lasst Euch das nicht kränken", entgegnete der andere, „denn im dritten Gliede soll der Familienverstand ja verschleißen; Euer Großvater, das wissen wir noch alle, war einer, der das Land geschützt hat!"

Der Deichgraf, nach einigem Besinnen, sah schier verdutzt aus: „Wie meint Ihr das, Tede Haien?", sagte er und setzte sich in seinem Lehnstuhl auf; „ich bin ja doch im dritten Gliede!"

„Ja so! Nicht für ungut, Deichgraf; es geht nur so die Rede!"

Und der hagere Tede Haien sah den alten Würdenträger mit etwas boshaften Augen an.

Der aber sprach unbekümmert: „Ihr müsst Euch von alten Weibern dergleichen Torheit nicht aufschwatzen lassen, Tede Haien; Ihr kennt nur meine Tochter nicht, die rechnet mich selber dreimal um und um! Ich wollt nur sagen, Euer Hauke wird außer im Felde auch hier in meiner Stube mit Feder oder Rechenstift so manches profitieren können, was ihm nicht schaden wird!"

profitieren *(französisch)* Nutzen ziehen aus (einer Sache)

Mietkontrakt Kontrakt *(lateinisch)*: Vertrag

„Ja, ja, Deichgraf, das wird er; da habt Ihr völlig Recht!", sagte der alte Haien und begann dann noch einige Vergünstigungen bei dem Mietkontrakt sich auszubedingen, die abends vorher von seinem Sohne nicht bedacht waren. So sollte dieser außer seinen leinenen Hemden im Herbst auch noch acht Paar wollene Strümpfe als Zugabe seines Lohnes genießen; so wollte er selbst ihn im Frühling acht Tage bei der eigenen Arbeit haben, und was dergleichen mehr war. Aber der Deichgraf war zu allem willig; Hauke Haien schien ihm eben der rechte Kleinknecht.

-- „Nun, Gott tröst dich, Junge", sagte der Alte, da sie eben das Haus verlassen hatten, „wenn der dir die Welt klarmachen soll!"

Aber Hauke erwiderte ruhig: „Lass Er nur, Vater; es wird schon alles werden."

Und Hauke hatte so Unrecht nicht gehabt; die Welt, oder was ihm die Welt bedeutete, wurde ihm klarer, je länger sein Aufenthalt in diesem Hause dauerte; vielleicht umso mehr, je weniger ihm eine überlegene Einsicht zu Hülfe kam und je mehr er auf seine eigene Kraft angewiesen war, mit der er sich von jeher beholfen hatte. Einer freilich war im Hause, für den er nicht der Rechte zu sein schien; das war der Großknecht Ole Peters, ein tüchtiger Arbeiter und ein maulfertiger Geselle. Ihm war der träge, aber dumme und stämmige Kleinknecht von vorhin besser nach seinem Sinn gewesen, dem er ruhig die Tonne Hafer auf den Rücken hatte laden und den er nach Herzenslust hatte herumstoßen können. Dem noch stilleren, aber ihn geistig überragenden Hauke vermochte er in solcher Weise nicht beizukommen; er hatte eine gar zu eigne Art, ihn anzublicken. Trotzdem verstand er es, Arbeiten für ihn auszusuchen, die seinem noch nicht gefesteten Körper hätten gefährlich werden können, und Hauke, wenn der Großknecht sagte: „Da hättest du den dicken Niß nur sehen sollen; dem ging es von der Hand!", fasste nach Kräften an und brachte es, wenn auch mit Mühsal, doch zu Ende. Ein Glück war es für ihn, dass Elke selbst oder durch ihren Vater das meistens abzustellen wusste. Man mag wohl fragen, was mitunter ganz fremde Menschen aneinander bindet; vielleicht – sie waren beide geborene Rechner, und das Mädchen konnte ihren Kameraden in der groben Arbeit nicht verderben sehen.

Der Zwiespalt zwischen Groß- und Kleinknecht wurde auch im Winter nicht besser, als nach Martini die verschiedenen Deichrechnungen zur Revision eingelaufen waren.

Es war an einem Maiabend; aber es war Novemberwetter; von drinnen im Hause hörte man draußen hinterm Deich die Brandung donnern. „He, Hauke", sagte der Hausherr, „komm herein; nun magst du weisen, ob du rechnen kannst!"

„Uns' Weert", entgegnete dieser; – denn so nennen hier die Leute ihre Herrschaft – „ich soll aber erst das Jungvieh füttern!"

„Elke!", rief der Deichgraf; „wo bist du, Elke! – Geh zu Ole und sag ihm, er sollte das Jungvieh füttern; Hauke soll rechnen!"

Und Elke eilte in den Stall und machte dem Großknecht die Bestellung, der eben damit beschäftigt war, das über Tag gebrauchte Pferdegeschirr wieder an seinen Platz zu hängen.

Ole Peters schlug mit einer Trense gegen den Ständer, neben dem er sich beschäftigte, als wolle er sie kurz und klein haben: „Hol der Teufel den verfluchten Schreiberknecht!"

Sie hörte die Worte noch, bevor sie die Stalltür wieder geschlossen hatte.

„Nun?", frug der Alte, als sie in die Stube trat.

„Ole wollte es schon besorgen", sagte die Tochter, ein wenig sich die Lippen beißend, und setzte sich Hauke gegenüber auf einen grob geschnitzten Holzstuhl, wie sie noch derzeit hier an Winterabenden im Hause selbst gemacht wurden. Sie hatte aus einem Schubkasten einen weißen Strumpf mit rotem Vogelmuster genommen, an dem sie nun weiterstrickte; die langbeinigen Kreaturen darauf mochten Reiher oder Störche bedeuten sollen. Hauke saß ihr gegenüber in seine Rechnerei vertieft, der Deichgraf selbst ruhte in seinem Lehnstuhl und blinzelte schläfrig nach Haukes Feder; auf dem Tisch brannten, wie immer im Deichgrafenhause, zwei Unschlittkerzen, und vor den beiden in Blei gefassten Fenstern waren von außen die Läden vorgeschlagen und von innen zugeschroben; mochte der Wind nun poltern, wie er wollte. Mitunter hob Hauke seinen Kopf von der Arbeit und blickte einen Augenblick nach den Vogelstrümpfen oder nach dem schmalen ruhigen Gesicht des Mädchens.

Da tat es aus dem Lehnstuhl plötzlich einen lauten Schnarcher, und ein Blick und ein Lächeln flog zwischen den beiden jungen Menschen hin und wider; dann folgte allmählich ein ruhigeres

Revision
(französisch)
Durchsicht, Prüfung

Uns' Weert
unser Wirt (Vgl. Anmerkung zu S. 20)

Kreatur
(lateinisch)
Geschöpf, Tier

zugeschroben
im Sinne von „zugeschraubt"

Atmen; man konnte wohl ein wenig plaudern; Hauke wusste nur nicht, was.

Als sie aber das Strickzeug in die Höhe zog, und die Vögel sich nun in ihrer ganzen Länge zeigten, flüsterte er über den Tisch hinüber: „Wo hast du das gelernt, Elke?"

„Was gelernt?", frug das Mädchen zurück.

– „Das Vogelstricken", sagte Hauke.

„Das? Von Trien' Jans draußen am Deich; sie kann allerlei; sie war vorzeiten einmal bei meinem Großvater hier im Dienst."

„Da warst du aber wohl noch nicht geboren?", fragte Hauke.

„Ich denk wohl nicht; aber sie ist noch oft ins Haus gekommen."

„Hat denn die die Vögel gern?", frug Hauke; „ich meint, sie hielt es nur mit Katzen!"

Elke schüttelte den Kopf: „Sie zieht ja Enten und verkauft sie; aber im vorigen Frühjahr, als du den Angorer totgeschlagen hattest, sind ihr hinten im Stall die Ratten dazwischengekommen; nun will sie sich vorn am Hause einen anderen bauen."

„So", sagte Hauke und zog einen leisen Pfiff durch die Zähne, „dazu hat sie von der Geest sich Lehm und Steine hergeschleppt! Aber dann kommt sie in den Binnenweg; – hat sie denn Konzession?"

Konzession *(lateinisch, französisch)* Erlaubnis

„Weiß ich nicht", meinte Elke; aber er hatte das letzte Wort so laut gesprochen, dass der Deichgraf aus seinem Schlummer auffuhr. „Was Konzession?", frug er und sah fast wild von einem zu der anderen. „Was soll die Konzession?"

Als aber Hauke ihm dann die Sache vorgetragen hatte, klopfte er ihm lachend auf die Schulter: „Ei was, der Binnenweg ist breit genug; Gott tröst den Deichgrafen, sollt er sich auch noch um die Entenställe kümmern!"

Hauke fiel es aufs Herz, dass er die Alte mit ihren jungen Enten den Ratten sollte preisgegeben haben, und er ließ sich mit dem Einwand abfinden. „Aber, uns' Weert", begann er wieder, „es tät wohl dem und jenem ein kleiner Zwicker gut, und wollet Ihr ihn nicht selber greifen, so zwicket den Gevollmächtigten, der auf die Deichordnung passen soll!"

„Wie, was sagt der Junge?", und der Deichgraf setzte sich vollends auf, und Elke ließ ihren künstlichen Strumpf sinken und wandte das Ohr hinüber.

„Ja, uns' Weert", fuhr Hauke fort, „Ihr habt doch schon die Frühlingsschau gehalten; aber trotzdem hat Peter Jansen auf seinem Stück das Unkraut auch noch heute nicht gebuscht; im Sommer werden die Stieglitze da wieder lustig um die roten Distelblu-

buschen Gebüsch abholzen, Unkraut mähen

men spielen! Und dicht daneben, ich weiß nicht, wem's gehört, ist an der Außenseite eine ganze Wiege in dem Deich; bei schön Wetter liegt es immer voll von kleinen Kindern, die sich darin wälzen; aber – Gott bewahr uns vor Hochwasser!"

Die Augen des alten Deichgrafen waren immer größer geworden.

„Und dann" – sagte Hauke wieder.

„Was dann noch, Junge?", frug der Deichgraf; „bist du noch nicht fertig?", und es klang, als sei der Rede seines Kleinknechts ihm schon zu viel geworden.

„Ja, dann, uns' Weert", sprach Hauke weiter; „Ihr kennt die dicke Vollina, die Tochter vom Gevollmächtigten Harders, die immer ihres Vaters Pferde aus der Fenne holt, – wenn sie nur eben mit ihren runden Waden auf der alten gelben Stute sitzt, hü hopp! so geht's allemal schräg an der Dossierung den Deich hinan!"

Hauke bemerkte erst jetzt, dass Elke ihre klugen Augen auf ihn gerichtet hatte und leise ihren Kopf schüttelte.

Er schwieg; aber ein Faustschlag, den der Alte auf den Tisch tat, dröhnte ihm in die Ohren; „da soll das Wetter dreinschlagen!", rief er, und Hauke erschrak beinahe über die Bärenstimme, die plötzlich hier hervorbrach: „Zur Brüche! Notier mir das dicke Mensch zur Brüche, Hauke! Die Dirne hat mir im letzten Sommer drei junge Enten weggefangen! Ja, ja, notier nur", wiederholte er, als Hauke zögerte; „ich glaub sogar, es waren vier!" →

„Ei, Vater", sagte Elke, „war's nicht die Otter, die die Enten nahm?"

„Eine große Otter!", rief der Alte schnaufend; „werd doch die dicke Vollina und eine Otter auseinanderkennen! Nein, nein, vier Enten, Hauke – Aber was du im Übrigen schwatzest, der Herr Oberdeichgraf und ich, nachdem wir zusammen in meinem Hause hier gefrühstückt hatten, sind im Frühjahr an deinem Unkraut und an deiner Wiege vorbeigefahren und haben's doch nicht sehen können. Ihr beide aber", und er nickte ein paar Mal bedeutsam gegen Hauke und seine Tochter, „danket Gott, dass ihr nicht Deichgraf seid! Zwei Augen hat man nur, und mit hundert soll man sehen. – – Nimm nur die Rechnungen über die Bestickungsarbeiten, Hauke, und sieh sie nach; die Kerls rechnen oft zu liederlich!"

Dann lehnte er sich wieder in seinen Stuhl zurück, ruckte den schweren Körper ein paar Mal, und überließ sich bald dem sorgenlosen Schlummer.

Dergleichen wiederholte sich an manchem Abend. Hauke hatte scharfe Augen und unterließ es nicht, wenn sie beisammen saßen, das eine oder andere von schädlichem Tun oder Unterlassen in Deichsachen dem Alten vor die Augen zu rücken, und da dieser sie nicht immer schließen konnte, so kam unversehens ein lebhafterer Geschäftsgang in die Verwaltung, und die, welche früher im alten Schlendrian fortgesündigt hatten und jetzt unerwartet ihre frevlen oder faulen Finger geklopft fühlten, sahen sich unwillig und verwundert um, woher die Schläge denn gekommen seien. Und Ole, der Großknecht, säumte nicht, möglichst weit die Offenbarung zu verbreiten und dadurch gegen Hauke und seinen Vater, der doch die Mitschuld tragen musste, in diesen Kreisen einen Widerwillen zu erregen; die anderen aber, welche nicht getroffen waren oder denen es um die Sache selbst zu tun war, lachten und hatten ihre Freude, dass der Junge den Alten doch einmal etwas in Trab gebracht habe. „Schad nur“, sagten sie, „dass der Bengel nicht den gehörigen Klei unter den Füßen hat; das gäbe später sonst einmal wieder einen Deichgrafen, wie vordem sie da gewesen sind; aber die paar Demat seines Alten, die täten's denn doch nicht!“

Als im nächsten Herbst der Herr Amtmann und Oberdeichgraf zur Schauung kam, sah er sich den alten Tede Volkerts von oben bis unten an, während dieser ihn zum Frühstück nötigte. „Wahrhaftig, Deichgraf“, sagte er, „ich dacht's mir schon, Ihr seid in der Tat um ein Halbstieg Jahre jünger geworden; Ihr habt mir diesmal mit all Euern Vorschlägen warm gemacht; wenn wir mit alledem nur heute fertig werden!“

Halbstieg
10 Stück; eine Stiege hat 20 Stück

„Wird schon, wird schon, gestrenger Herr Oberdeichgraf“, erwiderte der Alte schmunzelnd; „der Gansbraten da wird schon die Kräfte stärken! Ja, Gott sei Dank, ich bin noch allezeit frisch und munter!“ Er sah sich in der Stube um, ob auch nicht etwa Hauke um die Wege sei; dann setzte er in würdevoller Ruhe noch hinzu: „So hoffe ich zu Gott, noch meines Amtes ein paar Jahre in Segen warten zu können.“

„Und darauf, lieber Deichgraf“, erwiderte sein Vorgesetzter, sich erhebend, „wollen wir dieses Glas zusammen trinken!“

Elke, die das Frühstück bestellt hatte, ging eben, während die Gläser aneinanderklangen, mit leisem Lachen aus der Stubentür. Dann holte sie eine Schüssel Abfall aus der Küche und ging durch den Stall, um es vor der Außentür dem Federvieh vorzuwerfen. Im Stall stand Hauke Haien und steckte den Kühen, die man der argen Witterung wegen schon jetzt hatte heraufnehmen müssen, ← mit der Furke Heu in ihre Raufen. Als er aber das Mädchen kommen sah, stieß er die Furke auf den Grund. „Nu, Elke!“, sagte er.

Sie blieb stehen und nickte ihm zu: „Ja, Hauke; aber eben hättest du drinnen sein müssen!"

„Meinst du? Warum denn, Elke?"

„Der Herr Oberdeichgraf hat den Wirt gelobt!"

– „Den Wirt? Was tut das mir?"

„Nein, ich mein, den Deichgrafen hat er gelobt!"

Ein dunkles Rot flog über das Gesicht des jungen Menschen: „Ich weiß wohl", sagte er, „wohin du damit segeln willst!"

„Werd nur nicht rot, Hauke; du warst es ja doch eigentlich, den der Oberdeichgraf lobte!"

Hauke sah sie mit halbem Lächeln an. „Auch du doch, Elke!", sagte er.

Aber sie schüttelte den Kopf: „Nein, Hauke; als ich allein der Helfer war, da wurden wir nicht gelobt. Ich kann ja auch nur rechnen; du aber siehst draußen alles, was der Deichgraf doch wohl selber sehen sollte; du hast mich ausgestochen!"

„Ich hab das nicht gewollt, dich am mindesten", sagte Hauke zaghaft, und er stieß den Kopf einer Kuh zur Seite: „Komm, Rotbunt, friss mir nicht die Furke auf, du sollst ja alles haben!"

„Denk nur nicht, dass mir's Leid tut, Hauke", sagte nach kurzem Sinnen das Mädchen; „das ist ja Mannessache!"

Da streckte Hauke ihr den Arm entgegen: „Elke, gib mir die Hand darauf!"

Ein tiefes Rot schoss unter die dunklen Brauen des Mädchens. „Warum? Ich lüg ja nicht!", rief sie.

Hauke wollte antworten; aber sie war schon zum Stall hinaus, und er stand mit seiner Furke in der Hand und hörte nur, wie draußen die Enten und Hühner um sie schnatterten und krähten.

Es war im Januar von Haukes drittem Dienstjahr, als ein Winterfest gehalten werden sollte; „Eisboseln" nennen sie es hier. Ein ständiger Frost hatte beim Ruhen der Küstenwinde alle Gräben zwischen den Fennen mit einer festen ebenen Kristallfläche belegt, sodass die zerschnittenen Landstücke nun eine weite Bahn für das Werfen der kleinen, mit Blei ausgegossenen Holzkugeln bildeten, womit das Ziel erreicht werden sollte. Tagaus, tagein wehte ein leichter Nordost: alles war schon in Ordnung; die Geestleute in dem zu Osten über der Marsch belegenen Kirchdorf, die im vorigen Jahre gesiegt hatten, waren zum Wettkampf gefordert und hatten angenommen; von jeder Seite waren neun Werfer aufgestellt; auch der Obmann und die Kretler waren gewählt. Zu letzteren, die bei Streitfällen über einen zweifelhaften Wurf miteinander zu verhandeln hatten, wurden allezeit Leute

→

Kretler
Schiedsrichter; Kretel = Zank, Streit

genommen, die ihre Sache ins beste Licht zu rücken verstanden, am liebsten Burschen, die außer gesundem Menschenverstand auch noch ein lustig Mundwerk hatten. Dazu gehörte vor allen Ole Peters, der Großknecht des Deichgrafen. „Werft nur wie die Teufel“, sagte er; „das Schwatzen tu ich schon umsonst!“

Es war gegen Abend vor dem Festtag; in der Nebenstube des Kirchspielkruges droben auf der Geest war eine Anzahl von den Werfern erschienen, um über die Aufnahme einiger zuletzt noch Angemeldeten zu beschließen. Hauke Haien war auch unter diesen; er hatte erst nicht wollen, obschon er seiner wurfgeübten Arme sich wohl bewusst war; aber er fürchtete durch Ole Peters, der einen Ehrenposten in dem Spiel bekleidete, zurückgewiesen zu werden; die Niederlage wollte er sich sparen. Aber Elke hatte ihm noch in der elften Stunde den Sinn gewandt: „Er wird's nicht wagen, Hauke“, hatte sie gesagt; „er ist ein Tagelöhnersohn; dein Vater hat Kuh und Pferd und ist dazu der klügste Mann im Dorf!“

„Aber, wenn er's dennoch fertig bringt?“

Sie sah ihn halb lächelnd aus ihren dunklen Augen an. „Dann“, sagte sie, „soll er sich den Mund wischen, wenn er abends mit seines Wirts Tochter zu tanzen denkt!“ – Da hatte Hauke ihr mutig zugenickt.

Kirchspielskrug
Krug bezeichnet die Dorfwirtschaft.

Nun standen die jungen Leute, die noch in das Spiel hineinwollten, frierend und fußtrampelnd vor dem Kirchspielskrug und sahen nach der Spitze des aus Felsblöcken gebauten Kirchturms hinauf, neben dem das Krughaus lag. Des Pastors Tauben, die sich im Sommer auf den Feldern des Dorfes nährten, kamen eben von den Höfen und Scheuern der Bauern zurück, wo sie sich jetzt ihre Körner gesucht hatten, und verschwanden unter den Schindeln des Turmes, hinter welchen sie ihre Nester hatten; im Westen über dem Haff stand ein glühendes Abendrot.

„Wird gut Wetter morgen!“, sagte der eine der jungen Burschen und begann heftig auf und ab zu wandern; „aber kalt! kalt!“ Ein Zweiter, als er keine Taube mehr fliegen sah, ging in das Haus und stellte sich horchend neben die Tür der Stube, aus der jetzt ein lebhaftes Durcheinanderreden herausscholl; auch des Deichgrafen Kleinknecht war neben ihn getreten. „Hör, Hauke“, sagte er zu diesem; „nun schreien sie um dich!“, und deutlich hörte man von drinnen Ole Peters' knarrende Stimme: „Kleinknechte und Jungens gehören nicht dazu!“

„Komm“, flüsterte der andere und suchte Hauke am Rockärmel an die Stubentür zu ziehen, „hier kannst du lernen, wie hoch sie dich taxieren!“

Aber Hauke riss sich los und ging wieder vor das Haus: „Sie haben uns nicht ausgesperrt, damit wir's hören sollen!", rief er zurück.

Vor dem Hause stand der Dritte der Angemeldeten. „Ich fürcht, mit mir hat's einen Haken", rief er ihm entgegen; „ich hab kaum achtzehn Jahre; wenn sie nur den Taufschein nicht verlangen! Dich, Hauke, wird dein Großknecht schon herauskreteln!"

„Ja, heraus!", brummte Hauke und schleuderte mit dem Fuße einen Stein über den Weg; „nur nicht hinein!"

Der Lärm in der Stube wurde stärker, dann allmählich trat eine Stille ein; die draußen hörten wieder den leisen Nordost, der sich oben an der Kirchturmspitze brach. Der Horcher trat wieder zu ihnen. „Wen hatten sie da drinnen?", frug der Achtzehnjährige.

„Den da!", sagte jener und wies auf Hauke; „Ole Peters wollte ihn zum Jungen machen; aber alle schrien dagegen. ‚Und sein Vater hat Vieh und Land', sagte Jeß Hansen. ‚Ja, Land', rief Ole Peters, ‚das man auf dreizehn Karren wegfahren kann!' – Zuletzt kam Ole Hensen: ‚Still da!', schrie er; ‚ich will's euch lehren: sagt nur, wer ist der erste Mann im Dorf?' Da schwiegen sie erst und schienen sich zu besinnen; dann sagte eine Stimme: ‚Das ist doch wohl der Deichgraf!' Und alle anderen riefen: ‚Nun ja; unserthalb der Deichgraf!', – ‚Und wer ist denn der Deichgraf?', rief Ole Hensen wieder; ‚aber nun bedenkt euch recht!' – – Da begann einer leis zu lachen, und dann wieder einer, bis zuletzt nichts in der Stube war als lauter Lachen. ‚Nun, so ruft ihn', sagte Ole Hensen; ‚ihr wollt doch nicht den Deichgrafen von der Tür stoßen!' Ich glaub, sie lachen noch; aber Ole Peters' Stimme war nicht mehr zu hören!", schloss der Bursche seinen Bericht.

Fast in demselben Augenblick wurde drinnen im Hause die Stubentür aufgerissen, und: „Hauke! Hauke Haien!", rief es laut und fröhlich in die kalte Nacht hinaus.

Da trabte Hauke in das Haus und hörte nicht mehr, wer denn der Deichgraf sei; was in seinem Kopfe brütete, hat indessen niemand wohl erfahren.

– – Als er nach einer Weile sich dem Hause seiner Herrschaft nahte, sah er Elke drunten am Heck der Auffahrt stehen; das Mondlicht schimmerte über die unermessliche weiß bereifte Weidefläche. „Stehst du hier, Elke?", frug er.

Heck Toreinfahrt, Gattertür

Sie nickte nur: „Was ist geworden?", sagte sie; „hat er's gewagt?"

– „Was sollt er nicht!"

„Nun, und?"

– „Ja, Elke; ich darf es morgen doch versuchen!"

„Gute Nacht, Hauke!“ Und sie lief flüchtig die Werfte hinan und verschwand im Hause.

Langsam folgte er ihr.

Auf der weiten Weidefläche, die sich zu Osten an der Landseite des Deiches entlangzog, sah man am Nachmittag darauf eine dunkle Menschenmasse bald unbeweglich stille stehen, bald, nachdem zweimal eine hölzerne Kugel aus derselben über den durch die Tagessonne jetzt von Reif befreiten Boden hingeflogen war, abwärts von den hinter ihr liegenden langen und niedrigen Häusern allmählich weiterrücken; die Parteien der Eisbosler in der Mitte, umgeben von Alt und Jung, was mit ihnen, sei es in jenen Häusern oder in denen droben auf der Geest Wohnung oder Verbleib hatte; die älteren Männer in langen Röcken, bedächtig aus kurzen Pfeifen rauchend, die Weiber in Tüchern und Jacken, auch wohl Kinder an den Händen ziehend oder auf den Armen tragend. Aus den gefrorenen Gräben, welche allmählich überschritten wurden, funkelte durch die scharfen Schilfspitzen der bleiche Schein der Nachmittagssonne, es fror mächtig; aber das Spiel ging unablässig vorwärts, und aller Augen verfolgten immer wieder die fliegende Kugel; denn an ihr hing heute für das ganze Dorf die Ehre des Tages. Der Kretler der Parteien trug hier einen weißen, bei den Geestleuten einen schwarzen Stab mit eiserner Spitze; wo die Kugel ihren Lauf geendet hatte, wurde dieser, je nachdem, unter schweigender Anerkennung oder dem Hohngelächter der Gegenpartei in den gefrorenen Boden eingeschlagen, und wessen Kugel zuerst das Ziel erreichte, der hatte für seine Partei das Spiel gewonnen.

Gesprochen wurde von all den Menschen wenig; nur wenn ein Kapitalwurf geschah, hörte man wohl einen Ruf der jungen Männer oder Weiber; oder von den Alten einer nahm seine Pfeife aus dem Mund und klopfte damit unter ein paar guten Worten den Werfer auf die Schulter: „Das war ein Wurf, sagte Zacharies und warf sein Weib aus der Luke!“, oder: „So warf dein Vater auch, Gott tröst ihn in der Ewigkeit!“, oder was sie sonst für Gutes sagten.

Kapitalwurf Hauptwurf, bester Wurf

Bei seinem ersten Wurfe war das Glück nicht mit Hauke gewesen: als er eben den Arm hinten ausschwang, um die Kugel fortzuschleudern, war eine Wolke von der Sonne fortgezogen, die sie vorhin bedeckt hatte, und diese traf mit ihrem vollen Strahl in seine Augen; der Wurf wurde zu kurz, die Kugel fiel auf einen Graben und blieb im Bummeis stecken.

←

„Gilt nicht! Gilt nicht! Hauke, noch einmal“, riefen seine Partner.

Aber der Kretler der Geestleute sprang dagegen auf: „Muss wohl gelten; geworfen ist geworfen!"

„Ole! Ole Peters!", schrie die Marschjugend. „Wo ist Ole? Wo, zum Teufel, steckt er?"

Aber er war schon da: „Schreit nur nicht so! Soll Hauke wo geflickt werden? Ich dacht's mir schon."

– „Ei was! Hauke muss noch einmal werfen; nun zeig, dass du das Maul am rechten Fleck hast!"

„Das hab ich schon!", rief Ole und trat dem Geestkretler gegenüber und redete einen Haufen Galimathias aufeinander. Aber die Spitzen und Schärfen, die sonst aus seinen Worten blitzten, waren diesmal nicht dabei. Ihm zur Seite stand das Mädchen mit den Rätselbrauen und sah scharf aus zornigen Augen auf ihn hin; aber reden durfte sie nicht; denn die Frauen hatten keine Stimme in dem Spiel.

Galimathias verworrenes Gerede

„Du leierst Unsinn", rief der andere Kretler, „weil dir der Sinn nicht dienen kann! Sonne, Mond und Sterne sind für uns alle gleich und allezeit am Himmel; der Wurf war ungeschickt, und alle ungeschickten Würfe gelten!"

So redeten sie noch eine Weile gegeneinander; aber das Ende war, dass nach Bescheid des Obmanns Hauke seinen Wurf nicht wiederholen durfte.

„Vorwärts!", riefen die Geestleute, und ihr Kretler zog den schwarzen Stab aus dem Boden, und der Werfer trat auf seinen Nummerruf dort an und schleuderte die Kugel vorwärts. Als der Großknecht des Deichgrafen dem Wurfe zusehen wollte, hatte er an Elke Volkerts vorbeimüssen: „Wem zuliebe ließest du heut deinen Verstand zu Hause?", raunte sie ihm zu.

Da sah er sie fast grimmig an, und aller Spaß war aus seinem breiten Gesichte verschwunden. „Dir zulieb!", sagte er, „denn du hast deinen auch vergessen!"

„Geh nur; ich kenne dich, Ole Peters!", erwiderte das Mädchen, sich hoch aufrichtend; er aber kehrte den Kopf ab und tat, als habe er das nicht gehört.

Und das Spiel und der schwarze und der weiße Stab gingen weiter. Als Hauke wieder am Wurf war, flog seine Kugel schon so weit, dass das Ziel, die große weiss gekalkte Tonne, klar in Sicht kam. Er war jetzt ein fester junger Kerl, und Mathematik und Wurfkunst hatte er täglich während seiner Knabenzeit getrieben. „Oho, Hauke!", rief es aus dem Haufen; „das war ja, als habe der Erzengel Michael selbst geworfen!" Eine alte Frau mit Kuchen und Branntwein drängte sich durch den Haufen zu ihm; sie schenkte ein Glas voll und bot es ihm: „Komm", sagte sie, „wir wollen uns vertragen: das heut ist besser, als da du mir die Katze totschlugst!“ Als er sie ansah, erkannte er, dass es Trien’ Jans war. „Ich dank dir, Alte“, sagte er, „aber ich trink das nicht.“ Er griff in seine Tasche und drückte ihr ein frisch geprägtes Markstück in die Hand: „Nimm das und trink selber das Glas aus, Trien’; so haben wir uns vertragen!“

„Hast Recht, Hauke!“, erwiderte die Alte, indem sie seiner Anweisung folgte; „hast Recht; das ist auch besser für ein altes Weib, wie ich!“

„Wie geht’s mit deinen Enten?“, rief er ihr noch nach, als sie sich schon mit ihrem Korbe fortmachte; aber sie schüttelte nur den Kopf, ohne sich umzuwenden, und patschte mit ihren alten Händen in die Luft. „Nichts, nichts, Hauke; da sind zu viele Ratten in euren Gräben; Gott tröst mich; man muss sich anders nähren!“ Und somit drängte sie sich in den Menschenhaufen und bot wieder ihren Schnaps und ihre Honigkuchen an.

Die Sonne war endlich schon hinter den Deich hinabgesunken; statt ihrer glimmte ein rotvioletter Schimmer empor; mitunter flogen schwarze Krähen vorüber und waren auf Augenblicke wie vergoldet, es wurde Abend. Auf den Fennen aber rückte der dunkle Menschentrupp noch immer weiter von den schwarzen, schon fern liegenden Häusern nach der Tonne zu; ein besonders tüchtiger Wurf musste sie jetzt erreichen können. Die Marschleute waren an der Reihe; Hauke sollte werfen.

Die kreidige Tonne zeichnete sich weiß in dem breiten Abendschatten, der jetzt von dem Deiche über die Fläche fiel. „Die werdet ihr uns diesmal wohl noch lassen!“, rief einer von den Geestleuten; denn es ging scharf her; sie waren um mindestens ein halb Stieg Fuß im Vorteil.

Die hagere Gestalt des Genannten trat eben aus der Menge; die grauen Augen sahen aus dem langen Friesengesicht vorwärts nach der Tonne; in der herabhängenden Hand lag die Kugel.

„Der Vogel ist dir wohl zu groß“, hörte er in diesem Augenblicke Ole Peters’ Knarrstimme dicht vor seinen Ohren: „sollen wir ihn um einen grauen Topf vertauschen?“

Hauke wandte sich und blickte ihn mit festen Augen an: „Ich werfe für die Marsch!“, sagte er. „Wohin gehörst denn du?“

„Ich denke, auch dahin; du wirfst doch wohl für Elke Volkerts!“

„Beiseit!“, schrie Hauke und stellte sich wieder in Positur. Aber Ole drängte mit dem Kopf noch näher auf ihn zu. Da plötzlich, bevor noch Hauke selber etwas dagegen unternehmen konnte, packte den Zudringlichen eine Hand und riss ihn rückwärts, dass der Bursche gegen seine lachenden Kameraden taumelte. Es war keine große Hand gewesen, die das getan hatte; denn als Hauke flüchtig den Kopf wandte, sah er neben sich Elke Volkerts ihren Ärmel zurechtzupfen, und die dunklen Brauen standen ihr wie zornig in dem heißen Antlitz.

Da flog es wie eine Stahlkraft in Haukes Arm; er neigte sich ein wenig, er wiegte die Kugel ein paar Mal in der Hand; dann holte er aus, und eine Todesstille war auf beiden Seiten; alle Augen folgten der fliegenden Kugel, man hörte ihr Sausen, wie sie die Luft durchschnitt; plötzlich, schon weit vom Wurfplatz, verdeckten sie die Flügel einer Silbermöwe, die, ihren Schrei ausstoßend, vom Deich herüberkam; zugleich aber hörte man es in der Ferne an die Tonne klatschen. „Hurra für Hauke!“, riefen die Marschleute, und lärmend ging es durch die Menge: „Hauke! Hauke Haien hat das Spiel gewonnen!“

Der aber, da ihn alle dicht umdrängten, hatte seitwärts nur nach einer Hand gegriffen; auch da sie wieder riefen: „Was stehst du, Hauke? Die Kugel liegt ja in der Tonne!“, nickte er nur und ging nicht von der Stelle; erst als er fühlte, dass sich die kleine Hand fest an die seine schloss, sagte er: „Ihr mögt schon Recht haben; ich glaube auch, ich hab gewonnen!“

Dann strömte der ganze Trupp zurück, und Elke und Hauke wurden getrennt und von der Menge auf den Weg zum Kruge fortgerissen, der an des Deichgrafen Werfte nach der Geest hinaufbog. Hier aber entschlüpften beide dem Gedränge, und während Elke auf ihre Kammer ging, stand Hauke hinten vor der Stalltür auf der Werfte und sah, wie der dunkle Menschentrupp allmählich nach dort hinaufwanderte, wo im Kirchspielskrug ein Raum für die Tanzenden bereitstand. Das Dunkel breitete sich allmählich über die weite Gegend; es wurde immer stiller um ihn her, nur hinter ihm im Stalle regte sich das Vieh; oben von der Geest her glaubte er schon das Pfeifen der Klarinetten aus dem Kruge zu vernehmen. Da hörte er um die Ecke des Hauses das Rauschen eines Kleides, und kleine feste Schritte gingen den Fußsteig hinab, der durch die Fennen nach der Geest hinaufführte. Nun sah er auch im Dämmer die Gestalt dahinschreiten und sah, dass es Elke war; sie ging auch zum Tanze nach dem Krug. Das Blut schoss ihm in den Hals hinauf; sollte er ihr nicht nachlaufen und mit ihr gehen? Aber Hauke war kein Held den Frauen gegenüber; mit dieser Frage sich beschäftigend, blieb er stehen, bis sie im Dunkel seinem Blick entschwunden war.

Dann, als die Gefahr, sie einzuholen, vorüber war, ging auch er denselben Weg, bis er droben den Krug bei der Kirche erreicht hatte und das Schwatzen und Schreien der vor dem Hause und auf dem Flur sich Drängenden und das Schrillen der Geigen und Klarinetten betäubend ihn umrauschte. Unbeachtet drückte er sich in den „Gildesaal"; er war nicht groß und so voll, dass man kaum einen Schritt weit vor sich hinsehen konnte. Schweigend stellte er sich an den Türpfosten und blickte in das unruhige Gewimmel; die Menschen kamen ihm wie Narren vor; er hatte auch nicht zu sorgen, dass jemand noch an den Kampf des Nachmittages dachte und wer vor einer Stunde erst das Spiel gewonnen hatte; jeder sah nur auf seine Dirne und drehte sich mit ihr im Kreis herum. Seine Augen suchten nur die eine, und endlich – dort! Sie tanzte mit ihrem Vetter, dem jungen Deichgevollmächtigten; aber schon sah er sie nicht mehr; nur andere Dirnen aus Marsch und Geest, die ihn nicht kümmerten. Dann schnappten Violinen und Klarinetten plötzlich ab, und der Tanz war zu Ende; aber gleich begann auch schon ein anderer. Hauke flog es durch den Kopf, ob denn Elke ihm auch Wort halten, ob sie nicht mit Ole Peters ihm vorbeitanzen werde. Fast hätte er einen Schrei bei dem Gedanken ausgestoßen; dann – – ja, was wollte er dann? Aber sie schien bei diesem Tanze gar nicht mitzuhalten, und endlich ging auch der zu Ende, und ein anderer, ein Zweitritt, der eben erst hier in die Mode gekommen war, folgte. Wie rasend setzte die Musik ein, die jungen Kerle stürzten zu den Dirnen, die Lichter an den Wänden flirrten. Hauke reckte sich fast den Hals aus, um die Tanzenden zu erkennen; und dort, im dritten Paare, das war Ole Peters; aber wer war die Tänzerin? Ein breiter Marschbursche stand vor ihr und deckte ihr Gesicht! Doch der Tanz raste weiter, und Ole mit seiner Partnerin drehte sich heraus; „Vollina! Vollina Harders!", rief Hauke fast laut und seufzte dann gleich wieder erleichtert auf. Aber wo blieb Elke? Hatte sie keinen Tänzer, oder hatte sie alle ausgeschlagen, weil sie nicht mit Ole hatte tanzen wollen? – Und die Musik setzte wieder ab, und ein neuer Tanz begann; aber wieder sah er Elke nicht! Doch dort kam Ole, noch immer die dicke Vollina in den Armen! „Nun, nun", sagte Hauke; „da wird Jeß Harders mit seinen fünfundzwanzig Demat auch wohl bald aufs Altenteil müssen! – Aber wo ist Elke?"

Er verließ seinen Türpfosten und drängte sich weiter in den Saal hinein; da stand er plötzlich vor ihr, die mit einer älteren Freundin in einer Ecke saß. „Hauke!", rief sie, mit ihrem schmalen Antlitz zu ihm aufblickend; „bist du hier? Ich sah dich doch nicht tanzen!"

„Ich tanzte auch nicht", erwiderte er.

– „Weshalb nicht, Hauke?" Und sich halb erhebend, setzte sie hinzu: „Willst du mit mir tanzen? Ich hab es Ole Peters nicht gegönnt; der kommt nicht wieder!"

Aber Hauke machte keine Anstalt: „Ich danke, Elke", sagte er; „ich verstehe das nicht gut genug; sie könnten über dich lachen; und dann . . .", er stockte plötzlich und sah sie nur aus seinen grauen Augen herzlich an, als ob er's ihnen überlassen müsse, das Übrige zu sagen.

„Was meinst du, Hauke?", frug sie leise.

– „Ich mein', Elke, es kann ja doch der Tag nicht schöner für mich ausgehn, als er's schon getan hat."

„Ja", sagte sie, „du hast das Spiel gewonnen."

„Elke!", mahnte er kaum hörbar.

Da schlug ihr eine heiße Lohe in das Angesicht: „Geh!", sagte sie; „was willst du?", und schlug die Augen nieder.

Als aber die Freundin jetzt von einem Burschen zum Tanze fortgezogen wurde, sagte Hauke lauter: „Ich dachte, Elke, ich hätt was Besseres gewonnen!"

Noch ein paar Augenblicke suchten ihre Augen auf dem Boden; dann hob sie sie langsam, und ein Blick, mit der stillen Kraft ihres Wesens, traf in die seinen, der ihn wie Sommerluft durchströmte. „Tu, wie dir ums Herz ist, Hauke!", sprach sie; „wir sollten uns wohl kennen!"

Elke tanzte an diesem Abend nicht mehr, und als beide dann nach Hause gingen, hatten sie sich Hand in Hand gefasst; aus der Himmelshöhe funkelten die Sterne über der schweigenden Marsch; ein leichter Ostwind wehte und brachte strenge Kälte; die beiden aber gingen, ohne viel Tücher und Umhang, dahin, als sei es plötzlich Frühling worden.

Hauke hatte sich auf ein Ding besonnen, dessen passende Verwendung zwar in ungewisser Zukunft lag, mit dem er sich aber eine stille Feier zu bereiten gedachte. Deshalb ging er am nächsten Sonntag in die Stadt zum alten Goldschmied Andersen und bestellte einen starken Goldring. „Streckt den Finger her, damit wir messen!", sagte der Alte und fasste ihm nach dem Goldfinger. „Nun", meinte er, „der ist nicht gar so dick, wie sie bei euch Leuten sonst zu sein pflegen!" Aber Hauke sagte: „Messet lieber am kleinen Finger!", und hielt ihm den entgegen.

Der Goldschmied sah ihn etwas verdutzt an; aber was kümmerten ihn die Einfälle der jungen Bauernburschen: „Da werden wir schon so einen unter den Mädchenringen haben!", sagte er, und Hauke schoss das Blut durch beide Wangen. Aber der kleine Goldring passte auf seinen kleinen Finger, und er nahm ihn hastig und bezahlte ihn mit blankem Silber; dann steckte er ihn unter lautem Herzklopfen, und als ob er einen feierlichen Akt begehe, in die Westentasche. Dort trug er ihn seitdem an jedem Tage mit Unruhe und doch mit Stolz, als sei die Westentasche nur dazu da, um einen Ring darin zu tragen.

Er trug ihn so über Jahr und Tag, ja der Ring musste sogar aus dieser noch in eine neue Westentasche wandern; die Gelegenheit zu seiner Befreiung hatte sich noch immer nicht ergeben wollen. Wohl war's ihm durch den Kopf geflogen, nur gradenwegs vor seinen Wirt hinzutreten; sein Vater war ja doch auch ein Eingesessener! Aber wenn er ruhiger wurde, dann wusste er wohl, der alte Deichgraf würde seinen Kleinknecht ausgelacht haben. Und so lebten er und des Deichgrafen Tochter nebeneinander hin; auch sie in mädchenhaftem Schweigen, und beide doch, als ob sie allzeit Hand in Hand gingen.

Ein Jahr nach jenem Winterfesttag hatte Ole Peters seinen Dienst gekündigt und mit Vollina Harders Hochzeit gemacht; Hauke hatte Recht gehabt: der Alte war auf Altenteil gegangen, und statt der dicken Tochter ritt nun der muntere Schwiegersohn die gelbe Stute in die Fenne und, wie es hieß, rückwärts allzeit gegen den Deich hinan. Hauke war Großknecht geworden, und ein Jüngerer an seine Stelle getreten; wohl hatte der Deichgraf ihn erst nicht wollen aufrücken lassen. „Kleinknecht ist besser!“, hatte er gebrummt; „ich brauch ihn hier bei meinen Büchern!“ Aber Elke hatte ihm vorgehalten: „Dann geht auch Hauke, Vater!“ Da war dem Alten bange geworden, und Hauke war zum Großknecht aufgerückt, hatte aber trotz dessen nach wie vor auch an der Deichgrafschaft mitgeholfen.

Nach einem anderen Jahr aber begann er gegen Elke davon zu reden, sein Vater werde kümmerlich, und die paar Tage, die der Wirt ihn im Sommer in dessen Wirtschaft lasse, täten's nun nicht mehr; der Alte quäle sich, er dürfe das nicht länger ansehen. – Es war ein Sommerabend; die beiden standen im Dämmerschein unter der großen Esche vor der Haustür. Das Mädchen sah eine Weile stumm in die Zweige des Baumes hinauf; dann entgegnete sie: „Ich hab's nicht sagen wollen, Hauke; ich dachte, du würdest selber wohl das Rechte treffen.“

„Ich muss dann fort aus eurem Hause“, sagte er, „und kann nicht wiederkommen.“

Sie schwiegen eine Weile und sahen in das Abendrot, das drüben hintem Deiche in das Meer versank. „Du musst es wissen“, sagte sie; „ich war heut morgen noch bei deinem Vater und fand ihn in seinem Lehnstuhl eingeschlafen; die Reißfeder in der Hand, das Reißbrett mit einer halben Zeichnung lag vor ihm auf dem Tisch; – und da er erwacht war und mühsam ein Viertelstündchen mit mir geplaudert hatte und ich nun gehen wollte, da hielt er mich so angstvoll an der Hand zurück, als fürchte er, es sei zum letzten Mal; aber ...“

„Was aber, Elke?“, frug Hauke, da sie fortzufahren zögerte.

Ein paar Tränen rannen über die Wangen des Mädchens. „Ich dachte nur an meinen Vater“, sagte sie; „glaub mir, es wird ihm schwer ankommen, dich zu missen.“ Und als ob sie zu dem Worte sich ermannen müsse, fügte sie hinzu: „Mir ist es oft, als ob auch er auf seine Totenkammer rüste.“

Hauke antwortete nicht; ihm war es plötzlich, als rühre sich der Ring in seiner Tasche; aber noch bevor er seinen Unmut über diese unwillkürliche Lebensregung unterdrückt hatte, fuhr Elke fort: „Nein, zürn nicht, Hauke! Ich trau, du wirst auch so uns nicht verlassen!“

Da ergriff er eifrig ihre Hand, und sie entzog sie ihm nicht. Noch eine Weile standen die jungen Menschen in dem sinkenden Dunkel beieinander, bis ihre Hände auseinanderglitten und jedes seine Wege ging. – Ein Windstoß fuhr empor und rauschte durch die Eschenblätter und machte die Läden klappern, die an der Vorderseite des Hauses waren; allmählich aber kam die Nacht, und Stille lag über der ungeheuren Ebene.

Durch Elkes Zutun war Hauke von dem alten Deichgrafen seines Dienstes entlassen worden, obgleich er ihm rechtzeitig nicht gekündigt hatte, und zwei neue Knechte waren jetzt im Hause. – Noch ein paar Monate weiter, dann starb Tede Haien; aber bevor er starb, rief er den Sohn an seine Lagerstatt: „Setz dich zu mir, mein Kind“, sagte der Alte mit matter Stimme, „dicht zu mir! Du brauchst dich nicht zu fürchten; wer bei mir ist, das ist nur der dunkle Engel des Herrn, der mich zu rufen kommt.“

Und der erschütterte Sohn setzte sich dicht an das dunkle Wandbett: „Sprecht, Vater, was Ihr noch zu sagen habt!“

„Ja, mein Sohn, noch etwas“, sagte der Alte und streckte seine Hände über das Deckbett. „Als du, noch ein halber Junge, zu dem Deichgrafen in Dienst gingst, da lag's in deinem Kopf, das selbst einmal zu werden. Das hatte mich angesteckt, und ich dachte auch allmählich, du seiest der rechte Mann dazu. Aber dein Erbe war für solch ein Amt zu klein – ich habe während deiner Dienstzeit knapp gelebt – ich dacht es zu vermehren.“

Hauke fasste heftig seines Vaters Hände, und der Alte suchte sich aufzurichten, dass er ihn sehen könne. „Ja, ja, mein Sohn“,

← sagte er, „dort in der obersten Schublade der Schatulle liegt das Dokument. Du weißt, die alte Antje Wohlers hat eine Fenne von fünf und einem halben Demat; aber sie konnte mit dem Mietgelde allein in ihrem krüppelhaften Alter nicht mehr durchfinden; da habe ich allzeit um Martini eine bestimmte Summe und auch mehr, wenn ich es hatte, dem armen Mensch gegeben; und dafür hat sie die Fenne mir übertragen; es ist alles gerichtlich fertig. – – Nun liegt auch sie am Tode; die Krankheit unserer Marschen, der Krebs, hat sie befallen; du wirst nicht mehr zu zahlen brauchen!" Eine Weile schloss er die Augen; dann sagte er noch: „Es ist nicht viel; doch hast du mehr dann, als du bei mir gewohnt warst. Mög es dir zu deinem Erdenleben dienen!"

Dokument *(lateinisch, französisch)* Urkunde

Unter den Dankesworten des Sohnes schlief der Alte ein. Er hatte nichts mehr zu besorgen; und schon nach einigen Tagen hatte der dunkle Engel des Herrn ihm seine Augen für immer zugedrückt, und Hauke trat sein väterliches Erbe an.

– – Am Tage nach dem Begräbnis kam Elke in dessen Haus. „Dank, dass du einguckst, Elke!", rief Hauke ihr als Gruß entgegen.

Aber sie erwiderte: „Ich guck nicht ein; ich will bei dir ein wenig Ordnung schaffen, damit du ordentlich in deinem Hause wohnen kannst! Dein Vater hat vor seinen Zahlen und Rissen nicht viel um sich gesehen, und auch der Tod schafft Wirrsal; ich will's dir wieder ein wenig lebig machen!"

Er sah aus seinen grauen Augen voll Vertrauen auf sie hin: „So schaff nur Ordnung!", sagte er; „ich hab's auch lieber."

Und dann begann sie aufzuräumen: das Reißbrett, das noch dalag, wurde abgestäubt und auf den Boden getragen; Reißfedern und Bleistift und Kreide sorgfältig in einer Schatullenschublade weggeschlossen; dann wurde die junge Dienstmagd zur Hülfe hereingerufen und mit ihr das Geräte der ganzen Stube in eine andere und bessere Stellung gebracht, sodass es anschien, als sei dieselbe nun heller und größer geworden. Lächelnd sagte Elke: „Das können nur wir Frauen!" Und Hauke, trotz seiner Trauer um den Vater, hatte mit glücklichen Augen zugesehen; auch wohl selber, wo es nötig war, geholfen.

Und als gegen die Dämmerung – es war zu Anfang des Septembers – alles war, wie sie es für ihn wollte, fasste sie seine Hand und nickte ihm mit ihren dunklen Augen zu: „Nun komm und iss bei uns zu Abend; denn meinem Vater hab ich's versprechen müssen, dich mitzubringen; wenn du dann heimgehst, kannst du ruhig in dein Haus treten!"

Als sie dann in die geräumige Wohnstube des Deichgrafen traten, wo bei verschlossenen Läden schon die beiden Lichter auf dem Tische brannten, wollte dieser aus seinem Lehnstuhl in die Höhe, aber mit seinem schweren Körper zurücksinkend, rief er nur seinem früheren Knecht entgegen: „Recht, recht, Hauke, dass du deine alten Freunde aufsuchst! Komm nur näher, immer näher!“ Und als Hauke an seinen Stuhl getreten war, fasste er dessen Hand mit seinen beiden runden Händen: „Nun, nun, mein Junge“, sagte er, „sei nur ruhig jetzt; denn sterben müssen wir alle, und dein Vater war keiner von den Schlechtesten! – Aber Elke, nun sorg, dass du den Braten auf den Tisch kriegst; wir müssen uns stärken! Es gibt viel Arbeit für uns, Hauke! Die Herbstschau ist in Anmarsch; Deich- und Sielrechnungen haushoch; der neuliche Deichschaden am Westerkoog – ich weiß nicht, wo mir der Kopf steht; aber deiner, gottlob, ist um ein gut Stück jünger; du bist ein braver Junge, Hauke!“ →

Und nach dieser langen Rede, womit der Alte sein ganzes Herz dargelegt hatte, ließ er sich in seinen Stuhl zurückfallen und blinzelte sehnsüchtig nach der Tür, durch welche Elke eben mit der Bratenschüssel hereintrat. Hauke stand lächelnd neben ihm. „Nun setz dich“, sagte der Deichgraf, „damit wir nicht unnötig Zeit verspillen; kalt schmeckt das nicht!“

verspillen verspielen, vergeuden

Und Hauke setzte sich; es schien ihm Selbstverstand, die Arbeit von Elkes Vater mitzutun. Und als die Herbstschau dann gekommen war und ein paar Monde mehr ins Jahr gingen, da hatte er freilich auch den besten Teil daran getan.« →

Der Erzähler hielt inne und blickte um sich. Ein Möwenschrei war gegen das Fenster geschlagen, und draußen vom Hausflur aus wurde ein Trampeln hörbar, als ob einer den Klei von seinen schweren Stiefeln abtrete.

Deichgraf und Gevollmächtigte wandten die Köpfe gegen die Stubentür. „Was ist?“, rief der Erstere.

Ein starker Mann, den Südwester auf dem Kopf, war eingetreten. „Herr“, sagte er, „wir beide haben es gesehen, Hans Nickels und ich: der Schimmelreiter hat sich in den Bruch gestürzt!“

„Wo saht Ihr das?“, frug der Deichgraf.

– „Es ist ja nur die eine Wehle; in Jansens Fenne, wo der Hauke-Haien-Koog beginnt.“

„Saht Ihr's nur einmal?“

– „Nur einmal; es war auch nur wie Schatten; aber es braucht drum nicht das erste Mal gewesen zu sein.“

Der Deichgraf war aufgestanden. „Sie wollen entschuldigen“, sagte er, sich zu mir wendend, „wir müssen draußen nachsehn, wo das Unheil hin will!“ Dann ging er mit dem Boten zur Tür hinaus; aber auch die übrige Gesellschaft brach auf und folgte ihm.

Ich blieb mit dem Schullehrer allein in dem großen öden Zimmer; durch die unverhangenen Fenster, welche nun nicht mehr durch die Rücken der davor sitzenden Gäste verdeckt wurden, sah man frei hinaus und wie der Sturm die dunklen Wolken über den Himmel jagte. Der Alte saß noch auf seinem Platze, ein überlegenes, fast mitleidiges Lächeln auf seinen Lippen. „Es ist hier zu leer geworden“, sagte er; „darf ich Sie zu mir auf mein Zimmer laden? Ich wohne hier im Hause; und glauben Sie mir, ich kenne die Wetter hier am Deich; für uns ist nichts zu fürchten.“

Ich nahm das dankend an; denn auch mich wollte hier zu frösteln anfangen, und wir stiegen unter Mitnahme eines Lichtes die Stiegen zu einer Giebelstube hinauf, die zwar gleichfalls gegen Westen hinauslag, deren Fenster aber jetzt mit dunklen Wollteppichen verhangen waren. In einem Bücherregal sah ich eine kleine Bibliothek, daneben die Porträte zweier alter Professoren; vor einem Tische stand ein großer Ohrenlehnstuhl. „Machen Sie sich's bequem!“, sagte mein freundlicher Wirt und warf einige Torf in den noch glimmenden kleinen Ofen, der oben von einem Blechkessel gekrönt war. „Nur noch ein Weilchen! Er wird bald sausen; dann brau ich uns ein Gläschen Grog; das hält Sie munter!“

einige Torf gemeint sind Torfstücke

„Dessen bedarf es nicht“, sagte ich; „ich werd nicht schläfrig, wenn ich Ihren Hauke auf seinem Lebensweg begleite!“

– „Meinen Sie?“ Und er nickte mit seinen klugen Augen zu mir herüber, nachdem ich behaglich in seinem Lehnstuhl untergebracht war. „Nun, wo blieben wir denn? – – Ja, ja; ich weiß schon! Also:“

»Hauke hatte sein väterliches Erbe angetreten, und da die alte Antje Wohlers auch ihrem Leiden erlegen war, so hatte deren Fenne es vermehrt. Aber seit dem Tode, oder, richtiger, seit den letzten Worten seines Vaters war in ihm etwas aufgewachsen, dessen Keim er schon seit seiner Knabenzeit in sich getragen hatte; er wiederholte es sich mehr als zu oft, er sei der rechte Mann, wenn's einen neuen Deichgrafen geben müsse. Das war es; sein Vater, der es verstehen musste, der ja der klügste Mann im Dorf gewesen war, hatte ihm dieses Wort wie eine letzte Gabe seinem Erbe beigelegt; die Wohlerssche Fenne, die er ihm auch verdankte, sollte den ersten Trittstein zu dieser Höhe bilden! Denn, freilich, auch mit dieser – ein Deichgraf musste noch einen anderen Grundbesitz aufweisen können! – – Aber sein Vater hatte sich einsame Jahre knapp beholfen, und mit dem, was er sich entzogen hatte, war er des neuen Besitzes Herr geworden; das konnte er auch, er konnte noch mehr; denn seines Vaters Kraft war schon verbraucht gewesen, er aber konnte noch jahrelang die schwerste Arbeit tun! – – Freilich, wenn er es dadurch nach dieser Seite hin erzwang, durch die Schärfen und Spitzen, die er der Verwaltung seines alten Dienstherrn zugesetzt hatte, war ihm eben keine Freundschaft im Dorf zuwege gebracht worden, und Ole Peters, sein alter Widersacher, hatte jüngsthin eine Erbschaft getan und begann ein wohlhabender Mann zu werden! Eine Reihe von Gesichtern ging vor seinem inneren Blick vorüber, und sie sahen ihn alle mit bösen Augen an; da fasste ihn ein Groll gegen diese Menschen, er streckte die Arme aus, als griffe er nach ihnen; denn sie wollten ihn vom Amte drängen, zu dem von allen nur er berufen war. – Und die Gedanken ließen ihn nicht; sie waren immer wieder da, und so wuchsen in seinem jungen Herzen neben der Ehrenhaftigkeit und Liebe auch die Ehrsucht und der Hass. Aber diese beiden verschloss er tief in seinem Inneren; selbst Elke ahnte nichts davon.

– Als das neue Jahr gekommen war, gab es eine Hochzeit; die Braut war eine Verwandte von den Haiens, und Hauke und Elke waren beide dort geladene Gäste; ja, bei dem Hochzeitsessen traf es sich durch das Ausbleiben eines näheren Verwandten, dass sie ihre Plätze nebeneinander fanden. Nur ein Lächeln, das über beider Antlitz glitt, verriet ihre Freude darüber. Aber Elke saß heute teilnahmslos in dem Geräusche des Plauderns und Gläserklirrens.

„Fehlt dir etwas?“, frug Hauke.

– „O, eigentlich nichts; es sind mir nur zu viele Menschen hier.“

„Aber du siehst so traurig aus!“

Sie schüttelte den Kopf; dann sprachen sie wieder nicht.

Da stieg es über ihr Schweigen wie Eifersucht in ihm auf, und heimlich unter dem überhängenden Tischtuch ergriff er ihre Hand; aber sie zuckte nicht, sie schloss sich wie vertrauensvoll um seine. Hatte ein Gefühl der Verlassenheit sie befallen, da ihre Augen täglich auf der hinfälligen Gestalt des Vaters haften mussten? – Hauke dachte nicht daran, sich so zu fragen; aber ihm stand der Atem still, als er jetzt seinen Goldring aus der Tasche zog. „Lässt du ihn sitzen?“, frug er zitternd, während er den Ring auf den Goldfinger der schmalen Hand schob.

Gegenüber am Tische saß die Frau Pastorin; sie legte plötzlich ihre Gabel hin und wandte sich zu ihrem Nachbar: „Mein Gott, das Mädchen!“, rief sie; „sie wird ja totenblass!“

Aber das Blut kehrte schon zurück in Elkes Antlitz. „Kannst du warten, Hauke?“, frug sie leise.

Der kluge Friese besann sich doch noch ein paar Augenblicke. „Auf was?“, sagte er dann.

– „Du weißt das wohl; ich brauch dir’s nicht zu sagen.“

„Du hast Recht“, sagte er; „ja, Elke, ich kann warten – wenn’s nur ein menschlich Abseh’n hat!“

„O Gott, ich fürcht’, ein nahes! Sprich nicht so, Hauke; du sprichst von meines Vaters Tod!“ Sie legte die andere Hand auf ihre Brust: „Bis dahin“, sagte sie, „trag ich den Goldring hier; du sollst nicht fürchten, dass du bei meiner Lebzeit ihn zurückbekommst!“

Da lächelten sie beide, und ihre Hände pressten sich ineinander, dass bei anderer Gelegenheit das Mädchen wohl laut aufgeschrien hätte.

Die Frau Pastorin hatte indessen unablässig nach Elkes Augen hingesehen, die jetzt unter dem Spitzenstrich des goldbrokatenen Käppchens wie in dunklem Feuer brannten. Bei dem zunehmenden Getöse am Tische aber hatte sie nichts verstanden; auch an ihren Nachbar wandte sie sich nicht wieder; denn keimende Ehen – und um eine solche schien es ihr sich denn doch hier zu handeln –, schon um des daneben keimenden Traupfennigs für ihren Mann, den Pastor, pflegte sie nicht zu stören.

Elkes Vorahnung war in Erfüllung gegangen; eines Morgens nach Ostern hatte man den Deichgrafen Tede Volkerts tot in seinem Bett gefunden; man sah’s an seinem Antlitz, ein ruhiges Ende war darauf geschrieben. Er hatte auch mehrfach in den letzten Monden Lebensüberdruss geäußert; sein Leibgericht, der Ofenbraten, selbst seine Enten hatten ihm nicht mehr schmecken wollen.

Und nun gab es eine große Leiche im Dorf. Droben auf der Geest auf dem Begräbnisplatz um die Kirche war zu Westen eine mit Schmiedegitter umhegte Grabstätte; ein breiter blauer Grabstein stand jetzt aufgehoben gegen eine Traueresche, auf welchem das Bild des Todes mit stark gezahnten Kiefern ausgehauen war; darunter in großen Buchstaben:

> Dat is de Dod, de allens fritt,
> Nimmt Kunst un Wetenschop di mit;
> De kloke Mann is nu vergahn,
> Gott gäw em selig Uperstahn.

Es war die Begräbnisstätte des früheren Deichgrafen Volkert Tedsen; nun war eine frische Grube gegraben, wohinein dessen

Sohn, der jetzt verstorbene Deichgraf Tede Volkerts, begraben werden sollte. Und schon kam unten aus der Marsch der Leichenzug heran, eine Menge Wagen aus allen Kirchspielsdörfern; auf dem vordersten stand der schwere Sarg, die beiden blanken Rappen des deichgräflichen Stalles zogen ihn schon den sandigen Anberg zur Geest hinauf; Schweife und Mähnen der Pferde wehten in dem scharfen Frühjahrswind. Der Gottesacker um die Kirche war bis an die Wälle mit Menschen angefüllt; selbst auf dem gemauerten Tore huckten Buben mit kleinen Kindern in den Armen; sie wollten alle das Begraben ansehen.

Anberg
Abhang, Hügel

Im Hause drunten in der Marsch hatte Elke in Pesel und Wohngelass das Leichenmahl gerüstet; alter Wein wurde bei den Gedecken hingestellt; an den Platz des Oberdeichgrafen – denn auch er war heut nicht ausgeblieben – und an den des Pastors je eine Flasche Langkork. Als alles besorgt war, ging sie durch den Stall vor die Hoftür; sie traf niemanden auf ihrem Wege; die Knechte waren mit zwei Gespannen in der Leichenfuhr. Hier blieb sie stehen und sah, während ihre Trauerkleider im Frühlingswinde flatterten, wie drüben an dem Dorfe jetzt die letzten Wagen zur Kirche hinauffuhren. Nach einer Weile entstand dort ein Gewühl, dem eine Totenstille zu folgen schien. Elke faltete die Hände; sie senkten wohl den Sarg jetzt in die Grube: „Und zur Erde wieder sollst du werden!" Unwillkürlich, leise, als hätte sie von dort es hören können, sprach sie die Worte nach; dann füllten ihre Augen sich mit Tränen, ihre über der Brust gefalteten Hände sanken in den Schoß; „Vater unser, der du bist im Himmel!", betete sie voll Inbrunst. Und als das Gebet des Herrn zu Ende war, stand sie noch lange unbeweglich, sie, die jetzige Herrin dieses großen Marschhofes; und Gedanken des Todes und des Lebens begannen sich in ihr zu streiten.

Flasche Langkork
eine Flasche Wein (mit langem Korken)

Ein fernes Rollen weckte sie. Als sie die Augen öffnete, sah sie schon wieder einen Wagen um den anderen in rascher Fahrt von der Marsch herab und gegen ihren Hof herankommen. Sie richtete sich auf, blickte noch einmal scharf hinaus und ging dann, wie sie gekommen war, durch den Stall in die feierlich hergestellten Wohnräume zurück. Auch hier war niemand; nur durch die Mauer hörte sie das Rumoren der Mägde in der Küche. Die Festtafel stand so still und einsam; der Spiegel zwischen den Fenstern war mit weißen Tüchern zugesteckt und ebenso die Messingknöpfe an dem Beilegerofen; es blinkte nichts mehr in der Stube. Elke sah die Türen vor dem Wandbett, in dem ihr Vater seinen letzten Schlaf getan hatte, offen stehen und ging hinzu und schob sie fest zusammen; wie gedankenlos las sie den Sinnspruch, der zwischen

→

Rosen und Nelken mit goldenen Buchstaben darauf geschrieben stand:

← „Hest du din Dagwark richtig dan,
Da kommt de Slap von sülvst heran."

Das war noch von dem Großvater! – Einen Blick warf sie auf den Wandschrank; er war fast leer; aber durch die Glastüren sah sie noch den geschliffenen Pokal darin, der ihrem Vater, wie er ← gern erzählt hatte, einst bei einem Ringreiten in seiner Jugend als Preis zuteil geworden war. Sie nahm ihn heraus und setzte ihn bei dem Gedeck des Oberdeichgrafen. Dann ging sie ans Fenster; denn schon hörte sie die Wagen an der Werfte heraufrollen; einer um den anderen hielt vor dem Hause, und munterer, als sie gekommen waren, sprangen jetzt die Gäste von ihren Sitzen auf den Boden. Händereibend und plaudernd drängte sich alles in die Stube; nicht lange, so setzte man sich an die festliche Tafel, auf der die wohl bereiteten Speisen dampften, im Pesel der Oberdeichgraf mit dem Pastor; und Lärm und lautes Schwatzen lief den Tisch entlang, als ob hier nimmer der Tod seine furchtbare Stille ausgebreitet hätte. Stumm, das Auge auf ihre Gäste, ging Elke mit den Mägden an den Tischen herum, dass an dem Leichenmahle nichts versehen werde. Auch Hauke Haien saß im Wohnzimmer neben Ole Peters und anderen kleineren Besitzern.

Nachdem das Mahl beendet war, wurden die weißen Tonpfeifen aus der Ecke geholt und angebrannt, und Elke war wiederum geschäftig, die gefüllten Kaffeetassen den Gästen anzubieten; denn auch der wurde heute nicht gespart. Im Wohnzimmer an dem Pulte des eben Begrabenen stand der Oberdeichgraf im Gespräche mit dem Pastor und dem weißhaarigen Deichgevollmächtigten Jewe Manners. „Alles gut, ihr Herren", sagte der Erste, „den alten Deichgrafen haben wir mit Ehren beigesetzt; aber woher nehmen wir den neuen? Ich denke, Manners, Ihr werdet Euch dieser Würde unterziehen müssen!"

Der alte Manners hob lächelnd das schwarze Sammetkäppchen von seinen weißen Haaren: „Herr Oberdeichgraf", sagte er, „das Spiel würde zu kurz werden; als der verstorbene Tede Volkerts Deichgraf, da wurde ich Gevollmächtigter und bin es nun schon vierzig Jahre!"

„Das ist kein Mangel, Manners; so kennt Ihr die Geschäfte umso besser und werdet nicht Not mit ihnen haben!"

Aber der Alte schüttelte den Kopf: „Nein, nein, Euer Gnaden, lasset mich, wo ich bin, so laufe ich wohl noch ein paar Jahre mit!"

Der Pastor stand bei ihm: „Weshalb", sagte er, „nicht den ins

Amt nehmen, der es tatsächlich in den letzten Jahren doch geführt hat?"

Der Oberdeichgraf sah ihn an: „Ich verstehe nicht, Herr Pastor!"

Aber der Pastor wies mit dem Finger in den Pesel, wo Hauke in langsam ernster Weise zwei älteren Leuten etwas zu erklären schien. „Dort steht er", sagte er, „die lange Friesengestalt mit den klugen grauen Augen neben der hageren Nase und den zwei Schädelwölbungen darüber! Er war des Alten Knecht und sitzt jetzt auf seiner eigenen kleinen Stelle; er ist zwar etwas jung!"

„Er scheint ein Dreißiger", sagte der Oberdeichgraf, den ihm so Vorgestellten musternd.

„Er ist kaum vierundzwanzig", bemerkte der Gevollmächtigte Manners; „aber der Pastor hat Recht: was in den letzten Jahren Gutes für Deiche und Siele und dergleichen vom Deichgrafenamt in Vorschlag kam, das war von ihm; mit dem Alten war's doch zuletzt nichts mehr."

„So, so?", machte der Oberdeichgraf; „und Ihr meinet, er wäre nun auch der Mann, um in das Amt seines alten Herrn einzurücken?"

„Der Mann wäre er schon", entgegnete Jewe Manners; „aber ihm fehlt das, was man hier ‚Klei unter den Füßen' nennt; sein Vater hatte so um fünfzehn, er mag gut zwanzig Demat haben; aber damit ist bis jetzt hier niemand Deichgraf geworden."

Der Pastor tat schon den Mund auf, als wollte er etwas einwenden, da trat Elke Volkerts, die eine Weile schon im Zimmer gewesen, plötzlich zu ihnen: „Wollen Euer Gnaden mir ein Wort erlauben?", sprach sie zu dem Oberbeamten; „es ist nur, damit aus einem Irrtum nicht ein Unrecht werde!"

„So sprecht, Jungfer Elke!", entgegnete dieser; „Weisheit von hübschen Mädchenlippen hört sich allzeit gut!"

– „Es ist nicht Weisheit, Euer Gnaden; ich will nur die Wahrheit sagen."

„Auch die muss man ja hören können, Jungfer Elke!"

Das Mädchen ließ ihre dunklen Augen noch einmal zur Seite gehen, als ob sie wegen überflüssiger Ohren sich versichern wolle: „Euer Gnaden", begann sie dann, und ihre Brust hob sich in stärkerer Bewegung, „mein Pate, Jewe Manners, sagte Ihnen, dass Hauke Haien nur etwa zwanzig Demat im Besitz habe; das ist im Augenblick auch richtig, aber sobald es sein muss, wird Hauke noch um so viel mehr sein Eigen nennen, als dieser, meines Vaters, jetzt mein Hof, an Dematzahl beträgt; für einen Deichgrafen wird das zusammen denn wohl reichen."

Der alte Manners reckte den weißen Kopf gegen sie, als müsse er erst sehen, wer denn eigentlich da rede: „Was ist das?", sagte er; „Kind, was sprichst du da?"

Aber Elke zog an einem schwarzen Bändchen einen blinkenden Goldring aus ihrem Mieder: „Ich bin verlobt, Pate Manners", sagte sie; „hier ist der Ring, und Hauke Haien ist mein Bräutigam."

– „Und wann – ich darf's wohl fragen, da ich dich aus der Taufe hob, Elke Volkerts –, wann ist denn das passiert?"

– „Das war schon vor geraumer Zeit; doch war ich mündig, Pate Manners", sagte sie; „mein Vater war schon hinfällig worden, und da ich ihn kannte, so wollt ich ihn nicht mehr damit beunruhigen; itzt, da er bei Gott ist, wird er einsehen, dass sein Kind bei diesem Manne wohl geborgen ist. Ich hätte es auch das Trauerjahr hindurch schon ausgeschwiegen; jetzt aber, um Haukes und um des Kooges willen, hab ich reden müssen." Und zum Oberdeichgrafen gewandt, setzte sie hinzu: „Euer Gnaden wollen mir das verzeihen!"

Die drei Männer sahen sich an; der Pastor lachte, der alte Gevollmächtigte ließ es bei einem „Hm, hm!" bewenden, während der Oberdeichgraf wie vor einer wichtigen Entscheidung sich die Stirn rieb. „Ja, liebe Jungfer", sagte er endlich, „aber wie steht es denn hier im Kooge mit den ehelichen Güterrechten? Ich muss gestehen, ich bin augenblicklich nicht recht kapitelfest in diesem Wirrsal!"

kapitelfest bibelfest, sicher

„Das brauchen Euer Gnaden auch nicht", entgegnete des Deichgrafen Tochter, „ich werde vor der Hochzeit meinem Bräutigam die Güter übertragen. Ich habe auch meinen kleinen Stolz", setzte sie lächelnd hinzu; „ich will den reichsten Mann im Dorfe heiraten!"

„Nun, Manners", meinte der Pastor, „ich denke, Sie werden auch als Pate nichts dagegen haben, wenn ich den jungen Deichgrafen mit des alten Tochter zusammengebe!"

Der Alte schüttelte leis den Kopf: „Unser Herrgott gebe seinen Segen!", sagte er andächtig.

Der Oberdeichgraf aber reichte dem Mädchen seine Hand: „Wahr und weise habt Ihr gesprochen, Elke Volkerts; ich danke Euch für so kräftige Erläuterungen und hoffe auch in Zukunft, und bei freundlicheren Gelegenheiten als heute, der Gast Eures Hauses zu sein; aber – dass ein Deichgraf von solch junger Jungfer gemacht wurde, das ist das Wunderbare an der Sache!"

„Euer Gnaden", erwiderte Elke und sah den gütigen Oberbeamten noch einmal mit ihren ernsten Augen an, „einem rechten

Manne wird auch die Frau wohl helfen dürfen!“ Dann ging sie in den anstoßenden Pesel und legte schweigend ihre Hand in Hauke Haiens.

Es war um mehrere Jahre später: in dem kleinen Hause Tede Haiens wohnte jetzt ein rüstiger Arbeiter mit Frau und Kind; der junge Deichgraf Hauke Haien saß mit seinem Weibe Elke Volkerts auf deren väterlicher Hofstelle. Im Sommer rauschte die gewaltige Esche nach wie vor am Hause; aber auf der Bank, die jetzt darunter stand, sah man abends meist nur die junge Frau, einsam mit einer häuslichen Arbeit in den Händen; noch immer fehlte ein Kind in dieser Ehe; der Mann aber hatte anderes zu tun, als Feierabend vor der Tür zu halten; denn trotz seiner früheren Mithülfe lagen aus des Alten Amtsführung eine Menge unerledigter Dinge, an die auch er derzeit zu rühren nicht für gut gefunden hatte; jetzt aber musste allmählich alles aus dem Wege; er fegte mit einem scharfen Besen. Dazu kam die Bewirtschaftung der durch seinen eigenen Landbesitz vergrößerten Stelle, bei der er gleichwohl den Kleinknecht noch zu sparen suchte; so sahen sich die beiden Eheleute, außer am Sonntag, wo Kirchgang gehalten wurde, meist nur bei dem von Hauke eilig besorgten Mittagessen und beim Auf- und Niedergang des Tages; es war ein Leben fortgesetzter Arbeit, doch gleichwohl ein zufriedenes.

Dann kam ein störendes Wort in Umlauf. – Als von den jüngeren Besitzern der Marsch- und Geestgemeinde eines Sonntags nach der Kirche ein etwas unruhiger Trupp im Kruge droben am Trunke festgeblieben war, redeten sie beim vierten oder fünften Glase zwar nicht über König und Regierung – so hoch wurde damals noch nicht gegriffen –, wohl aber über Kommunal- und Oberbeamte, vor allem über Gemeindeabgaben und -lasten, und je länger sie redeten, desto weniger fand davon Gnade vor ihren Augen, insonders nicht die neuen Deichlasten; alle Sielen und Schleusen, die sonst immer gehalten hätten, seien jetzt reparaturbedürftig; am Deiche fänden sich immer neue Stellen, die Hunderte von Karren Erde nötig hätten; der Teufel möchte die Geschichte holen!

„Das kommt von eurem klugen Deichgrafen“, rief einer von den Geestleuten, „der immer grübeln geht und seine Finger dann in alles steckt!“

„Ja, Marten“, sagte Ole Peters, der dem Sprecher gegenübersaß; „Recht hast du, er ist hinterspinnig und sucht beim Oberdeichgraf sich ’nen weißen Fuß zu machen; aber wir haben ihn nun einmal!“

hinterspinnig grüblerisch

„Warum habt ihr ihn euch aufhucken lassen?“, sagte der andere; „nun müsst ihr's bar bezahlen.“

Ole Peters lachte. „Ja, Marten Fedders, das ist nun so bei uns, und davon ist nichts abzukratzen: der alte wurde Deichgraf von seines Vaters, der neue von seines Weibes wegen.“ Das Gelächter, das jetzt um den Tisch lief, zeigte, welchen Beifall das geprägte Wort gefunden hatte.

Aber es war an öffentlicher Wirtstafel gesprochen worden, es blieb nicht da, es lief bald um im Geest- wie unten in dem Marschdorf; so kam es auch an Hauke. Und wieder ging vor seinem inneren Auge die Reihe übelwollender Gesichter vorüber, und noch höhnischer, als es gewesen war, hörte er das Gelächter an dem Wirtshaustische. „Hunde!“, schrie er, und seine Augen sahen grimmig zur Seite, als wolle er sie peitschen lassen.

Da legte Elke ihre Hand auf seinen Arm: „Lass sie; die wären alle gern, was du bist!“

„Das ist es eben!“, entgegnete er grollend.

„Und“, fuhr sie fort, „hat denn Ole Peters sich nicht selber eingefreit?“

„Das hat er, Elke; aber was er mit Vollina freite, das reichte nicht zum Deichgrafen!“

„Sag lieber: er reichte nicht dazu!“, und Elke drehte ihren Mann, so dass er sich im Spiegel sehen musste, denn sie standen zwischen den Fenstern in ihrem Zimmer. „Da steht der Deichgraf!“, sagte sie; „nun sieh ihn an; nur wer ein Amt regieren kann, der hat es!“

„Du hast nicht Unrecht“, entgegnete er sinnend, „und doch ... Nun, Elke; ich muss zur Osterschleuse; die Türen schließen wieder nicht!“

Sie drückte ihm die Hand: „Komm, sieh mich erst einmal an! Was hast du, deine Augen sehen so ins Weite?“

„Nichts, Elke, du hast ja Recht.“ –

Er ging; aber nicht lange war er gegangen, so war die Schleusenreparatur vergessen. Ein anderer Gedanke, den er halb nur ausgedacht und seit Jahren mit sich umhergetragen hatte, der aber vor den drängenden Amtsgeschäften ganz zurückgetreten war, bemächtigte sich seiner jetzt aufs Neue und mächtiger als je zuvor, als seien plötzlich die Flügel ihm gewachsen.

Kaum dass er es selber wusste, befand er sich oben auf dem Haffdeich, schon eine weite Strecke südwärts nach der Stadt zu; das Dorf, das nach dieser Seite hinauslag, war ihm zur Linken längst verschwunden; noch immer schritt er weiter, seine Augen unablässig nach der Seeseite auf das breite Vorland gerichtet; wäre jemand neben ihm gegangen, er hätte es sehen müssen, welche eindringliche Geistesarbeit hinter diesen Augen vorging. Endlich blieb er stehen: das Vorland schwand hier zu einem schmalen Streifen an dem Deich zusammen. ‚Es muss gehen!‘, sprach er bei sich selbst. ‚Sieben Jahr im Amt; sie sollen nicht mehr sagen, dass ich nur Deichgraf bin von meines Weibes wegen!‘

Noch immer stand er, und seine Blicke schweiften scharf und bedächtig nach allen Seiten über das grüne Vorland; dann ging er zurück, bis wo auch hier ein schmaler Streifen grünen Weidelands die vor ihm liegende breite Landfläche ablöste. Hart an dem Deiche aber schoss ein starker Meeresstrom durch diese, der fast das ganze Vorland von dem Festlande trennte und zu einer Hallig machte; eine rohe Holzbrücke führte nach dort hinüber, damit man mit Vieh und Heu- oder Getreidewagen hinüber und wieder zurück gelangen könne. Jetzt war es Ebbzeit, und die goldene Septembersonne glitzerte auf dem etwa hundert Schritte breiten Schlickstreifen und auf dem tiefen Priel in seiner Mitte, durch den auch jetzt das Meer noch seine Wasser trieb. ‚Das lässt sich dämmen!‘, sprach Hauke bei sich selber, nachdem er diesem Spiele eine Zeit lang zugesehen; dann blickte er auf, und von dem Deiche, auf dem er stand, über den Priel hinweg, zog er in Gedanken eine Linie längs dem Rande des abgetrennten Landes, nach Süden herum und ostwärts wiederum zurück über die dortige Fortsetzung des Prieles und an den Deich heran. Die Linie aber, welche er unsichtbar gezogen hatte, war ein neuer Deich, neu auch in der Konstruktion seines Profiles, welches bis jetzt nur noch in seinem Kopf vorhanden war.

Priel
Wasserlauf in den Watten und Außendeichen (Storm)

‚Das gäbe einen Koog von zirka tausend Demat‘, sprach er lächelnd zu sich selber; ‚nicht groß just; aber . . .‘

Eine andere Kalkulation überkam ihn: das Vorland gehörte hier der Gemeinde, ihren einzelnen Mitgliedern eine Zahl von Anteilen, je nach der Größe ihres Besitzes im Gemeindebezirk oder nach sonst zu Recht bestehender Erwerbung; er begann zusammenzuzählen, wie viel Anteile er von seinem, wie viele er von Elkes Vater überkommen und was an solchen er während seiner Ehe schon selbst gekauft hatte, teils in dem dunklen Gefühle eines künftigen Vorteils, teils bei Vermehrung seiner Schafzucht. Es war schon eine ansehnliche Menge; denn auch von Ole Peters hatte er dessen sämtliche Teile angekauft, da es diesem zum Verdruss geschlagen war, als bei einer teilweisen Überströmung ihm sein bester Schafbock ertrunken war. Aber das war ein seltsamer Unfall gewesen; denn so weit Haukes Gedächtnis reichte, waren selbst bei hohen Fluten dort nur die Ränder überströmt worden.

Kalkulation
(französisch)
(Kaufmännische) Berechnung

Welch treffliches Weide- und Kornland musste es geben und von welchem Werte, wenn das alles von seinem neuen Deich umgeben war! Wie ein Rausch stieg es ihm ins Gehirn; aber er presste die Nägel in seine Handflächen und zwang seine Augen, klar und nüchtern zu sehen, was dort vor ihm lag: eine große deichlose Fläche, wer wusste es, welchen Stürmen und Fluten schon in den nächsten Jahren preisgegeben, an deren äußerstem Rande jetzt ein Trupp von schmutzigen Schafen langsam grasend entlangwanderte; dazu für ihn ein Haufen Arbeit, Kampf und Ärger! Trotz alledem, als er vom Deich hinab und den Fußsteig über die Fennen auf seine Werfte zuging, ihm war's, als brächte er einen großen Schatz mit sich nach Hause.

Auf dem Flur trat Elke ihm entgegen: „Wie war es mit der Schleuse?", frug sie.

Er sah mit geheimnisvollem Lächeln auf sie nieder: „Wir werden bald eine andere Schleuse brauchen", sagte er; „und Sielen und einen neuen Deich!"

„Ich versteh dich nicht", entgegnete Elke, während sie in das Zimmer gingen; „was willst du, Hauke?"

„Ich will", sagte er langsam und hielt dann einen Augenblick inne, „ich will, dass das große Vorland, das unserer Hofstatt gegenüber beginnt und dann nach Westen ausgeht, zu einem festen Kooge eingedeicht werde: die hohen Fluten haben fast ein Menschenalter uns in Ruh gelassen; wenn aber eine von den schlimmen wiederkommt und den Anwachs stört, so kann mit einem Mal die ganze Herrlichkeit zu Ende sein; nur der alte Schlendrian hat das bis heut so lassen können!"

Sie sah ihn voll Erstaunen an: „So schiltst du dich ja selber!", sagte sie.

– „Das tu ich, Elke; aber es war bisher auch so viel anderes zu beschaffen!"

„Ja, Hauke; gewiss, du hast genug getan!"

Er hatte sich in den Lehnstuhl des alten Deichgrafen gesetzt, und seine Hände griffen fest um beide Lehnen.

„Hast du denn guten Mut dazu?", frug ihn sein Weib.

– „Das hab ich, Elke!", sprach er hastig.

„Sei nicht zu rasch, Hauke; das ist ein Werk auf Tod und Leben; und fast alle werden dir entgegen sein, man wird dir deine Müh und Sorg nicht danken!"

Er nickte: „Ich weiß!", sagte er.

„Und wenn es nun nicht gelänge!", rief sie wieder; „von Kindesbeinen an hab ich gehört, der Priel sei nicht zu stopfen, und darum dürfe nicht daran gerührt werden."

„Das war ein Vorwand für die Faulen!“, sagte Hauke; „weshalb denn sollte man den Priel nicht stopfen können?“

– „Das hört ich nicht; vielleicht, weil er gerade durchgeht; die Spülung ist zu stark.“ – Eine Erinnerung überkam sie, und ein fast schelmisches Lächeln brach aus ihren ernsten Augen: „Als ich Kind war“, sprach sie, „hörte ich einmal die Knechte darüber reden; sie meinten, wenn ein Damm dort halten solle, müsse was Lebigs da hineingeworfen und mit verdämmt werden; bei einem Deichbau auf der anderen Seite, vor wohl hundert Jahren, sei ein Zigeunerkind verdämmt worden, das sie um schweres Geld der Mutter abgehandelt hätten; jetzt aber würde wohl keine ihr Kind verkaufen!“

Hauke schüttelte den Kopf: „Da ist es gut, dass wir keins haben; sie würden es sonst noch schier von uns verlangen!“

„Sie sollten’s nicht bekommen!“, sagte Elke und schlug wie in Angst die Arme über ihren Leib.

Und Hauke lächelte; doch sie frug noch einmal: „Und die ungeheuren Kosten? Hast du das bedacht?“

– „Das hab ich, Elke; was wir dort herausbringen, wird sie bei weitem überholen, auch die Erhaltungskosten des alten Deiches gehen für ein gut Stück in dem neuen unter; wir arbeiten ja selbst und haben über achtzig Gespanne in der Gemeinde, und an jungen Fäusten ist hier auch kein Mangel. Du sollst mich wenigstens nicht umsonst zum Deichgrafen gemacht haben, Elke; ich will ihnen zeigen, dass ich einer bin!“

Sie hatte sich vor ihm niedergehuckt und ihn sorgvoll angeblickt; nun erhob sie sich mit einem Seufzer: „Ich muss weiter zu meinem Tagewerk“, sagte sie, und ihre Hand strich langsam über seine Wange; „tu du das deine, Hauke!“

„Amen, Elke!“, sprach er mit ernstem Lächeln; „Arbeit ist für uns beide da!“

– – Und es war Arbeit genug für beide, die schwerste Last aber fiel jetzt auf des Mannes Schulter. An Sonntagnachmittagen, oft auch nach Feierabend, saß Hauke mit einem tüchtigen Feldmesser zusammen, vertieft in Rechenaufgaben, Zeichnungen und Rissen; war er allein, dann ging es ebenso und endete oft weit nach Mitternacht. Dann schlich er in die gemeinsame Schlafkammer – denn die dumpfen Wandbetten im Wohngemach wurden in Haukes Wirtschaft nicht mehr gebraucht –, und sein Weib, damit er endlich nur zur Ruhe komme, lag wie schlafend mit geschlossenen Augen, obgleich sie mit klopfendem Herzen nur auf ihn gewartet hatte; dann küsste er mitunter ihre Stirn und sprach ein leises Liebeswort dabei und legte sich selbst zum Schlafe, der ihm oft nur

Hahnenkraht das Krähen des Hahns

beim ersten Hahnenkraht zu Willen war. Im Wintersturm lief er auf den Deich hinaus, mit Bleistift und Papier in der Hand, und stand und zeichnete und notierte, während ein Windstoß ihm die Mütze vom Kopf riss und das lange, fahle Haar ihm um sein heißes Antlitz flog; bald fuhr er, solange nur das Eis ihm nicht den Weg versperrte, mit einem Knecht zu Boot ins Wattenmeer hinaus und maß dort mit Lot und Stange die Tiefen der Ströme, über die er noch nicht sicher war. Elke zitterte oft genug für ihn; aber war er wieder da, so hätte er das nur aus ihrem festen Händedruck oder dem leuchtenden Blitz aus ihren sonst so stillen Augen merken können. „Geduld, Elke“, sagte er, da ihm einmal war, als ob sein Weib ihn nicht lassen könne; „ich muss erst selbst im Reinen sein, bevor ich meinen Antrag stelle!“ Da nickte sie und ließ ihn gehen. Der Ritte in die Stadt zum Oberdeichgrafen wurden auch nicht wenige, und allem diesen und den Mühen in Haus- und Landwirtschaft folgten immer wieder die Arbeiten in die Nacht hinein. Sein Verkehr mit anderen Menschen außer in Arbeit und Geschäft verschwand fast ganz; selbst der mit seinem Weibe wurde immer weniger. ‚Es sind schlimme Zeiten, und sie werden noch lange dauern‘, sprach Elke bei sich selber und ging an ihre Arbeit.

Endlich, Sonne und Frühlingswinde hatten schon überall das Eis gebrochen, war auch die letzte Vorarbeit getan; die Eingabe an den Oberdeichgrafen zu Befürwortung an höherem Orte, enthaltend den Vorschlag einer Bedeichung des erwähnten Vorlandes, zur Förderung des öffentlichen Besten, insonders des Kooges, wie nicht weniger der Herrschaftlichen Kasse, da höchstderselben in kurzen Jahren die Abgabe von zirka 1000 Demat daraus erwachsen würden, – war sauber abgeschrieben und nebst anliegenden Rissen und Zeichnungen aller Lokalitäten, jetzt und künftig, der Schleusen und Siele und was noch sonst dazu gehörte, in ein festes Konvolut gepackt und mit dem deichgräflichen Amtssiegel versehen worden.

Lokalität Örtlichkeit

Konvolut *(lateinisch, französisch)* Bündel von Akten oder Büchern

„Da ist es, Elke“, sagte der junge Deichgraf, „nun gib ihm deinen Segen!“

Elke legte ihre Hand in seine: „Wir wollen fest zusammenhalten“, sagte sie.

– „Das wollen wir.“

Dann wurde die Eingabe durch einen reitenden Boten in die Stadt gesandt.

Sie wollen bemerken, lieber Herr«, unterbrach der Schulmeister seine Erzählung, mich freundlich mit seinen feinen Augen fixierend, »dass ich das bisher Berichtete während meiner fast vierzigjährigen Wirksamkeit in diesem Kooge aus den Überlieferungen verständiger Leute oder aus Erzählungen der Enkel und Urenkel solcher zusammengefunden habe; was ich, damit Sie dieses mit dem endlichen Verlauf in Einklang zu bringen vermögen, Ihnen jetzt vorzutragen habe, das war derzeit und ist auch jetzt noch das Geschwätz des ganzen Marschdorfes, sobald nur um Allerheiligen die Spinnräder an zu schnurren fangen.

Von der Hofstelle des Deichgrafen, etwa fünf- bis sechshundert Schritte weiter nordwärts, sah man derzeit, wenn man auf dem Deiche stand, ein paar tausend Schritt ins Wattenmeer hinaus und etwas weiter von dem gegenüberliegenden Marschufer entfernt eine kleine Hallig, die sie „Jeverssand", auch „Jevershallig" nannten. Von den derzeitigen Großvätern war sie noch zur Schafweide benutzt worden, denn Gras war damals noch darauf gewachsen; aber auch das hatte aufgehört, weil die niedrige Hallig ein paar Mal, und just im Hochsommer, unter Seewasser gekommen und der Graswuchs dadurch verkümmert und auch zur Schafweide unnutzbar geworden war. So kam es denn, dass außer von Möwen und den anderen Vögeln, die am Strande fliegen, und etwa einmal von einem Fischadler, dort kein Besuch mehr stattfand; und an mondhellen Abenden sah man vom Deiche aus nur die Nebeldünste leichter oder schwerer darüber hinziehen. Ein paar weiß gebleichte Knochengerüste ertrunkener Schafe und das Gerippe eines Pferdes, von dem freilich niemand begriff, wie es dort hingekommen sei, wollte man, wenn der Mond von Osten auf die Hallig schien, dort auch erkennen können.

Es war zu Ende März, als an dieser Stelle nach Feierabend der Tagelöhner aus dem Tede Haien'schen Hause und Iven Johns, der Knecht des jungen Deichgrafen, nebeneinander standen und unbeweglich nach der im trüben Mondduft kaum erkennbaren Hallig hinüberstarrten; etwas Auffälliges schien sie dort so festzuhalten. Der Tagelöhner steckte die Hände in die Tasche und schüttelte sich: „Komm, Iven", sagte er, „das ist nichts Gutes; lass uns nach Hause gehen!"

Der andere lachte, wenn auch ein Grauen bei ihm hindurchklang: „Ei was! Es ist eine lebige Kreatur, eine große! Wer, zum Teufel, hat sie nach dem Schlickstück hinaufgejagt! Sieh nur, nun reckt's den Hals zu uns hinüber! Nein, es senkt den Kopf; es frisst! Ich dächt, es wär dort nichts zu fressen! Was es nur sein mag?"

„Was geht das uns an!", entgegnete der andere. „Gute Nacht, Iven, wenn du nicht mit willst; ich gehe nach Haus!"

fixieren *(französisch)* festhalten, fest anschauen

–„Ja, ja; du hast ein Weib, du kommst ins warme Bett! Bei mir ist auch in meiner Kammer lauter Märzenluft!“

„Gut Nacht denn!“, rief der Tagelöhner zurück, während er auf dem Deich nach Hause trabte. Der Knecht sah sich ein paar Mal nach dem Fortlaufenden um; aber die Begier, Unheimliches zu schauen, hielt ihn noch fest. Da kam eine untersetzte, dunkle Gestalt auf dem Deich vom Dorf her gegen ihn heran; es war der Dienstjunge des Deichgrafen. „Was willst du, Carsten?“, rief ihm der Knecht entgegen.

„Ich? – nichts“, sagte der Junge; „aber unser Wirt will dich sprechen, Iven Johns!“

Der Knecht hatte die Augen schon wieder nach der Hallig: „Gleich; ich komme gleich!“, sagte er.

„Wonach guckst du denn so?“, frug der Junge.

Der Knecht hob den Arm und wies stumm nach der Hallig. „Oha!“, flüsterte der Junge; „da geht ein Pferd – ein Schimmel – das muss der Teufel reiten – wie kommt ein Pferd nach Jevershallig?“

– „Weiß nicht, Carsten; wenn's nur ein richtiges Pferd ist!“

„Ja, ja, Iven; sieh nur, es frisst ganz wie ein Pferd! Aber wer hat's dahin gebracht; wir haben im Dorf so große Böte gar nicht! Vielleicht auch ist es nur ein Schaf; Peter Ohm sagt, im Mondschein wird aus zehn Torfringeln ein ganzes Dorf. Nein, sieh! Nun springt es – es muss doch ein Pferd sein!“

Beide standen eine Weile schweigend, die Augen nur nach dem gerichtet, was sie drüben undeutlich vor sich gehen sahen. Der Mond stand hoch am Himmel und beschien das weite Wattenmeer, das eben in der steigenden Flut seine Wasser über die glitzernden Schlickflächen zu spülen begann; nur das leise Geräusch des Wassers, keine Tierstimme war in der ungeheuren Weite hier zu hören; auch in der Marsch, hinter dem Deiche, war es leer; Kühe und Rinder waren alle noch in den Ställen. Nichts regte sich; nur was sie für ein Pferd, einen Schimmel hielten, schien dort auf Jevershallig noch beweglich. „Es wird heller“, unterbrach der Knecht die Stille; „ich sehe deutlich die weißen Schafgerippe schimmern!“

„Ich auch“, sagte der Junge und reckte den Hals; dann aber, als komme es ihm plötzlich, zupfte er den Knecht am Ärmel: „Iven“, raunte er, „das Pferdsgerippe, das sonst dabeilag, wo ist es? Ich kann's nicht sehen!“

„Ich seh es auch nicht! Seltsam!“, sagte der Knecht.

– „Nicht so seltsam, Iven! Mitunter, ich weiß nicht, in welchen Nächten, sollen die Knochen sich erheben und tun, als ob sie lebig wären!“

„So?“, machte der Knecht; „das ist ja Altweiberglaube!“

„Kann sein, Iven“, meinte der Junge.

„Aber, ich mein, du sollst mich holen; komm, wir müssen nach Haus! Es bleibt hier immer doch dasselbe.“

Der Junge war nicht fortzubringen, bis der Knecht ihn mit Gewalt herumgedreht und auf den Weg gebracht hatte. „Hör, Carsten“, sagte dieser, als die gespensterhafte Hallig ihnen schon ein gut Stück im Rücken lag, „du giltst ja für einen Allerweltsbengel; ich glaub, du möchtest das am liebsten selber untersuchen!“

„Ja“, entgegnete Carsten, nachträglich noch ein wenig schaudernd, „ja, das möcht ich, Iven!“

– „Ist das dein Ernst? – dann“, sagte der Knecht, nachdem der Junge ihm nachdrücklich darauf die Hand geboten hatte, „lösen wir morgen Abend unser Boot; du fährst nach Jeverssand; ich bleib so lange auf dem Deiche stehen!“

„Ja“, erwiderte der Junge, „das geht! Ich nehme meine Peitsche mit!“

„Tu das!“

Schweigend kamen sie an das Haus ihrer Herrschaft, zu dem sie langsam die hohe Werft hinanstiegen.

Um dieselbe Zeit des folgenden Abends saß der Knecht auf dem großen Steine vor der Stalltür, als der Junge mit seiner Peitsche knallend zu ihm kam. „Das pfeift ja wunderlich!“, sagte jener.

„Freilich, nimm dich in Acht“, entgegnete der Junge; „ich hab auch Nägel in die Schnur geflochten.“

„So komm!“, sagte der andere.

Der Mond stand, wie gestern, am Osthimmel und schien klar aus seiner Höhe. Bald waren beide wieder draußen auf dem Deich und sahen hinüber nach Jevershallig, die wie ein Nebelfleck im Wasser stand. „Da geht es wieder“, sagte der Knecht; „nach Mittag war ich hier, da war’s nicht da; aber ich sah deutlich das weiße Pferdsgerippe liegen!“

Der Junge reckte den Hals: „Das ist jetzt nicht da, Iven“, flüsterte er.

„Nun, Carsten, wie ist’s?“, sagte der Knecht. „Juckt’s dich noch, hinüberzufahren?“

Carsten besann sich einen Augenblick; dann klatschte er mit seiner Peitsche in die Luft: „Mach nur das Boot los, Iven!“

Drüben aber war es, als hebe, was dorten ging, den Hals, und recke gegen das Festland hin den Kopf. Sie sahen es nicht mehr; sie gingen schon den Deich hinab und bis zur Stelle, wo das Boot gelegen war. „Nun, steig nur ein!“, sagte der Knecht, nachdem er es losgebunden hatte. „Ich bleib, bis du zurück bist! Zu Osten musst du anlegen; da hat man immer landen können!“ Und der Junge nickte schweigend und fuhr mit seiner Peitsche in die Mondnacht hinaus; der Knecht wanderte unterm Deich zurück und bestieg ihn wieder an der Stelle, wo sie vorhin gestanden hatten. Bald sah er, wie drüben bei einer schroffen, dunklen Stelle, an die ein breiter Priel hinabführte, das Boot sich beilegte und eine untersetzte Gestalt daraus ans Land sprang. – War's nicht, als klatschte der Junge mit seiner Peitsche? Aber es konnte auch das Geräusch der steigenden Flut sein. Mehrere hundert Schritte nordwärts sah er, was sie für einen Schimmel angesehen hatten; und jetzt! – ja, die Gestalt des Jungen kam gerade darauf zugegangen. Nun hob es den Kopf, als ob es stutze; und der Junge – es war deutlich jetzt zu hören – klatschte mit der Peitsche. Aber – was fiel ihm ein? er kehrte um, er ging den Weg zurück, den er gekommen war. Das drüben schien unablässig fortzuweiden, kein Wiehern war von dort zu hören gewesen; wie weiße Wasserstreifen schien es mitunter über die Erscheinung hinzuziehen. Der Knecht sah wie gebannt hinüber.

Da hörte er das Anlegen des Bootes am diesseitigen Ufer, und bald sah er aus der Dämmerung den Jungen gegen sich am Deich heraufsteigen. „Nun, Carsten“, frug er, „was war es?“

Der Junge schüttelte den Kopf. „Nichts war es!“, sagte er. „Noch kurz vom Boot aus hatt ich es gesehen; dann aber, als ich auf der Hallig war – weiß der Henker, wo sich das Tier verkrochen hatte; der Mond schien doch hell genug; aber als ich an die Stelle kam, war nichts da als die bleichen Knochen von einem halben Dutzend Schafen, und etwas weiter lag auch das Pferdsgerippe mit seinem weißen, langen Schädel und ließ den Mond in seine leeren Augenhöhlen scheinen!“

„Hm!“, meinte der Knecht; „hast auch recht zugesehen?“

Kiewiet Kiebitz

„Ja, Iven, ich stand dabei; ein gottvergessener Kiewiet, der hinter dem Gerippe sich zur Nachtruh hingeduckt hatte, flog schreiend auf, dass ich erschrak und ein paar Mal mit der Peitsche hintennach klatschte.“

„Und das war alles?“

„Ja, Iven; ich weiß nicht mehr.“

„Es ist auch genug“, sagte der Knecht, zog den Jungen am Arm zu sich heran und wies hinüber nach der Hallig. „Dort, siehst du etwas, Carsten?“

– „Wahrhaftig, da geht's ja wieder!“

„Wieder?“, sagte der Knecht; „ich hab die ganze Zeit hinübergeschaut; aber es ist gar nicht fort gewesen; du gingst ja gerade auf das Unwesen los!"

Der Junge starrte ihn an; ein Entsetzen lag plötzlich auf seinem sonst so kecken Angesicht, das auch dem Knechte nicht entging. „Komm!", sagte dieser, „wir wollen nach Haus: von hier aus geht's wie lebig, und drüben liegen nur die Knochen – das ist mehr, als du und ich begreifen können. Schweig aber still davon, man darf dergleichen nicht verreden!"

So wandten sie sich, und der Junge trabte neben ihm; sie sprachen nicht, und die Marsch lag in lautlosem Schweigen an ihrer Seite.

– – Nachdem aber der Mond zurückgegangen und die Nächte dunkel geworden waren, geschah ein anderes.

Hauke Haien war zur Zeit des Pferdemarktes in die Stadt geritten, ohne jedoch mit diesem dort zu tun zu haben. Gleichwohl, da er gegen Abend heimkam, brachte er ein zweites Pferd mit sich nach Hause; aber es war rauhaarig und mager, dass man jede Rippe zählen konnte, und die Augen lagen ihm matt und eingefallen in den Schädelhöhlen. Elke war vor die Haustür getreten, um ihren Eheliebsten zu empfangen: „Hilf Himmel!", rief sie, „was soll uns der alte Schimmel?" Denn da Hauke mit ihm vor das Haus geritten kam und unter der Esche hielt, hatte sie gesehen, dass die arme Kreatur auch lahme.

Der junge Deichgraf aber sprang lachend von seinem braunen Wallach: „Lass nur, Elke; es kostet auch nicht viel!"

Die kluge Frau erwiderte: „Du weißt doch, das Wohlfeilste ist auch meist das Teuerste!"

– „Aber nicht immer, Elke; das Tier ist höchstens vier Jahr alt; sieh es dir nur genauer an! Es ist verhungert und misshandelt; da soll ihm unser Hafer gut tun; ich werd es selbst versorgen, damit sie mir's nicht überfüttern."

Das Tier stand indessen mit gesenktem Kopf; die Mähnen hingen lang am Hals herunter. Frau Elke, während ihr Mann nach den Knechten rief, ging betrachtend um dasselbe herum; aber sie schüttelte den Kopf: „So eins ist noch nie in unserem Stall gewesen!"

Als jetzt der Dienstjunge um die Hausecke kam, blieb er plötzlich mit erschrockenen Augen stehen. „Nun, Carsten", rief der Deichgraf, „was fährt dir in die Knochen? Gefällt dir mein Schimmel nicht?"

„Ja – o ja, uns' Weert, warum denn nicht!"

– „So bring die Tiere in den Stall; gib ihnen kein Futter; ich komme gleich selber hin!"

Der Junge fasste mit Vorsicht den Halfter des Schimmels und griff dann hastig, wie zum Schutze, nach dem Zügel des ihm ebenfalls vertrauten Wallachs. Hauke aber ging mit seinem Weibe in ← das Zimmer; ein Warmbier hatte sie für ihn bereit und Brot und Butter waren auch zur Stelle.

Er war bald gesättigt; dann stand er auf und ging mit seiner Frau im Zimmer auf und ab. „Lass dir erzählen, Elke", sagte er, während der Abendschein auf den Kacheln an den Wänden spielte, „wie ich zu dem Tier gekommen bin: Ich war wohl eine Stunde beim Oberdeichgrafen gewesen; er hatte gute Kunde für mich – es wird wohl dies und jenes anders werden als in meinen Rissen; aber die Hauptsache, mein Profil, ist akzeptiert, und schon in den nächsten Tagen kann der Befehl zum neuen Deichbau da sein!"

akzeptieren *(lateinisch, französisch)* annehmen

Elke seufzte unwillkürlich: „Also doch?", sagte sie sorgenvoll.

„Ja, Frau", entgegnete Hauke; „hart wird's hergehen; aber dazu, denk ich, hat der Herrgott uns zusammengebracht! Unsere Wirtschaft ist jetzt so gut in Ordnung, ein groß Teil kannst du schon auf deine Schultern nehmen; denk nur um zehn Jahr weiter – dann stehen wir vor einem anderen Besitz."

Sie hatte bei seinen ersten Worten die Hand ihres Mannes versichernd in die ihrigen gepresst; seine letzten Worte konnten sie nicht erfreuen. „Für wen soll der Besitz?", sagte sie. „Du müsstest denn ein ander Weib nehmen; ich bring dir keine Kinder."

Tränen schossen ihr in die Augen; aber er zog sie fest in seine Arme: „Das überlassen wir dem Herrgott", sagte er; „jetzt aber und auch dann noch sind wir jung genug, um uns der Früchte unserer Arbeit selbst zu freuen."

Sie sah ihn lange, während er sie hielt, aus ihren dunklen Augen an. „Verzeih, Hauke", sprach sie; „ich bin mitunter ein verzagt Weib!"

Er neigte sich zu ihrem Antlitz und küsste sie: „Du bist mein Weib und ich dein Mann, Elke! Und anders wird es nun nicht mehr."

Da legte sie die Arme fest um seinen Nacken: „Du hast Recht, Hauke, und was kommt, kommt für uns beide." Dann löste sie sich errötend von ihm. „Du wolltest von dem Schimmel mir erzählen", sagte sie leise.

„Das wollt ich, Elke. Ich sagte dir schon, mir war Kopf und Herz voll Freude über die gute Nachricht, die der Oberdeichgraf mir gegeben hatte; so ritt ich eben wieder aus der Stadt hinaus, da, auf dem Damm, hinter dem Hafen, begegnet mir ein ruppiger Kerl; ich wusst nicht, war's ein Vagabund, ein Kesselflicker oder was denn sonst. Der Kerl zog den Schimmel am Halfter hinter sich; das Tier aber hob den Kopf und sah mich aus blöden Augen an; mir war's, als ob es mich um etwas bitten wolle; ich war ja auch in diesem Augenblicke reich genug. ‚He, Landsmann!', rief ich, ‚wo wollt Ihr mit der Kracke hin?'

Der Kerl blieb stehen und der Schimmel auch. ‚Verkaufen!', sagte jener und nickte mir listig zu.

‚Nur nicht an mich!', rief ich lustig.

‚Ich denke doch!', sagte er; ‚das ist ein wacker Pferd und unter hundert Talern nicht bezahlt.'

Ich lachte ihm ins Gesicht.

‚Nun', sagte er, ‚lacht nicht so hart; Ihr sollt's mir ja nicht zahlen! Aber ich kann's nicht brauchen, bei mir verkommt's; es würd' bei Euch bald ander Ansehen haben!'

Da sprang ich von meinem Wallach und sah dem Schimmel ins Maul und sah wohl, es war noch ein junges Tier. ‚Was soll's denn kosten?', rief ich, da auch das Pferd mich wiederum wie bittend ansah.

‚Herr, nehmt's für dreißig Taler!', sagte der Kerl, ‚und den Halfter geb ich Euch darein!'

Und da, Frau, hab ich dem Burschen in die dargebotne braune Hand, die fast wie eine Klaue aussah, eingeschlagen. So haben wir den Schimmel, und ich denk auch, wohlfeil genug! Wunderlich nur war es, als ich mit den Pferden wegritt, hört ich bald hinter mir ein Lachen, und als ich den Kopf wandte, sah ich den Slowaken; der stand noch sperrbeinig, die Arme auf dem Rücken, und lachte wie ein Teufel hinter mir darein."

„Pfui", rief Elke; „wenn der Schimmel nur nichts von seinem alten Herrn dir zubringt! Mög er dir gedeihen, Hauke!"

„Er selber soll es wenigstens, so weit ich's leisten kann!" Und der Deichgraf ging in den Stall, wie er vorhin dem Jungen es gesagt hatte.

– – Aber nicht allein an jenem Abend fütterte er den Schimmel; er tat es fortan immer selbst und ließ kein Auge von dem Tiere; er wollte zeigen, dass er einen Priesterhandel gemacht habe; jedenfalls sollte nichts versehen werden. – Und schon nach wenig Wochen hob sich die Haltung des Tieres; allmählich verschwanden die rauen Haare; ein blankes, blau geapfeltes Fell kam zum Vorschein, und da er es eines Tages auf der Hofstatt umherführte, schritt es schlank auf seinen festen Beinen. Hauke dachte des abenteuerlichen Verkäufers: „Der Kerl war ein Narr oder ein Schuft, der es gestohlen hatte!", murmelte er bei sich selber. – Bald auch, wenn das Pferd im Stall nur seine Schritte hörte, warf es den Kopf herum und wieherte ihm entgegen; nun sah er auch, es hatte,

Kracke
verächtliche Bezeichnung für ein altes mageres Pferd

Slowake
bezeichnet hier den Zigeuner

→

was die Araber verlangen, ein fleischlos Angesicht; draus blitzten ein Paar feurige braune Augen. Dann führte er es aus dem Stall und legte ihm einen leichten Sattel auf; aber kaum saß er droben, so fuhr dem Tier ein Wiehern wie ein Lustschrei aus der Kehle; es flog mit ihm davon, die Werfte hinab auf den Weg und dann dem Deiche zu; doch der Reiter saß fest, und als sie oben waren, ging es ruhiger, leicht, wie tanzend, und warf den Kopf dem Meere zu. Er klopfte und streichelte ihm den blanken Hals; aber es bedurfte dieser Liebkosung schon nicht mehr; das Pferd schien völlig eins mit seinem Reiter, und nachdem er eine Strecke nordwärts den Deich hinausgeritten war, wandte er es leicht und gelangte wieder an die Hofstatt.

Die Knechte standen unten an der Auffahrt und warteten der Rückkunft ihres Wirtes. „So, John“, rief dieser, indem er von seinem Pferde sprang, „nun reite du es in die Fenne zu den anderen; es trägt dich wie in einer Wiege!“

Der Schimmel schüttelte den Kopf und wieherte laut in die sonnige Marschlandschaft hinaus, während ihm der Knecht den Sattel abschnallte und der Junge damit zur Geschirrkammer lief; dann legte er den Kopf auf seines Herrn Schulter und duldete behaglich dessen Liebkosung. Als aber der Knecht sich jetzt auf seinen Rücken schwingen wollte, sprang er mit einem jähen Satz zur Seite und stand dann wieder unbeweglich, die schönen Augen auf seinen Herrn gerichtet. „Hoho, Iven“, rief dieser, „hat er dir Leids getan?“, und suchte seinem Knecht vom Boden aufzuhelfen.

Der rieb sich eifrig an der Hüfte: „Nein, Herr, es geht noch; aber den Schimmel reit der Teufel!“

„Und ich!“, setzte Hauke lachend hinzu. „So bring ihn am Zügel in die Fenne!“

Und als der Knecht etwas beschämt gehorchte, ließ sich der Schimmel ruhig von ihm führen.

– – Einige Abende später standen Knecht und Junge miteinander vor der Stalltür; hinterm Deiche war das Abendrot erloschen, innerhalb desselben war schon der Koog von tiefer Dämmerung überwallt; nur selten kam aus der Ferne das Gebrüll eines aufgestörten Rindes oder der Schrei einer Lerche, deren Leben unter dem Überfall eines Wiesels oder einer Wasserratte endete. Der Knecht lehnte gegen den Türpfosten und rauchte aus einer kurzen Pfeife, deren Rauch er schon nicht mehr sehen konnte; gesprochen hatten er und der Junge noch nicht zusammen. Dem Letzteren aber drückte etwas auf die Seele, er wusste nur nicht, wie er dem schweigsamen Knechte ankommen sollte. „Du, Iven!“, sagte er endlich, „weißt du, das Pferdsgerippe auf Jeverssand!“

„Was ist damit?“, frug der Knecht.

„Ja, Iven, was ist damit? Es ist gar nicht mehr da; weder Tages noch bei Mondschein; wohl zwanzigmal bin ich auf den Deich hinausgelaufen!“

„Die alten Knochen sind wohl zusammengepoltert?“, sagte Iven und rauchte ruhig weiter.

„Aber ich war auch bei Mondschein draußen; es geht auch drüben nichts auf Jeverssand!“

„Ja“, sagte der Knecht, „sind die Knochen auseinandergefallen, so wird's wohl nicht mehr aufstehen können!“

„Mach keinen Spaß, Iven! Ich weiß jetzt; ich kann dir sagen, wo es ist!“

Der Knecht drehte sich jäh zu ihm: „Nun, wo ist es denn?“

„Wo?“, wiederholte der Junge nachdrücklich. „Es steht in unserem Stall; da steht's, seit es nicht mehr auf der Hallig ist. Es ist auch nicht umsonst, dass der Wirt es allzeit selber füttert; ich weiß Bescheid, Iven!“

Der Knecht paffte eine Weile heftig in die Nacht hinaus. „Du bist nicht klug, Carsten“, sagte er dann; „unser Schimmel? Wenn je ein Pferd ein lebigs war, so ist es der! Wie kann so ein Allerweltsjunge wie du in solch Altem-Weiber-Glauben sitzen!“

– – Aber der Junge war nicht zu bekehren: wenn der Teufel in dem Schimmel steckte, warum sollte er dann nicht lebendig sein? Im Gegenteil, um desto schlimmer! – Er fuhr jedes Mal erschreckt zusammen, wenn er gegen Abend den Stall betrat, in dem auch sommers das Tier mitunter eingestellt wurde, und es dann den feurigen Kopf so jäh nach ihm herumwarf. „Hol's der Teufel!“, brummte er dann; „wir bleiben auch nicht lange mehr zusammen.“

So tat er sich denn heimlich nach einem neuen Dienste um, kündigte und trat um Allerheiligen als Knecht bei Ole Peters ein. Hier fand er andächtige Zuhörer für seine Geschichte von dem Teufelspferd des Deichgrafen; die dicke Frau Vollina und deren geistesstumpfer Vater, der frühere Deichgevollmächtigte Jeß Harders, hörten in behaglichem Gruseln zu und erzählten sie später allen, die gegen den Deichgrafen einen Groll im Herzen oder die an derart Dingen ihr Gefallen hatten.

Inzwischen war schon Ende März durch die Oberdeichgrafschaft der Befehl zur neuen Eindeichung eingetroffen. Hauke berief zunächst die Deichgevollmächtigten zusammen, und im Kruge oben bei der Kirche waren eines Tages alle erschienen und hörten zu, wie er ihnen die Hauptpunkte aus den bisher erwachsenen

Schriftstücken vorlas: aus seinem Antrage, aus dem Bericht des Oberdeichgrafen, zuletzt den schließlichen Bescheid, worin vor allem auch die Annahme des von ihm vorgeschlagenen Profiles enthalten war und der neue Deich nicht steil wie früher, sondern allmählich verlaufend nach der Seeseite abfallen sollte; aber mit heiteren oder auch nur zufriedenen Gesichtern hörten sie nicht.

„Ja, ja“, sagte ein alter Gevollmächtigter, „da haben wir nun die Bescherung, und Proteste werden nicht helfen, da der Oberdeichgraf unserem Deichgrafen den Daumen hält!“

„Hast wohl Recht, Dethlev Wiens“, setzte ein Zweiter hinzu; „die Frühlingsarbeit steht vor der Tür, und nun soll auch ein millionenlanger Deich gemacht werden – da muss ja alles liegen bleiben.“

„Das könnt ihr dies Jahr noch zu Ende bringen“, sagte Hauke; „so rasch wird der Stecken nicht vom Zaun gebrochen!“

Das wollten wenige zugeben. „Aber dein Profil!“, sprach ein Dritter, was Neues auf die Bahn bringend; „der Deich wird ja auch an der Außenseite nach dem Wasser so breit, wie Lawrenz sein Kind nicht lang war! Wo soll das Material herkommen? Wann soll die Arbeit fertig werden?“

„Wenn nicht in diesem, so im nächsten Jahre; das wird am meisten von uns selber abhängen!“, sagte Hauke.

Ein ärgerliches Lachen ging durch die Gesellschaft. „Aber wozu die unnütze Arbeit; der Deich soll ja nicht höher werden als der alte“, rief eine neue Stimme; „und ich mein, der steht schon über dreißig Jahre!“

„Da sagt Ihr recht“, sprach Hauke, „vor dreißig Jahren ist der alte Deich gebrochen; dann rückwärts vor fünfunddreißig, und wiederum vor fünfundvierzig Jahren; seitdem aber, obgleich er noch immer steil und unvernünftig dasteht, haben die höchsten Fluten uns verschont. Der neue Deich aber soll trotz solcher hundert und aberhundert Jahre stehen; denn er wird nicht durchbrochen werden, weil der milde Abfall nach der Seeseite den Wellen keinen Angriffspunkt entgegenstellt, und so werdet ihr für euch und euere Kinder ein sicheres Land gewinnen, und das ist es, weshalb die Herrschaft und der Oberdeichgraf mir den Daumen halten; das ist es auch, was ihr zu eurem eigenen Vorteil einsehen solltet!“

Als die Versammelten hierauf nicht sogleich zu antworten bereit waren, erhob sich ein alter weißhaariger Mann mühsam von seinem Stuhle; es war Frau Elkes Pate, Jewe Manners, der auf Haukes Bitten noch immer in seinem Gevollmächtigtenamt verblieben war. „Deichgraf Hauke Haien“, sprach er, „du machst uns viel Unruhe und Kosten, und ich wollte, du hättest damit gewartet, bis mich der Herrgott hätt zur Ruhe gehen lassen; aber – Recht hast du, das kann nur die Unvernunft bestreiten. Wir haben Gott mit jedem Tag zu danken, dass er uns trotz unserer Trägheit das kostbare Stück Vorland gegen Sturm und Wasserdrang erhalten hat; jetzt aber ist es wohl die elfte Stunde, in der wir selbst die Hand anlegen müssen, es auch nach all unserem Wissen und Können selber uns zu wahren und auf Gottes Langmut weiter nicht zu trotzen. Ich, meine Freunde, bin ein Greis; ich habe Deiche bauen und brechen sehen; aber den Deich, den Hauke Haien nach ihm von Gott verliehener Einsicht projektiert und bei der Herrschaft für euch durchgesetzt hat, den wird niemand von euch Lebenden brechen sehen; und wolltet ihr ihm selbst nicht danken, euere Enkel werden ihm den Ehrenkranz doch einstens nicht versagen können!“

projektieren *(französisch)* entwerfen, planen

Jewe Manners setzte sich wieder, er nahm sein blaues Schnupftuch aus der Tasche und wischte sich ein paar Tropfen von der Stirn. Der Greis war noch immer als ein Mann von Tüchtigkeit und unantastbarer Rechtschaffenheit bekannt, und da die Versammlung eben nicht geneigt war, ihm zuzustimmen, so schwieg sie weiter. Aber Hauke Haien nahm das Wort; doch sahen alle, dass er bleich geworden. „Ich danke Euch, Jewe Manners“, sprach er, „dass Ihr noch hier seid und dass Ihr das Wort gesprochen habt; ihr anderen Herren Gevollmächtigten wollet den neuen Deichbau, der freilich mir zur Last fällt, zum mindesten ansehen als ein Ding, das nun nicht mehr zu ändern steht, und lasset uns demgemäß beschließen, was nun Not ist!“

„Sprechet!“, sagte einer der Gevollmächtigten. Und Hauke breitete die Karte des neuen Deiches auf dem Tische aus: „Es hat vorhin einer gefragt“, begann er, „woher die viele Erde nehmen? – Ihr seht, so weit das Vorland in die Watten hinausgeht, ist außerhalb der Deichlinie ein Streifen Landes freigelassen; daher und von dem Vorlande, das nach Nord und Süd von dem neuen Kooge an dem Deiche hinläuft, können wir die Erde nehmen; haben wir an den Wasserseiten nur eine tüchtige Lage Klei, nach innen oder in der Mitte kann auch Sand genommen werden! – Nun aber ist zunächst ein Feldmesser zu berufen, der die Linie des neuen Deiches auf dem Vorland absteckt! Der mir bei Ausarbeitung des Planes behülflich gewesen, wird wohl am besten dazu passen. Ferner werden wir zur Heranholung des Kleis oder sonstigen Materiales die Anfertigung einspänniger Sturzkarren mit Gabeldeichsel bei einigen Stellmachern verdingen müssen;

wir werden für die Durchdämmung des Prieles und nach den Binnenseiten, wo wir etwa mit Sand fürlieb nehmen müssen, ich kann jetzt nicht sagen, wie viel hundert Fuder Stroh zur Bestickung des Deiches gebrauchen, vielleicht mehr, als in der Marsch hier wird entbehrlich sein! – Lasset uns denn beraten, wie zunächst dies alles zu beschaffen und einzurichten ist; auch die neue Schleuse hier an der Westseite gegen das Wasser zu ist später einem tüchtigen Zimmermann zur Herstellung zu übergeben."

Die Versammelten hatten sich um den Tisch gestellt, betrachteten mit halbem Aug die Karte und begannen allgemach zu sprechen; doch war's, als geschähe es, damit nur überhaupt etwas gesprochen werde. Als es sich um Zuziehung des Feldmessers handelte, meinte einer der Jüngeren: „Ihr habt es ausgesonnen, Deichgraf; Ihr müsset selbst am besten wissen, wer dazu taugen mag."

Aber Hauke entgegnete: „Da ihr Geschworene seid, so müsset ihr aus eigener, nicht aus meiner Meinung sprechen, Jacob Meyen; und wenn ihr's dann besser sagt, so werd ich meinen Vorschlag fallen lassen!"

„Nun ja, es wird schon recht sein", sagte Jacob Meyen.

Aber einem der Älteren war es doch nicht völlig recht: Er hatte einen Brudersohn; so einer im Feldmessen sollte hier in der Marsch noch nicht gewesen sein; der sollte noch über des Deichgrafen Vater, den seligen Tede Haien, gehen!

So wurde denn über die beiden Feldmesser verhandelt und endlich beschlossen, ihnen gemeinschaftlich das Werk zu übertragen. Ähnlich ging es bei den Sturzkarren, bei der Strohlieferung und allem anderen, und Hauke kam spät und fast erschöpft auf seinem Wallach, den er noch derzeit ritt, zu Hause an. Aber als er in dem alten Lehnstuhl saß, der noch von seinem gewichtigen, aber leichter lebenden Vorgänger stammte, war auch sein Weib ihm schon zur Seite: „Du siehst so müd aus, Hauke", sprach sie und strich mit ihrer schmalen Hand das Haar ihm von der Stirn.

„Ein wenig wohl!", erwiderte er.

– „Und geht es denn?"

„Es geht schon", sagte er mit bitterem Lächeln; „aber ich selber muss die Räder schieben und froh sein, wenn sie nicht zurückgehalten werden!"

– „Aber doch nicht von allen?"

„Nein, Elke; dein Pate, Jewe Manners, ist ein guter Mann; ich wollt, er wär um dreißig Jahre jünger."

Als nach einigen Wochen die Deichlinie abgesteckt und der größte Teil der Sturzkarren geliefert war, waren sämtliche Anteilbesitzer des einzudeichenden Kooges, ingleichen die Besitzer der hinter dem alten Deich belegenen Ländereien durch den Deichgrafen im Kirchspielskrug versammelt worden; es galt, ihnen einen Plan über die Verteilung der Arbeit und Kosten vorzulegen und ihre etwaigen Einwendungen zu vernehmen; denn auch die letzteren hatten, sofern der neue Deich und die neuen Siele die Unterhaltungskosten der älteren Werke verminderte, ihren Teil zu schaffen und zu tragen. Dieser Plan war für Hauke ein schwer Stück Arbeit gewesen, und wenn ihm durch Vermittelung des Oberdeichgrafen neben einem Deichboten nicht auch noch ein Deichschreiber wäre zugeordnet worden, er würde es so bald nicht fertig gebracht haben, obwohl auch jetzt wieder an jedem neuen Tage in die Nacht hinein gearbeitet war. Wenn er dann todmüde sein Lager suchte, so hatte nicht wie vordem sein Weib in nur verstelltem Schlafe seiner gewartet; auch sie hatte so voll gemessen ihre tägliche Arbeit, dass sie nachts wie am Grunde eines tiefen Brunnens in unstörbarem Schlafe lag.

Als Hauke jetzt seinen Plan verlesen und die Papiere, die freilich schon drei Tage hier im Kruge zur Einsicht ausgelegen hatten, wieder auf den Tisch breitete, waren zwar ernste Männer zugegen, die mit Ehrerbietung diesen gewissenhaften Fleiß betrachteten und sich nach ruhiger Überlegung den billigen Ansätzen ihres Deichgrafen unterwarfen; andere aber, deren Anteile an dem neuen Lande von ihnen selbst oder ihren Vätern oder sonstigen Vorbesitzern waren veräußert worden, beschwerten sich, dass sie zu den Kosten des neuen Kooges hinzugezogen seien, dessen Land sie nichts mehr angehe, uneingedenk, dass durch die neuen Arbeiten auch ihre alten Ländereien nach und nach entbürdet würden; und wieder andere, die mit Anteilen in dem neuen Koog gesegnet waren, schrien, man möge ihnen doch dieselben abnehmen, sie sollten um ein Geringes feil sein; denn wegen der unbilligen Leistungen, die ihnen dafür aufgebürdet würden, könnten sie nicht damit bestehen. Ole Peters aber, der mit grimmigem Gesicht am Türpfosten lehnte, rief dazwischen: „Besinnt euch erst und dann vertrauet unserem Deichgrafen! Der versteht zu rechnen; er hatte schon die meisten Anteile, da wusste er auch mir die meinen abzuhandeln, und als er sie hatte, beschloss er, diesen neuen Koog zu deichen!“

Es war nach diesen Worten einen Augenblick totenstill in der Versammlung. Der Deichgraf stand an dem Tisch, auf den er zuvor seine Papiere gebreitet hatte; er hob seinen Kopf und sah nach

Ole Peters hinüber: „Du weißt wohl, Ole Peters", sprach er, „dass du mich verleumdest; du tust es dennoch, weil du überdies auch weißt, dass doch ein gut Teil des Schmutzes, womit du mich bewirfst, an mir wird hängen bleiben! Die Wahrheit ist, dass du deine Anteile los sein wolltest und dass ich ihrer derzeit für meine Schafzucht bedurfte; und willst du Weiteres wissen, das ungewaschene Wort, das dir im Krug vom Mund gefahren, ich sei nur Deichgraf meines Weibes wegen, das hat mich aufgerüttelt, und ich hab euch zeigen wollen, dass ich wohl um meiner selbst willen Deichgraf sein könne; und somit, Ole Peters, hab ich getan, was schon der Deichgraf vor mir hätte tun sollen. Trägst du mir aber Groll, dass derzeit deine Anteile die meinen geworden sind – du hörst es ja, es sind genug, die jetzt die ihrigen um ein Billiges feilbieten, nur weil die Arbeit ihnen jetzt zu viel ist!"

Von einem kleinen Teil der versammelten Männer ging ein Beifallsmurmeln aus, und der alte Jewe Manners, der dazwischen stand, rief laut: „Bravo, Hauke Haien! Unser Herrgott wird dir dein Werk gelingen lassen!"

Aber man kam doch nicht zu Ende, obgleich Ole Peters schwieg und die Leute erst zum Abendbrote auseinander gingen; erst in einer zweiten Versammlung wurde alles geordnet; aber auch nur, nachdem Hauke statt der ihm zukommenden drei Gespanne für den nächsten Monat deren vier auf sich genommen hatte.

Endlich, als schon die Pfingstglocken durch das Land läuteten, hatte die Arbeit begonnen: unablässig fuhren die Sturzkarren von dem Vorlande an die Deichlinie, um den geholten Klei dort abzustürzen, und gleicherweise war dieselbe Anzahl schon wieder auf der Rückfahrt, um auf dem Vorland neuen aufzuladen; an der Deichlinie selber standen Männer mit Schaufeln und Spaten, um das Abgeworfene an seinen Platz zu bringen und zu ebnen; ungeheuere Fuder Stroh wurden angefahren und abgeladen; nicht nur zur Bedeckung des leichteren Materials, wie Sand und lose Erde, dessen man an den Binnenseiten sich bediente, wurde das Stroh benutzt; allmählich wurden einzelne Strecken des Deiches fertig, und die Grassoden, womit man sie belegt hatte, wurden stellenweis zum Schutz gegen die nagenden Wellen mit fester Strohbestickung überzogen; bestellte Aufseher gingen hin und her, und wenn es stürmte, standen sie mit aufgerissenen Mäulern und schrien ihre Befehle durch Wind und Wetter; dazwischen ritt der Deichgraf auf seinem Schimmel, den er jetzt ausschließlich in Gebrauch hatte, und das Tier flog mit dem Reiter hin und wider, wenn er rasch und trocken seine Anordnungen machte, wenn er die Arbeiter lobte oder, wie es wohl geschah, einen Faulen oder

Ungeschickten ohn Erbarmen aus der Arbeit wies. „Das hilft nicht!“, rief er dann; „um deine Faulheit darf uns nicht der Deich verderben!“ Schon von weitem, wenn er unten aus dem Koog heraufkam, hörten sie das Schnauben seines Rosses, und alle Hände fassten fester in die Arbeit: „Frisch zu! Der Schimmelreiter kommt!“

War es um die Frühstückszeit, wo die Arbeiter mit ihrem Morgenbrot haufenweis beisammen auf der Erde lagen, dann ritt Hauke an den verlassenen Werken entlang, und seine Augen waren scharf, wo liederliche Hände den Spaten geführt hatten. Wenn er aber zu den Leuten ritt und ihnen auseinander setzte, wie die Arbeit müsse beschafft werden, sahen sie wohl zu ihm auf und kauten geduldig an ihrem Brote weiter; aber eine Zustimmung oder auch nur eine Äußerung hörte er nicht von ihnen. Einmal zu solcher Tageszeit, es war schon spät, da er an einer Deichstelle die Arbeit in besonderer Ordnung gefunden hatte, ritt er zu dem nächsten Haufen der Frühstückenden, sprang von seinem Schimmel und frug heiter, wer dort so sauberes Tagewerk verrichtet hätte; aber sie sahen ihn nur scheu und düster an, und nur langsam und wie widerwillig wurden ein paar Namen genannt. Der Mensch, dem er sein Pferd gegeben hatte, das ruhig wie ein Lamm stand, hielt es mit beiden Händen und blickte wie angstvoll nach den schönen Augen des Tieres, die es, wie gewöhnlich, auf seinen Herrn gerichtet hielt.

„Nun, Marten!“, rief Hauke; „was stehst du, als ob dir der Donner in die Beine gefahren sei?“

– „Herr, Euer Pferd, es ist so ruhig, als ob es Böses vorhabe!“

Hauke lachte und nahm das Pferd selbst am Zügel, das sogleich liebkosend den Kopf an seiner Schulter rieb. Von den Arbeitern sahen einige scheu zu Ross und Reiter hinüber, andere, als ob das alles sie nicht kümmere, aßen schweigend ihre Frühkost, dann und wann den Möwen einen Brocken hinaufwerfend, die sich den Futterplatz gemerkt hatten und mit ihren schlanken Flügeln sich fast auf ihre Köpfe senkten. Der Deichgraf blickte eine Weile wie gedankenlos auf die bettelnden Vögel und wie sie die zugeworfenen Bissen mit ihren Schnäbeln haschten; dann sprang er in den Sattel und ritt, ohne sich nach den Leuten umzusehen, davon; einige Worte, die jetzt unter ihnen laut wurden, klangen ihm fast wie Hohn. ‚Was ist das?‘, sprach er bei sich selber. ‚Hatte denn Elke Recht, dass sie alle gegen mich sind? Auch diese Knechte und kleinen Leute, von denen vielen durch meinen neuen Deich doch eine Wohlhabenheit ins Haus wächst?‘

Er gab seinem Pferde die Sporen, dass es wie toll in den Koog hinabflog. Von dem unheimlichen Glanze freilich, mit dem sein früherer Dienstjunge den Schimmelreiter bekleidet hatte, wusste er selber nichts; aber die Leute hätten ihn jetzt nur sehen sollen, wie aus seinem hageren Gesicht die Augen starrten, wie sein Mantel flog und wie der Schimmel sprühte!

– – So war der Sommer und der Herbst vergangen; noch bis gegen Ende November war gearbeitet worden; dann geboten Frost und Schnee dem Werke Halt; man war nicht fertig geworden und beschloss, den Koog offen liegen zu lassen. Acht Fuß ragte der Deich aus der Fläche hervor; nur wo westwärts gegen das Wasser hin die Schleuse gelegt werden sollte, hatte man eine Lücke gelassen; auch oben vor dem alten Deiche war der Priel noch unberührt. So konnte die Flut, wie in den letzten dreißig Jahren, in den Koog hineindringen, ohne dort oder an dem neuen Deiche großen Schaden anzurichten. Und so überließ man dem großen Gott das Werk der Menschenhände und stellte es in seinen Schutz, bis die Frühlingssonne die Vollendung würde möglich machen.

– – Inzwischen hatte im Hause des Deichgrafen sich ein frohes Ereignis vorbereitet: im neunten Ehejahre war noch ein Kind geboren worden. Es war rot und hutzelig und wog seine sieben Pfund, wie es für neugeborene Kinder sich gebührt, wenn sie, wie dies, dem weiblichen Geschlechte angehören; nur sein Geschrei war wunderlich verhohlen und hatte der Wehmutter nicht gefallen wollen. Das Schlimmste war, am dritten Tage lag Elke im hellen Kindbettfieber, redete Irrsal und kannte weder ihren Mann noch ihre alte Helferin. Die unbändige Freude, die Hauke beim Anblick seines Kindes ergriffen hatte, war zu Trübsal geworden; der Arzt aus der Stadt war geholt, er saß am Bett und fühlte den Puls und verschrieb und sah ratlos um sich her. Hauke schüttelte den Kopf: „Der hilft nicht; nur Gott kann helfen!“ Er hatte sich sein eigen Christentum zurechtgerechnet; aber es war etwas, das sein Gebet zurückhielt. Als der alte Doktor davongefahren war, stand er am Fenster, in den winterlichen Tag hinausstarrend, und während die Kranke aus ihren Phantasien aufschrie, schränkte er die Hände zusammen; er wusste selber nicht, war es aus Andacht oder war es nur, um in der ungeheuren Angst sich selbst nicht zu verlieren.

„Wasser! Das Wasser!“, wimmerte die Kranke. „Halt mich!“ schrie sie; „halt mich, Hauke!“ Dann sank die Stimme; es klang, als ob sie weine: „In See, ins Haff hinaus? O lieber Gott, ich seh ihn nimmer wieder.“

Da wandte er sich und schob die Wärterin von ihrem Bette; er fiel auf seine Knie, umfasste sein Weib und riss sie an sich: „Elke! Elke, so kenn mich doch, ich bin ja bei dir!“

Aber sie öffnete nur die fieberglühenden Augen weit und sah wie rettungslos verloren um sich.

Er legte sie zurück auf ihre Kissen; dann krampfte er die Hände ineinander: „Herr, mein Gott“, schrie er; „nimm sie mir nicht! Du weißt, ich kann sie nicht entbehren!“ Dann war’s, als ob er sich besinne, und leiser setzte er hinzu: „Ich weiß ja wohl, du kannst nicht allezeit, wie du willst, auch du nicht; du bist allweise; du musst nach deiner Weisheit tun – o Herr, sprich nur durch einen Hauch zu mir!“

Es war, als ob plötzlich eine Stille eingetreten sei; er hörte nur ein leises Atmen; als er sich zum Bette kehrte, lag sein Weib in ruhigem Schlaf; nur die Wärterin sah mit entsetzten Augen auf ihn. Er hörte die Tür gehen. „Wer war das?“, frug er.

„Herr, die Magd Ann’ Grethe ging hinaus; sie hatte den Warmkorb hereingebracht.“

– „Was sieht Sie mich denn so verfahren an, Frau Levke?“

„Ich? Ich hab mich ob Eurem Gebet erschrocken; damit betet Ihr keinen vom Tode los!“

Hauke sah sie mit seinen durchdringenden Augen an: „Besucht Sie denn auch, wie unsere Ann’ Grethe, die Konventikel bei dem holländischen Flickschneider Jantje?“

„Ja, Herr; wir haben beide den lebendigen Glauben!“

Hauke antwortete ihr nicht. Das damals stark im Schwange gehende separatistische Konventikelwesen hatte auch unter den Friesen seine Blüten getrieben; heruntergekommene Handwerker oder wegen Trunkes abgesetzte Schulmeister spielten darin die Hauptrolle, und Dirnen, junge und alte Weiber, Faulenzer und einsame Menschen liefen eifrig in die heimlichen Versammlungen, in denen jeder den Priester spielen konnte. Aus des Deichgrafen Hause brachten Ann’ Grethe und der in sie verliebte Dienstjunge ihre freien Abende dort zu. Freilich hatte Elke ihre Bedenken darüber gegen Hauke nicht zurückgehalten; aber er hatte gemeint, in Glaubenssachen solle man keinem dreinreden: das schade niemandem, und besser dort doch als im Schnapskrug! So war es dabei geblieben, und so hatte er auch jetzt geschwiegen. Aber freilich über ihn schwieg man nicht; seine Gebetsworte liefen um von Haus zu Haus: er hatte Gottes Allmacht bestritten; was war ein Gott denn ohne Allmacht? Er war ein Gottesleugner; die Sache mit dem Teufelspferde mochte auch am Ende richtig sein!

Hauke erfuhr nichts davon; er hatte in diesen Tagen nur Ohren und Augen für sein Weib; selbst das Kind war für ihn nicht mehr auf der Welt.

Der alte Arzt kam wieder, kam jeden Tag, mitunter zweimal, blieb dann eine ganze Nacht, schrieb wieder ein Rezept, und der Knecht Iven Johns ritt damit im Flug zur Apotheke. Dann aber wurde sein Gesicht freundlicher, er nickte dem Deichgrafen vertraulich zu: „Es geht! Es geht! Mit Gottes Hülfe!" Und eines Tags – hatte nun seine Kunst die Krankheit besiegt oder hatte auf Haukes Gebet der liebe Gott doch noch einen Ausweg finden können –, als der Doktor mit der Kranken allein war, sprach er zu ihr, und seine alten Augen lachten: „Frau, jetzt kann ich's getrost Euch sagen: heut hat der Doktor seinen Festtag; es stand schlimm um Euch; aber nun gehöret Ihr wieder zu uns, zu den Lebendigen!"

Da brach es wie ein Strahlenmeer aus ihren dunklen Augen: „Hauke! Hauke, wo bist du?", rief sie, und als er auf den hellen Ruf ins Zimmer und an ihr Bett stürzte, schlug sie die Arme um seinen Nacken: „Hauke, mein Mann, gerettet! Ich bleibe bei dir!"

Da zog der alte Doktor sein seiden Schnupftuch aus der Tasche, fuhr sich damit über Stirn und Wangen und ging kopfnickend aus dem Zimmer.

– – Am dritten Abend nach diesem Tage sprach ein frommer Redner – es war ein vom Deichgrafen aus der Arbeit gejagter Pantoffelmacher – im Konventikel bei dem holländischen Schneider, da er seinen Zuhörern die Eigenschaften Gottes auseinander setzte: „Wer aber Gottes Allmacht widerstreitet, wer da sagt: ich weiß, du kannst nicht, was du willst – wir kennen den Unglückseligen ja alle; er lastet gleich einem Stein auf der Gemeinde – der ist von Gott gefallen und suchet den Feind Gottes, den Freund der Sünde zu seinem Tröster; denn nach irgendeinem Stabe muss die Hand des Menschen greifen. Ihr aber, hütet euch vor dem, der also betet; sein Gebet ist Fluch!"

– – Auch das lief um von Haus zu Haus. Was läuft nicht um in einer kleinen Gemeinde? Und auch zu Haukes Ohren kam es. Er sprach kein Wort darüber, nicht einmal zu seinem Weibe; nur mitunter konnte er sie heftig umfassen und an sich ziehen: „Bleib mir treu, Elke! Bleib mir treu!" – Dann sahen ihre Augen voll Staunen zu ihm auf: „Dir treu? Wem sollte ich denn anders treu sein?" – Nach einer kurzen Weile aber hatte sie sein Wort verstanden: „Ja, Hauke, wir sind uns treu; nicht nur, weil wir uns brauchen." Und dann ging jedes seinen Arbeitsweg.

Das wäre so weit gut gewesen; aber es war doch trotz aller lebendigen Arbeit eine Einsamkeit um ihn, und in seinem Herzen nistete sich ein Trotz und abgeschlossenes Wesen gegen andere Menschen ein; nur gegen sein Weib blieb er allezeit der Gleiche, und an der Wiege seines Kindes lag er abends und morgens auf den Knien, als sei dort die Stätte seines ewigen Heils. Gegen Gesinde und Arbeiter aber wurde er strenger; die Ungeschickten und Fahrlässigen, die er früher durch ruhigen Tadel zurechtgewiesen hatte, wurden jetzt durch hartes Anfahren aufgeschreckt, und Elke ging mitunter leise bessern.

Als der Frühling nahte, begannen wieder die Deicharbeiten; mit einem Kajedeich wurde zum Schutz der jetzt aufzubauenden neuen Schleuse die Lücke in der westlichen Deichlinie geschlossen, halbmondförmig nach innen und ebenso nach außen; und gleich der Schleuse wuchs allmählich auch der Hauptdeich zu seiner immer rascher herzustellenden Höhe empor. Leichter wurde dem leitenden Deichgrafen seine Arbeit nicht; denn an Stelle des im Winter verstorbenen Jewe Manners war Ole Peters als Deichgevollmächtigter eingetreten. Hauke hatte nicht versuchen wollen, es zu hindern; aber anstatt der ermutigenden Worte und der dazugehörigen zutunlichen Schläge auf seine linke Schulter, die er so oft von dem alten Paten seines Weibes einkassiert hatte, kamen ihm jetzt von dem Nachfolger ein heimliches Widerhalten und unnötige Einwände und waren mit unnötigen Gründen zu bekämpfen; denn Ole gehörte zwar zu den Wichtigen, aber in Deichsachen nicht zu den Klugen; auch war von früher her der „Schreiberknecht“ ihm immer noch im Wege.

Kajedeich Schutzdeich; vergl. das englische und französische: quai!

Der glänzendste Himmel breitete sich wieder über Meer und Marsch, und der Koog wurde wieder bunt von starken Rindern, deren Gebrüll von Zeit zu Zeit die weite Stille unterbrach; unablässig sangen in hoher Himmelsluft die Lerchen; aber man hörte es erst, wenn einmal auf eines Atemzuges Länge der Gesang verstummt war. Kein Unwetter störte die Arbeit, und die Schleuse stand schon mit ihrem ungestrichenen Balkengefüge, ohne dass auch nur in einer Nacht sie eines Schutzes von dem Interimsdeich bedurft hätte; der Herrgott schien seine Gunst dem neuen Werke zuzuwenden. Auch Frau Elkes Augen lachten ihrem Manne zu, wenn er auf seinem Schimmel draußen von dem Deich nach Hause kam: „Bist doch ein braves Tier geworden!“, sagte sie dann und klopfte den blanken Hals des Pferdes. Hauke aber, wenn sie das Kind am Halse hatte, sprang herab und ließ das winzige Dinglein auf seinen Armen tanzen; wenn dann der Schimmel seine braunen Augen auf das Kind gerichtet hielt, dann sprach er wohl: „Komm her; sollst auch die Ehre haben!“, und er setzte die kleine Wienke

Interimsdeich vorläufiger Schutzdeich

– denn so war sie getauft worden – auf seinen Sattel und führte den Schimmel auf der Werft im Kreise herum. Auch der alte Eschenbaum hatte mitunter die Ehre; er setzte das Kind auf einen schwankenden Ast und ließ es schaukeln. Die Mutter stand mit lachenden Augen in der Haustür; das Kind aber lachte nicht, seine Augen, zwischen denen ein feines Näschen stand, schauten ein wenig stumpf ins Weite, und die kleinen Hände griffen nicht nach dem Stöckchen, das der Vater ihr hinhielt. Hauke achtete nicht darauf, er wusste auch nichts von so kleinen Kindern; nur Elke, wenn sie das helläugige Mädchen auf dem Arm ihrer Arbeitsfrau erblickte, die mit ihr zugleich das Wochenbett bestanden hatte, sagte mitunter schmerzlich: „Das meine ist noch nicht so weit wie deines, Stina!“, und die Frau, ihren dicken Jungen, den sie an der Hand hatte, mit derber Liebe schüttelnd, rief dann wohl: „Ja, Frau, die Kinder sind verschieden; der da, der stahl mir schon die Äpfel aus der Kammer, bevor er übers zweite Jahr hinaus war!“ Und Elke strich dem dicken Buben sein Kraushaar aus den Augen und drückte dann heimlich ihr stilles Kind ans Herz.

– – Als es in den Oktober hineinging, stand an der Westseite die neue Schleuse schon fest in dem von beiden Seiten schließenden Hauptdeich, der bis auf die Lücken bei dem Priele nun mit seinem sanften Profile ringsum nach den Wasserseiten abfiel und um fünfzehn Fuß die ordinäre Flut überragte. Von seiner Nordwestecke sah man an Jevershallig vorbei ungehindert in das Wattenmeer hinaus; aber freilich auch die Winde fassten hier schärfer; die Haare flogen, und wer hier ausschauen wollte, der musste die Mütze fest auf dem Kopf haben.

Zu Ende November, wo Sturm und Regen eingefallen waren, blieb nur noch hart am alten Deich die Schlucht zu schließen, auf deren Grunde an der Nordseite das Meerwasser durch den Priel in den neuen Koog hineinschoss. Zu beiden Seiten standen die Wände des Deiches; der Abgrund zwischen ihnen musste jetzt verschwinden. Ein trocken Sommerwetter hätte die Arbeit wohl erleichtert; aber auch so musste sie getan werden; denn ein aufbrechender Sturm konnte das ganze Werk gefährden. Und Hauke setzte alles daran, um jetzt den Schluss herbeizuführen. Der Regen strömte, der Wind pfiff; aber seine hagere Gestalt auf dem feurigen Schimmel tauchte bald hier, bald dort aus den schwarzen Menschenmassen empor, die oben wie unten an der Nordseite des Deiches neben der Schlucht beschäftigt waren. Jetzt sah man ihn unten bei den Sturzkarren, die schon weither die Kleierde aus dem Vorlande holen mussten und von denen eben ein gedrängter Haufen bei dem Priele anlangte und seine Last dort abzuwerfen suchte. Durch das Geklatsch des Regens und das Brausen des Windes klangen von Zeit zu Zeit die scharfen Befehlsworte des Deichgrafen, der heute hier allein gebieten wollte; er rief die Karren nach den Nummern vor und wies die Drängenden zurück; ein „Halt!“ scholl von seinem Munde; dann ruhte unten die Arbeit; „Stroh! ein Fuder Stroh hinab!“, rief er denen droben zu, und von einem der oben haltenden Fuder stürzte es auf den nassen Klei hinunter. Unten sprangen Männer dazwischen und zerrten es auseinander und schrien nach oben, sie nur nicht zu begraben. Und wieder kamen neue Karren, und Hauke war schon wieder oben und sah von seinem Schimmel in die Schlucht hinab und wie sie dort schaufelten und stürzten; dann warf er seine Augen nach dem Haff hinaus. Es wehte scharf, und er sah, wie mehr und mehr der Wassersaum am Deich hinaufklimmte und wie die Wellen sich noch höher hoben; er sah auch, wie die Leute trieften und kaum atmen konnten in der schweren Arbeit vor dem Winde, der ihnen die Luft am Munde abschnitt, und vor dem kalten Regen, der sie überströmte. „Ausgehalten, Leute! Ausgehalten!“, schrie er zu ihnen hinab. „Nur einen Fuß noch höher; dann ist’s genug für diese Flut!“ Und durch alles Getöse des Wetters hörte man das Geräusch der Arbeiter: das Klatschen der hineingestürzten Kleimassen, das Rasseln der Karren und das Rauschen des von oben hinabgelassenen Strohes ging unaufhaltsam vorwärts; dazwischen war mitunter das Winseln eines kleinen gelben Hundes laut geworden, der frierend und wie verloren zwischen Menschen und Fuhrwerken herumgestoßen wurde; plötzlich aber scholl ein jammervoller Schrei des kleinen Tieres von unten aus der Schlucht herauf. Hauke blickte hinab; er hatte es von oben hinunterschleudern sehen; eine jähe Zornröte stieg ihm ins Gesicht. „Halt! Haltet ein!“, schrie er zu den Karren hinunter; denn der nasse Klei wurde unaufhaltsam aufgeschüttet.

„Warum?“, schrie eine raue Stimme von unten herauf; „doch um die elende Hundekreatur nicht?“

„Halt! sag ich“, schrie Hauke wieder; „bringt mir den Hund! Bei unserem Werke soll kein Frevel sein!“

Aber es rührte sich keine Hand; nur ein paar Spaten zähen Kleis flogen noch neben das schreiende Tier. Da gab er seinem Schimmel die Sporen, dass das Tier einen Schrei ausstieß, und stürmte den Deich hinab, und alles wich vor ihm zurück. „Den Hund!“, schrie er; „ich will den Hund!“

Eine Hand schlug sanft auf seine Schulter, als wäre es die Hand des alten Jewe Manners; doch als er umsah, war es nur ein Freund des Alten. „Nehmt Euch in Acht, Deichgraf!“, raunte der ihm zu,

„Ihr habt nicht Freunde unter diesen Leuten; lasst es mit dem Hunde gehen!“

Der Wind pfiff, der Regen klatschte; die Leute hatten die Spaten in den Grund gesteckt, einige sie fortgeworfen, Hauke neigte sich zu dem Alten: „Wollt Ihr meinen Schimmel halten, Harke Jens?“, frug er; und als jener noch kaum den Zügel in der Hand hatte, war Hauke schon in die Kluft gesprungen und hielt das kleine winselnde Tier in seinem Arm; und fast im selben Augenblicke saß er auch wieder hoch im Sattel und sprengte auf den Deich zurück. Seine Augen flogen über die Männer, die bei den Wagen standen. „Wer war es?“, rief er. „Wer hat die Kreatur hinabgeworfen?“

Einen Augenblick schwieg alles; denn aus dem hageren Gesicht des Deichgrafen sprühte der Zorn, und sie hatten abergläubische Furcht vor ihm. Da trat von einem Fuhrwerk ein stiernackiger Kerl vor ihn hin. „Ich tat es nicht, Deichgraf“, sagte er und biss von einer Rolle Kautabak ein Endchen ab, das er sich erst ruhig in den Mund schob; „aber der es tat, hat recht getan; soll Euer Deich sich halten, so muss was Lebiges hinein!“

– „Was Lebiges? Aus welchem Katechismus hast du das gelernt?“

„Aus keinem, Herr!“, entgegnete der Kerl, und aus seiner Kehle stieß ein freches Lachen; „das haben unsere Großväter schon gewusst, die sich mit Euch im Christentum wohl messen durften! Ein Kind ist besser noch; wenn das nicht da ist, tut’s auch wohl ein Hund!“

„Schweig du mit deinen Heidenlehren“, schrie ihn Hauke an, „es stopfte besser, wenn man dich hineinwürfe.“

„Oho!“, erscholl es; aus einem Dutzend Kehlen war der Laut gekommen, und der Deichgraf gewahrte ringsum grimmige Gesichter und geballte Fäuste; er sah wohl, dass das keine Freunde waren; der Gedanke an seinen Deich überfiel ihn wie ein Schrecken: was sollte werden, wenn jetzt alle ihre Spaten hinwürfen? – Und als er nun den Blick nach unten richtete, sah er wieder den Freund des alten Jewe Manners; der ging dort zwischen den Arbeitern, sprach zu dem und jenem, lachte hier einem zu, klopfte dort mit freundlichem Gesicht einem auf die Schulter, und einer nach dem anderen fasste wieder seinen Spaten; noch einige Augenblicke, und die Arbeit war wieder in vollem Gange. – Was wollte er denn noch? Der Priel musste geschlossen werden, und den Hund barg er sicher genug in den Falten eines Mantels. Mit plötzlichem Entschluss wandte er seinen Schimmel gegen den nächsten Wagen: „Stroh an die Kante!“, rief er herrisch, und wie mechanisch gehorchte ihm der Fuhrknecht; bald rauschte es hinab in die Tiefe, und von allen Seite regte es sich aufs Neue und mit allen Armen.

Eine Stunde war noch so gearbeitet; es war nach sechs Uhr, und schon brach tiefe Dämmerung herein; der Regen hatte aufgehört; da rief Hauke die Aufseher an sein Pferd: „Morgen früh vier Uhr“, sagte er, „ist alles wieder auf dem Platz; der Mond wird noch am Himmel sein; da machen wir mit Gott den Schluss! Und dann noch eines!“, rief er, als sie gehen wollten: „Kennt ihr den Hund?“, und er nahm das zitternde Tier aus seinem Mantel.

Sie verneinten das; nur einer sagte: „Der hat sich tagelang schon im Dorf herumgebettelt; der gehört gar keinem!“

„Dann ist er mein!“, entgegnete der Deichgraf. „Vergesset nicht: morgen früh vier Uhr!“, und ritt davon.

Als er heimkam, trat Ann' Grethe aus der Tür; sie hatte saubere Kleidung an, und es fuhr ihm durch den Kopf, sie gehe jetzt zum Konventikelschneider: „Halt die Schürze auf!“, rief er ihr zu, und da sie es unwillkürlich tat, warf er das kleibeschmutzte Hündlein ihr hinein: „Bring ihn der kleinen Wienke; er soll ihr Spielkamerad werden! Aber wasch und wärm ihn zuvor; so tust du auch ein gottgefällig Werk; denn die Kreatur ist schier verklommen.“

Und Ann' Grethe konnte nicht lassen, ihrem Wirt Gehorsam zu leisten, und kam deshalb heute nicht in den Konventikel.

Und am anderen Tage wurde der letzte Spatenstich am neuen Deich getan; der Wind hatte sich gelegt; in anmutigem Fluge schwebten Möwen und Avosetten über Land und Wasser hin und wider; von Jevershallig tönte das tausendstimmige Geknorr der Rottgänse, die sich's noch heute an der Küste der Nordsee wohl sein ließen, und aus den weißen Morgennebeln, welche die weite Marsch bedeckten, stieg allmählich ein goldner Herbsttag und beleuchtete das neue Werk der Menschenhände.

Avosette der Säbelschnäbler

→

Nach einigen Wochen kamen mit dem Oberdeichgrafen die herrschaftlichen Kommissäre zur Besichtigung desselben; ein großes Festmahl, das erste nach dem Leichenmahl des alten Tede Volkerts, wurde im deichgräflichen Hause gehalten; alle Deichgevollmächtigten und die größten Interessenten waren dazu geladen. Nach Tische wurden sämtliche Wagen der Gäste und des Deichgrafen angespannt; Frau Elke wurde von dem Oberdeichgrafen in die Karriole gehoben, vor der der braune Wallach mit seinen Hufen stampfte; dann sprang er selber hinten nach und nahm die Zügel in die Hand; er wollte die gescheite Frau seines Deichgrafen selber fahren. So ging es munter von der Werfte und

Kommissär Bevollmächtigter

Karriole *(italienisch, französisch)* leichte zweirädrige Halbkutsche in den Weg hinaus, den Akt zum neuen Deich hinan und auf demselben um den jungen Koog herum. Es war inmittelst ein leichter Nordwestwind aufgekommen, und an der Nord- und Westseite des neuen Deiches wurde die Flut hinaufgetrieben; aber es war unverkennbar, der sanfte Abfall bedingte einen sanfteren Anschlag; aus dem Munde der herrschaftlichen Kommissäre strömte das Lob des Deichgrafen, dass die Bedenken, welche hie und da von den Gevollmächtigten dagegen langsam vorgebracht wurden, gar bald darin erstickten.

– Auch das ging vorüber; aber noch eine Genugtuung empfing der Deichgraf eines Tages, da er in stillem, selbstbewusstem Sinnen auf dem neuen Deich entlangritt. Es mochte ihm wohl die Frage kommen, weshalb der Koog, der ohne ihn nicht da wäre, in dem sein Schweiß und seine Nachtwachen steckten, nun schließlich nach einer der herrschaftlichen Prinzessinnen „der neue Carolinenkoog“ getauft sei; aber es war doch so: auf allen dahin gehörigen Schriftstücken stand der Name, auf einigen sogar in roter Frakturschrift. Da, als er aufblickte, sah er zwei Arbeiter mit ihren Feldgerätschaften, der eine etwa zwanzig Schritte hinter dem anderen, sich entgegenkommen: „So wart doch!“, hörte er den Nachfolgenden rufen; der andere aber – er stand eben an einem Akt, der in den Koog hinunterführte – rief ihm entgegen: „Ein andermal, Jens! Es ist schon spät; ich soll hier Klei schlagen!“

Frakturschrift gebrochene (gotische) Schrift

– „Wo denn?“

„Nun hier, im Hauke-Haien-Koog!“

Er rief es laut, indem er den Akt hinabtrabte, als solle die ganze Marsch es hören, die darunter lag. Hauke aber war es, als höre er seinen Ruhm verkünden; er hob sich im Sattel, gab seinem Schimmel die Sporen und sah mit festen Augen über die weite Landschaft hin, die zu seiner Linken lag. „Hauke-Haien-Koog!“, wiederholte er leis; das klang, als könnt es alle Zeit nicht anders heißen! Mochten sie trotzen, wie sie wollten, um seinen Namen war doch nicht herumzukommen; der Prinzessinnen-Name – würde er nicht bald nur noch in alten Schriften modern? – Der Schimmel ging in stolzem Galopp; vor seinen Ohren aber summte es: „Hauke-Haien-Koog! Hauke-Haien-Koog!“ In seinen Gedanken wuchs fast der neue Deich zu einem achten Weltwunder; in ganz Friesland war nicht seinesgleichen! Und er ließ den Schimmel tanzen; ihm war, er stünde inmitten aller Friesen; er überragte sie um Kopfeshöhe, und seine Blicke flogen scharf und mitleidig über sie hin.

– – Allmählich waren drei Jahre seit der Eindeichung hingegangen; das neue Werk hatte sich bewährt, die Reparaturkosten waren nur gering gewesen; im Kooge aber blühte jetzt fast überall der weiße Klee, und ging man über die geschützten Weiden, so trug der Sommerwind einem ganze Wolken süßen Dufts entgegen. Da war die Zeit gekommen, die bisher nur idealen Anteile in wirkliche zu verwandeln und allen Teilnehmern ihre bestimmten Stücke für immer eigentümlich zuzusetzen. Hauke war nicht müßig gewesen, vorher noch einige neue zu erwerben; Ole Peters hatte sich verbissen zurückgehalten; ihm gehörte nichts im neuen Kooge. Ohne Verdruss und Streit hatte auch so die Teilung nicht abgehen können; aber fertig war er gleichwohl geworden; auch dieser Tag lag hinter dem Deichgrafen.

Fortan lebte er einsam seinen Pflichten als Hofwirt wie als Deichgraf und denen, die ihm am nächsten angehörten; die alten Freunde waren nicht mehr in der Zeitlichkeit, neue zu erwerben, war er nicht geeignet. Aber unter seinem Dach war Frieden, den auch das stille Kind nicht störte; es sprach wenig, das stete Fragen, was den aufgeweckten Kindern eigen ist, kam selten und meist so, dass dem Gefragten die Antwort darauf schwer wurde; aber ihr liebes, einfältiges Gesichtlein trug fast immer den Ausdruck der Zufriedenheit. Zwei Spielkameraden hatte sie, die waren ihr genug: wenn sie über die Werfte wanderte, sprang das gerettete gelbe Hündlein stets um sie herum, und wenn der Hund sich zeigte, war auch klein Wienke nicht mehr fern. Der zweite Kamerad war eine Lachmöwe, und wie der Hund „Perle", so hieß die Möwe „Claus".

Claus war durch ein greises Menschenkind auf dem Hofe installiert worden; die achtzigjährige Trien' Jans hatte in ihrer Kate auf dem Außendeich sich nicht mehr durchbringen können; da hatte Frau Elke gemeint, die verlebte Dienstmagd ihres Großvaters könnte bei ihnen noch ein paar stille Abendstunden und eine gute Sterbekammer finden, und so, halb mit Gewalt, war sie von ihr und Hauke nach dem Hofe geholt und in dem Nordweststübchen der neuen Scheuer untergebracht worden, die der Deichgraf vor einigen Jahren neben dem Haupthause bei der Vergrößerung seiner Wirtschaft hatte bauen müssen; ein paar der Mägde hatten daneben ihre Kammer erhalten und konnten der Greisin nachts zur Hand gehen. Rings an den Wänden hatte sie ihr altes Hausgerät: eine Schatulle von Zuckerkistenholz, darüber zwei bunte Bilder vom verlorenen Sohn, ein längst zur Ruhe gestelltes Spinnrad und ein sehr sauberes Gardinenbett, vor dem ein ungefüger, mit dem weißen Fell des weiland Angorakaters überzogener Schemel stand. Aber auch was Lebiges hatte sie noch um sich ge-

Scheuer Scheune

→

habt und mit hieher gebracht: das war die Möwe Claus, die sich schon jahrelang zu ihr gehalten hatte und von ihr gefüttert worden war; freilich, wenn es Winter wurde, flog sie mit den anderen Möwen südwärts und kam erst wieder, wenn am Strand der Wermut duftete.

Die Scheuer lag etwas tiefer an der Werfte; die Alte konnte von ihrem Fenster aus nicht über den Deich auf die See hinausblicken. „Du hast mich hier als wie gefangen, Deichgraf!“, murrte sie eines Tages, als Hauke zu ihr eintrat, und wies mit ihrem verkrümmten Finger nach den Fennen hinaus, die sich dort unten breiteten. „Wo ist denn Jeverssand? Da über den roten oder über den schwarzen Ochsen hinaus?“

„Was will Sie denn mit Jeverssand?“, frug Hauke.

– „Ach was, Jeverssand!“, brummte die Alte. „Aber ich will doch sehen, wo mein Jung mir derzeit ist zu Gott gegangen!“

– „Wenn Sie das sehen will“, entgegnete Hauke, „so muss Sie sich oben unter den Eschenbaum setzen, da sieht Sie das ganze Haff!“

„Ja“, sagte die Alte; „ja, wenn ich deine jungen Beine hätte, Deichgraf!“

Dergleichen blieb lange der Dank für die Hülfe, die ihr die Deichgrafsleute angedeihen ließen; dann aber wurde es auf einmal anders. Der kleine Kindskopf Wienkes guckte eines Morgens durch die halb geöffnete Tür zu ihr herein. „Na“, rief die Alte, welche mit den Händen ineinander auf ihrem Holzstuhl saß, „was hast du denn zu bestellen?“

Aber das Kind kam schweigend näher und sah sie mit ihren gleichgültigen Augen unablässig an.

„Bist du das Deichgrafskind?“, frug sie Trien' Jans, und da das Kind wie nickend das Köpfchen senkte, fuhr sie fort: „So setz dich hier auf meinen Schemel! Ein Angorakater ist's gewesen – so groß! Aber dein Vater hat ihn totgeschlagen. Wenn er noch lebig wäre, so könntst du auf ihm reiten.“

Wienke richtete stumm ihre Augen auf das weiße Fell; dann kniete sie nieder und begann es mit ihren kleinen Händen zu streicheln, wie Kinder es bei einer lebenden Katze oder einem Hunde zu machen pflegen. „Armer Kater!“, sagte sie dann und fuhr wieder in ihren Liebkosungen fort.

„So!“, rief nach einer Weile die Alte, „jetzt ist es genug; und sitzen kannst du auch noch heut auf ihm; vielleicht hat dein Vater ihn auch nur um deshalb totgeschlagen!“ Dann hob sie das Kind an beiden Armen in die Höhe und setzte es derb auf den Schemel nieder. Da es aber stumm und unbeweglich sitzen blieb und sie nur immer ansah, begann sie mit dem Kopf zu schütteln: „Du strafst ihn, Gott der Herr! Ja, ja, du strafst ihn!“, murmelte sie; aber ein Erbarmen mit dem Kinde schien sie doch zu überkommen; ihre knöcherne Hand strich über das dürftige Haar desselben, und aus den Augen der Kleinen kam es, als ob ihr damit wohl geschehe.

Von nun an kam Wienke täglich zu der Alten in die Kammer; sie setzte sich bald von selbst auf den Angoraschemel, und Trien’ Jans gab ihr kleine Fleisch- und Brotstückchen in ihre Händchen, welche sie allezeit in Vorrat hatte, und ließ sie diese auf den Fußboden werfen; dann kam mit Gekreisch und ausgespreizten Flügeln die Möwe aus irgendeinem Winkel hervorgeschossen und machte sich darüber her. Erst erschrak das Kind und schrie auf vor dem großen, stürmenden Vogel; bald aber war es wie ein eingelerntes Spiel, und wenn sie nur ihr Köpfchen durch den Türspalt steckte, schoss schon der Vogel auf sie zu und setzte sich ihr auf Kopf oder Schulter, bis die Alte ihr zu Hülfe kam und die Fütterung beginnen konnte. Trien’ Jans, die es sonst nicht hatte leiden können, dass einer auch nur die Hand nach ihrem „Claus“ ausstreckte, sah jetzt geduldig zu, wie das Kind allmählich ihr den Vogel völlig abgewann. Er ließ sich willig von ihr haschen; sie trug ihn umher und wickelte ihn in ihre Schürze, und wenn dann auf der Werfte etwa das gelbe Hündlein um sie herum und eifersüchtig gegen den Vogel aufsprang, dann rief sie wohl: „Nicht du, nicht du, Perle!“, und hob mit ihren Ärmchen die Möwe so hoch, dass diese, sich selbst befreiend, schreiend über die Werfte hinflog und statt ihrer nun der Hund durch Schmeicheln und Springen den Platz auf ihren Armen zu erobern suchte.

Fielen zufällig Haukes oder Elkes Augen auf dies wunderliche Vierblatt, das nur durch einen gleichen Mangel am selben Stängel festgehalten wurde, dann flog wohl ein zärtlicher Blick auf ihr Kind; hatten sie sich gewandt, so blieb nur noch ein Schmerz auf ihrem Antlitz, den jedes einsam mit sich von dannen trug; denn das erlösende Wort war zwischen ihnen noch nicht gesprochen worden. Da eines Sommervormittages, als Wienke mit der Alten und den beiden Tieren auf den großen Steinen vor der Scheunentür saß, gingen ihre beiden Eltern, der Deichgraf seinen Schimmel hinter sich, die Zügel über dem Arme, hier vorüber; er wollte auf den Deich hinaus und hatte das Pferd sich selber von der Fenne heraufgeholt; sein Weib hatte auf der Werfte sich an seinen Arm gehängt. Die Sonne schien warm hernieder; es war fast schwül, und mitunter kam ein Windstoß aus Südsüdost. Dem Kinde mochte es auf dem Platze unbehaglich werden: „Wienke will mit!“, rief sie, schüttelte die Möwe von ihrem Schoß und griff nach der Hand ihres Vaters.

„So komm!“, sagte dieser.

– Frau Elke aber rief: „In dem Wind? Sie fliegt dir weg!“

„Ich halt sie schon; und heut haben wir warme Luft und lustig Wasser; da kann sie's tanzen sehen.“

Und Elke lief ins Haus und holte noch ein Tüchlein und ein Käppchen für ihr Kind. „Aber es gibt ein Wetter“, sagte sie; „macht, dass ihr fortkommt, und seid bald wieder hier!“

Hauke lachte: „Das soll uns nicht zu fassen kriegen!“, und hob das Kind zu sich auf den Sattel. Frau Elke blieb noch eine Weile auf der Werfte und sah, mit der Hand ihre Augen beschattend, die beiden auf den Weg und nach dem Deich hinübertraben; Trien' Jans saß auf dem Stein und murmelte Unverständliches mit ihren welken Lippen.

Das Kind lag regungslos im Arm des Vaters; es war, als atme es beklommen unter dem Druck der Gewitterluft; er neigte den Kopf zu ihr: „Nun, Wienke?“, frug er.

Das Kind sah ihn eine Weile an: „Vater“, sagte es, „du kannst das doch! Kannst du nicht alles?“

„Was soll ich können, Wienke?“

Aber sie schwieg; sie schien die eigene Frage nicht verstanden zu haben.

Es war Hochflut; als sie auf den Deich hinaufkamen, schlug der Widerschein der Sonne von dem weiten Wasser ihr in die Augen, ein Wirbelwind trieb die Wellen strudelnd in die Höhe, und neue kamen heran und schlugen klatschend gegen den Strand, da klammerte sie ihre Händchen angstvoll um die Faust ihres Vaters, die den Zügel führte, dass der Schimmel mit einem Satz zur Seite fuhr. Die blassblauen Augen sahen in wirrem Schreck zu Hauke auf: „Das Wasser, Vater! das Wasser!“, rief sie.

Aber er löste sich sanft und sagte: „Still, Kind, du bist bei deinem Vater; das Wasser tut dir nichts!“

Sie strich sich das fahlblonde Haar aus der Stirn und wagte es wieder, auf die See hinauszusehen. „Es tut mir nichts“, sagte sie zitternd; „nein, sag, dass es uns nichts tun soll; du kannst das, und dann tut es uns auch nichts!“

„Nicht ich kann das, Kind“, entgegnete Hauke ernst; „aber der Deich, auf dem wir reiten, der schützt uns, und den hat dein Vater ausgedacht und bauen lassen.“

Ihre Augen gingen wider ihn, als ob sie das nicht ganz verstünde; dann barg sie ihr auffallend kleines Köpfchen in dem weiten Rocke ihres Vaters.

„Warum versteckst du dich, Wienke?“, raunte der ihr zu; „ist dir noch immer bange?“ Und ein zitterndes Stimmchen kam aus den Falten des Rockes: „Wienke will lieber nicht sehen; aber du kannst doch alles, Vater?“

Ein ferner Donner rollte gegen den Wind herauf. „Hoho!“, rief Hauke, „da kommt es!“, und wandte sein Pferd zur Rückkehr. „Nun wollen wir heim zur Mutter!“

Das Kind tat einen tiefen Atemzug; aber erst, als sie die Werfte und das Haus erreicht hatten, hob es das Köpfchen von seines Vaters Brust. Als dann Frau Elke ihr im Zimmer das Tüchelchen und die Kapuze abgenommen hatte, blieb sie wie ein kleiner stummer Kegel vor der Mutter stehen. „Nun, Wienke“, sagte diese und schüttelte sie leise, „magst du das große Wasser leiden?“

Aber das Kind riss die Augen auf: „Es spricht“, sagte sie; „Wienke ist bange!“

– „Es spricht nicht; es rauscht und toset nur!“

Das Kind sah ins Weite: „Hat es Beine?“, frug es wieder; „kann es über den Deich kommen?“

– „Nein, Wienke; dafür passt dein Vater auf, er ist der Deichgraf.“

„Ja“, sagte das Kind und klatschte mit blödem Lächeln in seine Händchen; „Vater kann alles – alles!“ Dann plötzlich, sich von der Mutter abwendend, rief sie: „Lass Wienke zu Trien’ Jans, die hat rote Äpfel!“

Und Elke öffnete die Tür und ließ das Kind hinaus. Als sie dieselbe wieder geschlossen hatte, schlug sie mit einem Ausdruck des tiefsten Grams die Augen zu ihrem Manne auf, aus denen ihm sonst nur Trost und Mut zu Hülfe gekommen war.

Er reichte ihr die Hand und drückte sie, als ob es zwischen ihnen keines weiteren Wortes bedürfe; sie aber sagte leis: „Nein, Hauke, lass mich sprechen: das Kind, das ich nach Jahren dir geboren habe, es wird für immer ein Kind bleiben. O lieber Gott! es ist schwachsinnig; ich muss es einmal vor dir sagen.“

„Ich wusste es längst“, sagte Hauke und hielt die Hand seines Weibes fest, die sie ihm entziehen wollte.

„So sind wir denn doch allein geblieben“, sprach sie wieder.

Aber Hauke schüttelte den Kopf: „Ich hab sie lieb, und sie schlägt ihre Ärmchen um mich und drückt sich fest an meine Brust; um alle Schätze wollt ich das nicht missen!“

Die Frau sah finster vor sich hin: „Aber warum?“, sprach sie; „was hab ich arme Mutter denn verschuldet?“

– „Ja, Elke, das hab ich freilich auch gefragt; den, der allein es wissen kann; aber du weißt ja auch, der Allmächtige gibt den Menschen keine Antwort – vielleicht, weil wir sie nicht begreifen würden."

Er hatte auch die andere Hand seines Weibes gefasst und zog sie sanft zu sich heran: „Lass dich nicht irren, dein Kind, wie du es tust, zu lieben; sei sicher, das versteht es!"

Da warf sich Elke an ihres Mannes Brust und weinte sich satt und war mit ihrem Leid nicht mehr allein. Dann plötzlich lächelte sie ihn an; nach einem heftigen Händedruck lief sie hinaus und holte sich ihr Kind aus der Kammer der alten Trien' Jans und nahm es auf ihren Schoß und hätschelte und küsste es, bis es stammelnd sagte: „Mutter, mein liebe Mutter!"

So lebten die Menschen auf dem Deichgrafshofe still beisammen; wäre das Kind nicht da gewesen, es hätte viel gefehlt.

Allmählich verfloss der Sommer; die Zugvögel waren durchgezogen, die Luft wurde leer vom Gesang der Lerchen, nur vor den Scheunen, wo sie beim Dreschen Körner pickten, hörte man hie und da einige kreischend davonfliegen; schon war alles hart gefroren. In der Küche des Haupthauses saß eines Nachmittags die alte Trien' Jans auf der Holzstufe einer Treppe, die neben dem Feuerherd nach dem Boden lief. Es war in den letzten Wochen, als sei sie aufgelebt; sie kam jetzt gern einmal in die Küche und sah Frau Elke hier hantieren; es war keine Rede mehr davon, dass ihre Beine sie nicht hätten dahin tragen können, seit eines Tages klein Wienke sie an der Schürze hier heraufgezogen hatte. Jetzt kniete das Kind an ihrer Seite und sah mit seinen stillen Augen in die Flammen, die aus dem Herdloch aufflackerten; ihr eines Händchen klammerte sich an den Ärmel der Alten, das andere lag in ihrem eigenen fahlblonden Haar. Trien' Jans erzählte: „Du weißt", sagte sie, „ich stand in Dienst bei deinem Urgroßvater, als Hausmagd, und dann musst ich die Schweine füttern; der war klüger als sie alle – da war es, es ist grausam lange her; aber eines Abends, der Mond schien, da ließen sie die Haffschleuse schließen, und sie konnte nicht wieder zurück in See. O, wie sie schrie und mit ihren Fischhänden sich in ihre harten struppigen Haare griff! Ja, Kind, ich sah es und hörte sie selber schreien! Die Gräben zwischen den Fennen waren alle voll Wasser, und der Mond schien darauf, dass sie wie Silber glänzten, und sie schwamm aus einem Graben in den anderen und hob die Arme und schlug, was ihre Hände waren, aneinander, dass man es weither klatschen hörte, als wenn sie beten wollte; aber Kind, beten können diese Kreaturen nicht. Ich saß vor der Haustür auf ein paar Balken, die zum Bauen angefahren waren, und sah weithin über die Fennen; und das Wasserweib schwamm noch immer in den Gräben, und wenn sie die Arme aufhob, so glitzerten auch die wie Silber und Demanten. Zuletzt sah ich sie nicht mehr, und die Wildgänse und Möwen, die ich all die Zeit nicht gehört hatte, zogen wieder mit Pfeifen und Schnattern durch die Luft."

Die Alte schwieg; das Kind hatte ein Wort sich aufgefangen: „Konnte sie beten?", frug sie. „Was sagst du? Wer war es?"

„Kind", sagte die Alte; „die Wasserfrau war es; das sind Undinger, die nicht selig werden können."

„Nicht selig!", wiederholte das Kind, und ein tiefer Seufzer, als habe sie das verstanden, hob die kleine Brust.

– „Trien' Jans!", kam eine tiefe Stimme von der Küchentür, und die Alte zuckte leicht zusammen. Es war der Deichgraf Hauke Haien, der dort am Ständer lehnte: „Was redet Sie dem Kinde vor? Hab ich Ihr nicht geboten, Ihre Mären für sich zu behalten oder sie den Gäns' und Hühnern zu erzählen?"

Die Alte sah ihn mit einem bösen Blick an und schob die Kleine von sich fort: „Das sind keine Mären", murmelte sie in sich hinein, „das hat mein Großohm mir erzählt."

– „Ihr Großohm, Trien'? Sie wollte es ja eben selbst erlebt haben."

„Das ist egal", sagte die Alte; „aber Ihr glaubt nicht, Hauke Haien; Ihr wollt wohl meinen Großohm noch zum Lügner machen!" Dann rückte sie näher an den Herd und streckte die Hände über die Flammen des Feuerlochs.

Der Deichgraf warf einen Blick gegen das Fenster: draußen dämmerte es noch kaum. „Komm, Wienke!", sagte er und zog sein schwachsinniges Kind zu sich heran; „komm mit mir, ich will dir draußen vom Deich aus etwas zeigen! Nur müssen wir zu Fuß gehen; der Schimmel ist beim Schmied." Dann ging er mit ihr in die Stube, und Elke band dem Kinde dicke wollene Tücher um Hals und Schultern; und bald danach ging der Vater mit ihr auf dem alten Deiche nach Nordwest hinauf, Jeverssand vorbei, bis wo die Watten breit, fast unübersehbar wurden.

Bald hatte er sie getragen, bald ging sie an seiner Hand; die Dämmerung wuchs allmählich; in der Ferne verschwand alles in Dunst und Duft. Aber dort, wohin noch das Auge reichte, hatten die unsichtbar schwellenden Wattströme das Eis zerrissen, und, wie Hauke Haien es in seiner Jugend einst gesehen hatte, aus den Spalten stiegen wie damals die rauchenden Nebel, und daran entlang waren wiederum die unheimlichen närrischen Gestalten und hüpften gegeneinander und dienerten und dehnten sich plötzlich schreckhaft in die Breite.

Das Kind klammerte sich angstvoll an seinen Vater und deckte dessen Hand über sein Gesichtlein: „Die Seeteufel!“, raunte es zitternd zwischen seine Finger; „die Seeteufel!“

Er schüttelte den Kopf: „Nein, Wienke, weder Wasserweiber noch Seeteufel; so etwas gibt es nicht; wer hat dir davon gesagt?“

Sie sah mit stumpfem Blicke zu ihm herauf; aber sie antwortete nicht. Er strich ihr zärtlich über die Wangen: „Sieh nur wieder hin!“, sagte er, „das sind nur arme hungrige Vögel! Sieh nur, wie jetzt der große seine Flügel breitet; die holen sich die Fische, die in die rauchenden Spalten kommen.“

„Fische“, wiederholte Wienke.

„Ja, Kind, das alles ist lebig, so wie wir; es gibt nichts anderes; aber der liebe Gott ist überall!“

Klein Wienke hatte ihre Augen fest auf den Boden gerichtet und hielt den Atem an; es war, als sähe sie erschrocken in einen Abgrund. Es war vielleicht nur so; der Vater blickte lange auf sie hin, er bückte sich und sah in ihr Gesichtlein; aber keine Regung der verschlossenen Seele wurde darin kund. Er hob sie auf den Arm und steckte ihre verklommenen Händchen in einen seiner dicken Wollhandschuhe: „So, mein Wienke“ – und das Kind vernahm wohl nicht den Ton von heftiger Innigkeit in seinen Worten – „so, wärm dich bei mir! Du bist doch unser Kind, unser einziges. Du hast uns lieb! . . .“ Die Stimme brach dem Manne; aber die Kleine drückte zärtlich ihr Köpfchen in seinen rauen Bart.

So gingen sie friedlich heimwärts.

← Nach Neujahr war wieder einmal die Sorge in das Haus getreten; ein Marschfieber hatte den Deichgrafen ergriffen; auch mit ihm ging es nah am Rand der Grube her, und als er unter Frau Elkes Pfleg und Sorge wieder erstanden war, schien er kaum derselbe Mann. Die Mattigkeit des Körpers lag auch auf seinem Geiste, und Elke sah mit Besorgnis, wie er allzeit leicht zufrieden war. Dennoch, gegen Ende des März, drängte es ihn, seinen Schimmel zu besteigen und zum ersten Male wieder auf seinem Deich entlangzureiten; es war an einem Nachmittage, und die Sonne, die zuvor geschienen hatte, lag längst schon wieder hinter trübem Duft.

Im Winter hatte es ein paar Mal Hochwasser gegeben; aber es war nicht von Belang gewesen; nur drüben am anderen Ufer war auf einer Hallig eine Herde Schafe ertrunken und ein Stück vom Vorland abgerissen worden; hier an dieser Seite und am neuen Kooge war ein nennenswerter Schaden nicht geschehen. Aber in der letzten Nacht hatte ein stärkerer Sturm getobt; jetzt musste der Deichgraf selbst hinaus und alles mit eigenem Aug besichtigen. Schon war er unten von der Südostecke aus auf dem neuen Deich herumgeritten, und es war alles wohl erhalten; als er aber an die Nordostecke gekommen war, dort, wo der neue Deich auf den alten stößt, war zwar der erstere unversehrt, aber wo früher der Priel den alten erreicht hatte und an ihm entlanggeflossen war, sah er in großer Breite die Grasnarbe zerstört und fortgerissen und in dem Körper des Deiches eine von der Flut gewühlte Höhlung, durch welche überdies ein Gewirr von Mäusegängen bloßgelegt war. Hauke stieg vom Pferde und besichtigte den Schaden in der Nähe: das Mäuseunheil schien unverkennbar noch unsichtbar weiter fortzulaufen.

Er erschrak heftig; gegen alles dieses hätte schon beim Bau des neuen Deiches Obacht genommen werden müssen; da es damals übersehen worden, so musste es jetzt geschehen! – Das Vieh war noch nicht auf den Fennen, das Gras war ungewohnt zurückgeblieben; wohin er blickte, es sah ihn leer und öde an. Er bestieg wieder sein Pferd und ritt am Ufer hin und her: es war Ebbe, und er gewahrte wohl, wie der Strom von außen her sich wieder ein neues Bett im Schlick gewühlt hatte und jetzt von Nordwesten auf den alten Deich gestoßen war; der neue aber, soweit es ihn traf, hatte mit seinem sanfteren Profile dem Anprall widerstehen können.

Ein Haufen neuer Plag und Arbeit erhob sich vor der Seele des Deichgrafen: nicht nur der alte Deich musste hier verstärkt, auch dessen Profil dem des neuen angenähert werden; vor allem aber musste der als gefährlich wieder aufgetretene Priel durch neu zu legende Dämme oder Lahnungen abgeleitet werden. Noch einmal ritt er auf dem neuen Deich bis an die äußerste Nordwestecke, dann wieder rückwärts, die Augen unablässig auf das neu gewühlte Bett des Prieles heftend, der ihm zur Seite sich deutlich genug in dem bloßgelegten Schlickgrund abzeichnete. Der Schimmel drängte vorwärts und schnob und schlug mit den Vorderhufen; aber der Reiter drückte ihn zurück, er wollte langsam reiten, er wollte auch die innere Unruhe bändigen, die immer wilder in ihm aufgor.

Wenn eine Sturmflut wiederkäme – eine, wie 1655 dagewesen, wo Gut und Menschen ungezählt verschlungen wurden – wenn sie wiederkäme, wie sie schon mehrmals einst gekommen war! – Ein heißer Schauer überrieselte den Reiter – der alte Deich, er würde den Stoß nicht aushalten, der gegen ihn heraufschösse! Was dann, was sollte dann geschehen? – Nur eines, ein einzig Mittel würde es geben, um vielleicht den alten Koog und Gut und Leben darin zu retten. Hauke fühlte sein Herz stillstehen, sein sonst so fester Kopf schwindelte; er sprach es nicht aus, aber in ihm sprach es stark genug: Dein Koog, der Hauke-Haien-Koog müsste preisgegeben und der neue Deich durchstochen werden!

Schon sah er im Geist die stürzende Hochflut hereinbrechen und Gras und Klee mit ihrem salzen schäumenden Gischt bedecken. Ein Sporenstich fuhr in die Weichen des Schimmels, und einen Schrei ausstoßend, flog er auf dem Deich entlang und dann den Akt hinab, der deichgräflichen Werfte zu.

Den Kopf voll von innerem Schrecknis und ungeordneten Plänen, kam er nach Hause. Er warf sich in seinen Lehnstuhl, und als Elke mit der Tochter in das Zimmer trat, stand er wieder auf und hob das Kind zu sich empor und küsste es; dann jagte er das gelbe Hündlein mit ein paar leichten Schlägen von sich. „Ich muss noch einmal droben nach dem Krug!“, sagte er und nahm seine Mütze vom Türhaken, wohin er sie eben erst gehängt hatte.

Seine Frau sah ihn sorgvoll an: „Was willst du dort? Es wird schon Abend, Hauke!“

„Deichgeschichten!“, murmelte er vor sich hin, „ich treffe von den Gevollmächtigten dort.“

Sie ging ihm nach und drückte ihm die Hand, denn er war mit diesen Worten schon zur Tür hinaus. Hauke Haien, der sonst alles bei sich selber abgeschlossen hatte, drängte es jetzt, ein Wort von jenen zu erhalten, die er sonst kaum eines Anteils wert gehalten hatte. Im Gastzimmer traf er Ole Peters mit zweien der Gevollmächtigten und einem Koogseinwohner am Kartentisch.

„Du kommst wohl von draußen, Deichgraf?“, sagte der Erstere, nahm die halb ausgeteilten Karten auf und warf sie wieder hin.

„Ja, Ole“, erwiderte Hauke; „ich war dort; es sieht übel aus.“

„Übel? – Nun, ein paar hundert Soden und eine Bestickung wird's wohl kosten; ich war dort auch am Nachmittag.“

„So wohlfeil wird's nicht abgehen, Ole“, erwiderte der Deichgraf, „der Priel ist wieder da, und wenn er jetzt auch nicht von Norden auf den alten Deich stößt, so tut er's doch von Nordwesten!“

„Du hättst ihn lassen sollen, wo du ihn fandest!“, sagte Ole trocken.

„Das heißt“, entgegnete Hauke, „der neue Koog geht dich nichts an; und darum sollte er nicht existieren. Das ist deine eigene Schuld! Aber wenn wir Lahnungen legen müssen, um den alten Deich zu schützen, der grüne Klee hinter dem neuen bringt das übermäßig ein!“

„Was sagt Ihr, Deichgraf?“, riefen die Gevollmächtigten; „Lahnungen? Wie viele denn? Ihr liebt es, alles beim teuersten Ende anzufassen!“

Die Karten lagen unberührt auf dem Tisch. „Ich will's dir sagen, Deichgraf“, sagte Ole Peters und stemmte beide Arme auf, „dein neuer Koog ist ein fressend Werk, was du uns gestiftet hast! Noch laboriert alles an den schweren Kosten deiner breiten Deiche; nun frisst er uns auch den alten Deich, und wir sollen ihn verneuen! – Zum Glück ist's nicht so schlimm; er hat diesmal gehalten und wird es auch noch ferner tun! Steig nur morgen wieder auf deinen Schimmel und sieh es dir noch einmal an!“

Hauke war aus dem Frieden seines Hauses hieher gekommen; hinter den immerhin noch gemäßigten Worten, die er eben hörte, lag – er konnte es nicht verkennen – ein zäher Widerstand, ihm war es, als fehle ihm dagegen noch die alte Kraft. „Ich will tun, wie du es rätst, Ole“, sprach er; „nur fürcht ich, ich werd es finden, wie ich es heut gesehen habe.“

– Eine unruhige Nacht folgte diesem Tage; Hauke wälzte sich schlaflos in seinen Kissen. „Was ist dir?“, frug ihn Elke, welche die Sorge um ihren Mann wach hielt; „drückt dich etwas, so sprich es von dir; wir haben's ja immer so gehalten!“

„Es hat nichts auf sich, Elke!“, erwiderte er, „am Deiche, an den Schleusen ist was zu reparieren; du weißt, dass ich das allzeit nachts in mir zu verarbeiten habe.“ Weiter sagte er nichts; er wollte sich die Freiheit seines Handelns vorbehalten; ihm unbewusst war die klare Einsicht und der kräftige Geist seines Weibes ihm in seiner augenblicklichen Schwäche ein Hindernis, dem er unwillkürlich auswich.

– – Am folgenden Vormittag, als er wieder auf den Deich hinauskam, war die Welt eine andere, als wie er sie tags zuvor gefunden hatte; zwar war wieder hohl Ebbe, aber der Tag war noch im Steigen, und eine lichte Frühlingssonne ließ ihre Strahlen fast senkrecht auf die unabsehbaren Watten fallen; die weißen Möwen schwebten ruhig hin und wider, und unsichtbar über ihnen, hoch unter dem azurblauen Himmel, sangen die Lerchen ihre ewige Melodie. Hauke, der nicht wusste, wie uns die Natur mit ihrem Reiz betrügen kann, stand auf der Nordwestecke des Deiches und suchte nach dem neuen Bett des Prieles, das ihn gestern so erschreckt hatte; aber bei dem vom Zenit herabschießenden Sonnenlichte fand er es anfänglich nicht einmal; erst da er gegen die blendenden Strahlen seine Augen mit der Hand beschattete, konnte er es nicht verkennen; aber dennoch, die Schatten in der gestrigen Dämmerung mussten ihn getäuscht haben; es kenn-

laborieren *(lateinisch)* arbeiten, sich abarbeiten

verneuen erneuern.

Hohlebbe die tiefste Ebbe

azurblau Azur *(persisch, arabisch, französisch)*; himmelblaue Farbe

Zenit *(arabisch)* Scheitelpunkt des Himmels

zeichnete sich jetzt nur schwach; die bloßgelegte Mäusewirtschaft musste mehr als die Flut den Schaden in dem Deich veranlasst haben. Freilich, Wandel musste hier geschafft werden; aber durch sorgfältiges Aufgraben und, wie Ole Peters gesagt hatte, durch frische Soden und einige Ruten Strohbestickung war der Schaden auszuheilen.

„Es war so schlimm nicht", sprach er erleichtert zu sich selber, „du bist gestern doch dein eigner Narr gewesen!" – Er berief die Gevollmächtigten, und die Arbeiten wurden ohne Widerspruch beschlossen, was bisher noch nie geschehen war. Der Deichgraf meinte eine stärkende Ruhe in seinem noch geschwächten Körper sich verbreiten zu fühlen; und nach einigen Wochen war alles sauber ausgeführt.

Das Jahr ging weiter, aber je weiter es ging und je ungestörter die neugelegten Rasen durch die Strohdecke grünten, umso unruhiger ging oder ritt Hauke an dieser Stelle vorüber, er wandte die Augen ab, er ritt hart an der Binnenseite des Deiches; ein paar Mal, wo er dort hätte vorübermüssen, ließ er sein schon gesatteltes Pferd wieder in den Stall zurückführen; dann wieder, wo er nichts dort zu tun hatte, wanderte er, um nur rasch und ungesehen von seiner Werfte fortzukommen, plötzlich und zu Fuß dahin; manchmal auch war er umgekehrt, er hatte es sich nicht zumuten können, die unheimliche Stelle aufs Neue zu betrachten; und endlich, mit den Händen hätte er alles wieder aufreißen mögen; denn wie ein Gewissensbiss, der außer ihm Gestalt gewonnen hatte, lag dies Stück des Deiches ihm vor Augen. Und doch, seine Hand konnte nicht mehr daran rühren; und niemandem, selbst nicht seinem Weibe, durfte er davon reden. So war der September gekommen; nachts hatte ein mäßiger Sturm getobt und war zuletzt nach Nordwest umgesprungen. An trübem Vormittag danach, zur Ebbezeit, ritt Hauke auf den Deich hinaus, und es durchfuhr ihn, als er seine Augen über die Watten schweifen ließ; dort, von Nordwest herauf, sah er plötzlich wieder, und schärfer und tiefer ausgewühlt, das gespenstische neue Bett des Prieles; so sehr er seine Augen anstrengte, es wollte nicht mehr weichen.

Als er nach Haus kam, ergriff Elke seine Hand: „Was hast du, Hauke?", sprach sie, als sie in sein düsteres Antlitz sah; „es ist doch kein neues Unheil? Wir sind jetzt so glücklich; mir ist, du hast nun Frieden mit ihnen allen!"

Diesen Worten gegenüber vermochte er seine verworrene Furcht nicht in Worten kundzugeben.

„Nein, Elke", sagte er, „mich feindet niemand an; es ist nur ein verantwortlich Amt, die Gemeinde vor unseres Herrgotts Meer zu schützen.“

Er machte sich los, um weiteren Fragen des geliebten Weibes auszuweichen. Er ging in Stall und Scheuer, als ob er alles revidieren müsse; aber er sah nichts um sich her; er war nur beflissen, seinen Gewissensbiss zur Ruhe, ihn sich selber als eine krankhaft übertriebene Angst zur Überzeugung zu bringen.

– – Das Jahr, von dem ich Ihnen erzähle«, sagte nach einer Weile mein Gastfreund, der Schulmeister, »war das Jahr 1756, das in dieser Gegend nie vergessen wird; im Hause Hauke Haiens brachte es eine Tote. Zu Ende des Septembers war in der Kammer, welche ihr in der Scheune eingeräumt war, die fast neunzigjährige Trien' Jans am Sterben. Man hatte sie nach ihrem Wunsche in den Kissen aufgerichtet, und ihre Augen gingen durch die kleinen bleigefassten Scheiben in die Ferne; es musste dort am Himmel eine dünnere Luftschicht über einer dichteren liegen; denn es war hohe Kimmung, und die Spiegelung hob in diesem Augenblick das Meer wie einen flimmernden Silberstreifen über den Rand des Deiches, sodass es blendend in die Kammer schimmerte; auch die Südspitze von Jeverssand war sichtbar.

Am Fußende des Bettes kauerte die kleine Wienke und hielt mit der einen Hand sich fest an der ihres Vaters, der daneben stand. In das Antlitz der Sterbenden grub eben der Tod das hippokratische Gesicht, und das Kind starrte atemlos auf die unheimliche, ihr unverständliche Verwandlung des unschönen, aber ihr vertrauten Angesichts.

„Was macht sie? Was ist das, Vater?“, flüsterte sie angstvoll und grub die Fingernägel in ihres Vaters Hand.

„Sie stirbt!“, sagte der Deichgraf.

„Stirbt!“, wiederholte das Kind und schien in verworrenes Sinnen zu verfallen.

Aber die Alte rührte noch einmal ihre Lippen: „Jins! Jins!“, und kreischend, wie ein Notschrei, brach es hervor, und ihre knöchernen Arme streckten sich gegen die draußen flimmernde Meeresspiegelung: „Hölp mi! Hölp mi! Du bist ja bawen Water . . . Gott gnad de annern!“

Ihre Arme sanken, ein leises Krachen der Bettstatt wurde hörbar; sie hatte aufgehört zu leben.

Das Kind tat einen tiefen Seufzer und warf die blassen Augen zu ihrem Vater auf: „Stirbt sie noch immer?“, frug es.

„Sie hat es vollbracht!“, sagte der Deichgraf und nahm das Kind auf seinen Arm: „Sie ist nun weit von uns, beim lieben Gott.“

„Beim lieben Gott!“, wiederholte das Kind und schwieg eine

revidieren
(lateinisch)
nachsehen, prüfen

Kimmung
Kimme: äußerster Rand; Kimmung: Blickfeld, Horizont

→

→

Weile, als müsse es den Worten nachsinnen. „Ist das gut, beim lieben Gott?“

„Ja, das ist das Beste.“ – In Haukes Innerem aber klang schwer die letzte Rede der Sterbenden. „Gott gnad de annern!“, sprach es leise in ihm. „Was wollte die alte Hexe? Sind denn die Sterbenden Propheten? – –“

– – Bald nachdem Trien’ Jans oben bei der Kirche eingegraben war, begann man immer lauter von allerlei Unheil und seltsamem Geschmeiß zu reden, das die Menschen in Nordfriesland erschreckt haben sollte; und sicher war es, am Sonntage Lätare war droben von der Turmspitze der goldene Hahn durch einen Wirbelwind herabgeworfen worden; auch das war richtig, im Hochsommer fiel, wie ein Schnee, ein groß Geschmeiß vom Himmel, dass man die Augen davor nicht auftun konnte und es hernach fast handhoch auf den Fennen lag, und hatte niemand je so was gesehen; als aber nach Ende September der Großknecht mit Korn und die Magd Ann’ Grethe mit Butter in die Stadt zu Markt gefahren waren, kletterten sie bei ihrer Rückkunft mit schreckensbleichen Gesichtern von ihrem Wagen. „Was ist? Was habt ihr?“, riefen die anderen Dirnen, die hinausgelaufen waren, da sie den Wagen rollen hörten.

Ann’ Grethe in ihrem Reiseanzug trat atemlos in die geräumige Küche. „Nun, so erzähl doch!“, riefen die Dirnen wieder, „wo ist das Unglück los?“

„Ach, unser lieber Jesus wolle uns behüten!“, rief Ann’ Grethe. „Ihr wisst, von drüben, überm Wasser, das alt Mariken vom Ziegelhof, wir stehen mit unserer Butter ja allzeit zusammen an der Apothekerecke, die hat es mir erzählt, und Iven Johns sagte auch, ‚das gibt ein Unglück!‘, sagte er; ‚ein Unglück über ganz Nordfriesland; glaub mir’s, Ann’ Greth!‘ Und“ – sie dämpfte ihre Stimme – „mit des Deichgrafs Schimmel ist’s am Ende auch nicht richtig!“

„Scht! Scht!“, machten die anderen Dirnen.

– „Ja, ja; was kümmert’s mich! Aber drüben, an der anderen Seite, geht’s noch schlimmer als bei uns! Nicht bloß Fliegen und Geschmeiß, auch Blut ist wie Regen vom Himmel gefallen; und da am Sonntagmorgen danach der Pastor sein Waschbecken vorgenommen hat, sind fünf Totenköpfe, wie Erbsen groß, darin gewesen, und alle sind gekommen, um das zu sehen; im Monat Augusti sind grausige rotköpfige Raupenwürmer über das Land gezogen und haben Korn und Mehl und Brot und was sie fanden, weggefressen, und hat kein Feuer sie vertilgen können!“

Die Erzählerin verstummte plötzlich; keine der Mägde hatte

bemerkt, dass die Hausfrau in die Küche getreten war. „Was redet ihr da?“, sprach diese. „Lasst das den Wirt nicht hören!“ Und da sie alle jetzt erzählen wollten: „Es tut nicht Not; ich habe genug davon vernommen; geht an euere Arbeit, das bringt euch besseren Segen!“ Dann nahm sie Ann' Grethe mit sich in die Stube und hielt mit dieser Abrechnung über ihre Marktgeschäfte.

So fand im Hause des Deichgrafen das abergläubige Geschwätz bei der Herrschaft keinen Anhalt; aber in die übrigen Häuser, und je länger die Abende wurden, um desto leichter drang es mehr und mehr hinein. Wie schwere Luft lag es auf allen; und heimlich sagte man es sich, ein Unheil, ein schweres, würde über Nordfriesland kommen.

Es war vor Allerheiligen, im Oktober. Tagsüber hatte es stark aus Südwest gestürmt; abends stand ein halber Mond am Himmel, dunkelbraune Wolken jagten überhin, und Schatten und trübes Licht flogen auf der Erde durcheinander; der Sturm war im Wachsen. Im Zimmer des Deichgrafen stand noch der geleerte Abendtisch; die Knechte waren in den Stall gewiesen, um dort des Viehes zu achten; die Mägde mussten im Hause und auf den Böden nachsehen, ob Türen und Luken wohl verschlossen seien, dass nicht der Sturm hineinfasse und Unheil anrichte. Drinnen stand Hauke neben seiner Frau am Fenster; er hatte eben sein Abendbrot hinabgeschlungen; er war draußen auf dem Deich gewesen. Zu Fuße war er hinausgetrabt, schon früh am Nachmittag; spitze Pfähle und Säcke voll Klei oder Erde hatte er hie und dort, wo der Deich eine Schwäche zu verraten schien, zusammentragen lassen; überall hatte er Leute angestellt, um die Pfähle einzurammen und mit den Säcken vorzudämmen, sobald die Flut den Deich zu schädigen beginne; an dem Winkel zu Nordwesten, wo der alte und der neue Deich zusammenstießen, hatte er die meisten Menschen hingestellt; nur im Notfall durften sie von den angewiesenen Plätzen weichen. Das hatte er zurückgelassen; dann, vor kaum einer Viertelstunde, nass, zerzaust, war er in seinem Hause angekommen, und jetzt, das Ohr nach den Windböen, welche die in Blei gefassten Scheiben rasseln machten, blickte er wie gedankenlos in die wüste Nacht hinaus; die Wanduhr hinter einer Glasscheibe schlug eben acht. Das Kind, das neben der Mutter stand, fuhr zusammen und barg den Kopf in deren Kleider. „Claus!“, rief sie weinend; „wo ist mein Claus?“

Sie konnte wohl so fragen; denn die Möwe hatte, wie schon im vorigen Jahre, so auch jetzt ihre Winterreise nicht mehr angetreten. Der Vater überhörte die Frage; die Mutter aber nahm das

Kind auf ihren Arm. „Dein Claus ist in der Scheune", sagte sie; „da sitzt er warm."

„Warum?", sagte Wienke, „ist das gut?"

– „Ja, das ist gut."

Der Hausherr stand noch am Fenster: „Es geht nicht länger, Elke!", sagte er; „ruf eine von den Dirnen; der Sturm drückt uns die Scheiben ein; die Luken müssen angeschroben werden!"

Auf das Wort der Hausfrau war die Magd hinausgelaufen; man sah vom Zimmer aus, wie ihr die Röcke flogen; aber als sie die Klammern gelöst hatte, riss ihr der Sturm den Laden aus der Hand und warf ihn gegen die Fenster, dass ein paar Scheiben zersplittert in die Stube flogen und eins der Lichter qualmend auslosch. Hauke musste selbst hinaus, zu helfen, und nur mit Not kamen allmählich die Luken vor die Fenster. Als sie beim Wiedereintritt in das Haus die Tür aufrissen, fuhr eine Böe hinterdrein, dass Glas und Silber im Wandschrank durcheinander klirrten; oben im Hause über ihren Köpfen zitterten und krachten die Balken, als wolle der Sturm das Dach von den Mauern reißen. Aber Hauke kam nicht wieder in das Zimmer; Elke hörte, wie er durch die Tenne nach dem Stalle schritt. „Den Schimmel! Den Schimmel, John! Rasch!" So hörte sie ihn rufen; dann kam er wieder in die Stube, das Haar zerzaust, aber die grauen Augen leuchtend. „Der Wind ist umgesprungen!", rief er –, „nach Nordwest, auf halber Springflut! Kein Wind; – wir haben solchen Sturm noch nicht erlebt!"

Elke war totenblass geworden: „Und du musst noch einmal hinaus?"

Er ergriff ihre beiden Hände und drückte sie wie im Krampfe in die seinen: „Das muss ich, Elke."

Sie erhob langsam ihre dunklen Augen zu ihm, und ein paar Sekunden lang sahen sie sich an; doch war's wie eine Ewigkeit. „Ja, Hauke", sagte das Weib; „ich weiß es wohl, du musst!"

Da trabte es draußen vor der Haustür. Sie fiel ihm um den Hals, und einen Augenblick war's, als könne sie ihn nicht lassen; aber auch das war nur ein Augenblick. „Das ist *unser* Kampf!", sprach Hauke; „ihr seid hier sicher; an dies Haus ist noch keine Flut gestiegen. Und bete zu Gott, dass er auch mit mir sei!"

Hauke hüllte sich in seinen Mantel, und Elke nahm ein Tuch und wickelte es ihm sorgsam um den Hals; sie wollte ein Wort sprechen, aber die zitternden Lippen versagten es ihr.

Draußen wieherte der Schimmel, dass es wie Trompetenschall in das Heulen des Sturmes hineinklang. Elke war mit ihrem Mann hinausgegangen; die alte Esche knarrte, als ob sie auseinander stürzen solle. „Steigt auf, Herr!“, rief der Knecht, „der Schimmel ist wie toll; die Zügel könnten reißen.“ Hauke schlug die Arme um sein Weib: „Bei Sonnenaufgang bin ich wieder da!“

Schon war er auf sein Pferd gesprungen; das Tier stieg mit den Vorderhufen in die Höhe; dann gleich einem Streithengst, der sich in die Schlacht stürzt, jagte es mit seinem Reiter die Werfte hinunter, in Nacht und Sturmgeheul hinaus. „Vater, mein Vater!“, schrie eine klägliche Kinderstimme hinter ihm darein: „Mein lieber Vater!“

Wienke war im Dunklen hinter dem Fortjagenden hergelaufen; aber schon nach hundert Schritten strauchelte sie über einen Erdhaufen und fiel zu Boden.

Der Knecht Iven Johns brachte das weinende Kind der Mutter zurück; die lehnte am Stamme der Esche, deren Zweige über ihr die Luft peitschten, und starrte wie abwesend in die Nacht hinaus, in der ihr Mann verschwunden war; wenn das Brüllen des Sturmes und das ferne Klatschen des Meeres einen Augenblick aussetzten, fuhr sie wie in Schreck zusammen; ihr war jetzt, als suche alles nur ihn zu verderben und werde jäh verstummen, wenn es ihn gefasst habe. Ihre Knie zitterten, ihre Haare hatte der Sturm gelöst und trieb damit sein Spiel. „Hier ist das Kind, Frau!“, schrie John ihr zu; „haltet es fest!“, und drückte die Kleine der Mutter in den Arm.

„Das Kind? – Ich hatte dich vergessen, Wienke!“, rief sie; „Gott verzeih mir's.“ Dann hob sie es an ihre Brust, so fest nur Liebe fassen kann, und stürzte mit ihr in die Knie: „Herr Gott und du mein Jesus, lass uns nicht Witwe und nicht Waise werden! Schütz ihn, o lieber Gott; nur du und ich, wir kennen ihn allein!“ Und der Sturm setzte nicht mehr aus; es tönte und donnerte, als solle die ganze Welt in ungeheuerem Hall und Schall zu Grunde gehen.

„Geht in das Haus, Frau!“, sagte John; „kommt!“, und er half ihnen auf und leitete die beiden in das Haus und in die Stube.

– – Der Deichgraf Hauke Haien jagte auf seinem Schimmel dem Deiche zu. Der schmale Weg war grundlos; denn die Tage vorher war unermesslicher Regen gefallen; aber der nasse, saugende Klei schien gleichwohl die Hufe des Tieres nicht zu halten, es war, als hätte es festen Sommerboden unter sich. Wie eine wilde Jagd trieben die Wolken am Himmel; unten lag die weite Marsch wie eine unerkennbare, von unruhigen Schatten erfüllte Wüste; von dem Wasser hinter dem Deiche, immer ungeheurer, kam ein dumpfes Tosen, als müsse es alles andere verschlingen. „Vorwärts, Schimmel!“, rief Hauke; „wir reiten unseren schlimmsten Ritt!“

Da klang es wie ein Todesschrei unter den Hufen seines Rosses. Er riss den Zügel zurück; er sah sich um: Ihm zur Seite dicht über dem Boden, halb fliegend, halb vom Sturme geschleudert, zog eine Schar von weißen Möwen, ein höhnisches Gegacker ausstoßend; sie suchten Schutz im Lande. Eine von ihnen – der Mond schien flüchtig durch die Wolken – lag am Weg zertreten: dem Reiter war's, als flattere ein rotes Band an ihrem Halse. „Claus!", rief er. „Armer Claus!"

War es der Vogel seines Kindes? Hatte er Ross und Reiter erkannt und sich bei ihnen bergen wollen? – Der Reiter wusste es nicht. „Vorwärts!", rief er wieder, und schon hob der Schimmel zu neuem Rennen seine Hufe, da setzte der Sturm plötzlich aus, eine Totenstille trat an seine Stelle; nur eine Sekunde lang, dann kam er mit erneuter Wut zurück; aber Menschenstimmen und verlorenes Hundegebell waren inzwischen an des Reiters Ohr geschlagen, und als er rückwärts nach seinem Dorf den Kopf wandte, erkannte er in dem Mondlicht, das hervorbrach, auf den Werften und vor den Häusern Menschen an hoch beladenen Wagen umherhantierend; er sah, wie im Fluge, noch andere Wagen eilend nach der Geest hinauffahren; Gebrüll von Rindern traf sein Ohr, die aus den warmen Ställen nach dort hinaufgetrieben wurden. ‚Gott Dank! sie sind dabei, sich und ihr Vieh zu retten!', rief es in ihm; und dann mit einem Angstschrei: „Mein Weib! Mein Kind! – Nein, nein; auf unsere Werfte steigt das Wasser nicht!"

Vision *(französisch)* Gesicht, Erscheinung

Aber nur ein Augenblick war es; nur wie eine Vision flog alles an ihm vorbei.

Eine furchtbare Böe kam brüllend vom Meer herüber, und ihr entgegen stürmten Ross und Reiter den schmalen Akt zum Deich hinan. Als sie oben waren, stoppte Hauke mit Gewalt sein Pferd. Aber wo war das Meer? Wo Jeverssand? Wo blieb das Ufer drüben? – – Nur Berge von Wasser sah er vor sich, die dräuend gegen den nächtlichen Himmel stiegen, die in der furchtbaren Dämmerung sich übereinander zu türmen suchten und übereinander gegen das feste Land schlugen. Mit weißen Kronen kamen sie daher, heulend, als sei in ihnen der Schrei alles furchtbaren Raubgetiers der Wildnis. Der Schimmel schlug mit den Vorderhufen und schnob mit seinen Nüstern in den Lärm hinaus; den Reiter aber wollte es überfallen, als sei hier alle Menschenmacht zu Ende; als müsse jetzt die Nacht, der Tod, das Nichts hereinbrechen.

Doch er besann sich: es war ja Sturmflut; nur hatte er sie selbst noch nimmer so gesehen; sein Weib, sein Kind, sie saßen sicher auf der hohen Werfte, in dem festen Hause; sein Deich aber – und wie ein Stolz flog es ihm durch die Brust –, der Hauke-Haien-Deich, wie ihn die Leute nannten, der mochte jetzt beweisen, wie man Deiche bauen müsse!

Aber – was war das? – Er hielt an dem Winkel zwischen beiden Deichen; wo waren die Leute, die er hieher gestellt, die hier die Wacht zu halten hatten? – Er blickte nach Norden den alten Deich hinauf; denn auch dorthin hatte er Einzelne beordert. Weder hier noch dort vermochte er einen Menschen zu erblicken; er ritt ein Stück hinaus, aber er blieb allein; nur das Wehen des Sturmes und das Brausen des Meeres bis aus unermessener Ferne schlug betäubend an sein Ohr. Er wandte das Pferd zurück; er kam wieder zu der verlassenen Ecke und ließ seine Augen längs der Linie des neuen Deiches gleiten; er erkannte deutlich: langsamer, weniger gewaltig rollten hier die Wellen heran; fast schien's, als wäre dort ein ander Wasser. „Der soll schon stehen!", murmelte er, und wie ein Lachen stieg es in ihm herauf.

Aber das Lachen verging ihm, als seine Blicke weiter an der Linie seines Deichs entlangglitten: an der Nordwestecke – was war das dort? Ein dunkler Haufen wimmelte durcheinander; er sah, wie es sich emsig rührte und drängte – kein Zweifel, es waren Menschen! Was wollten, was arbeiteten die jetzt an seinem Deich? – Und schon saßen seine Sporen dem Schimmel in den Weichen, und das Tier flog mit ihm dahin; der Sturm kam von der Breitseite; mitunter drängten die Böen so gewaltig, dass sie fast vom Deiche in den neuen Koog hinabgeschleudert wären; aber Ross und Reiter wussten, wo sie ritten. Schon gewahrte Hauke, dass wohl ein paar Dutzend Menschen in eifriger Arbeit dort beisammen seien, und schon sah er deutlich, dass eine Rinne quer durch den neuen Deich gegraben war. Gewaltsam stoppte er sein Pferd: „Halt!", schrie er; „halt! Was treibt ihr hier für Teufelsunfug?"

Sie hatten in Schreck die Spaten ruhen lassen, als sie auf einmal den Deichgraf unter sich gewahrten; seine Worte hatte der Sturm ihnen zugetragen, und er sah wohl, dass mehrere ihm zu antworten strebten; aber er gewahrte nur ihre heftigen Gebärden; denn sie standen alle ihm zur Linken, und was sie sprachen, nahm der Sturm hinweg, der hier draußen jetzt die Menschen mitunter wie im Taumel gegeneinander warf, sodass sie sich dicht zusammenscharten. Hauke maß mit seinen raschen Augen die gegrabene Rinne und den Stand des Wassers, das, trotz des neuen Profiles, fast an die Höhe des Deichs hinaufklatschte und Ross und Reiter überspritzte. Nur noch zehn Minuten Arbeit – er sah es wohl – dann brach die Hochflut durch die Rinne, und der Hauke-Haien-Koog wurde vom Meer begraben!

Der Deichgraf winkte einem der Arbeiter an die andere Seite seines Pferdes. „Nun, so sprich!“, schrie er, „was treibt ihr hier, was soll das heißen?“

Und der Mensch schrie dagegen: „Wir sollen den neuen Deich durchstechen, Herr! damit der alte Deich nicht bricht!“

„Was sollt ihr?“

– „Den neuen Deich durchstechen!“

„Und den Koog verschütten? – Welcher Teufel hat euch das befohlen?“

„Nein, Herr, kein Teufel; der Gevollmächtigte Ole Peters ist hier gewesen; der hat's befohlen!“

Der Zorn stieg dem Reiter in die Augen: „Kennt ihr mich?“, schrie er. „Wo ich bin, hat Ole Peters nichts zu ordinieren! Fort mit euch! An euere Plätze, wo ich euch hingestellt!“

ordinieren *(lateinisch)* befehlen, verordnen

Und da sie zögerten, sprengte er mit seinem Schimmel zwischen sie: „Fort, zu euerer oder des Teufels Großmutter!“

„Herr, hütet Euch!“, rief einer aus dem Haufen und stieß mit seinem Spaten gegen das wie rasend sich gebärdende Tier; aber ein Hufschlag schleuderte ihm den Spaten aus der Hand, ein anderer stürzte zu Boden. Da plötzlich erhob sich ein Schrei aus dem übrigen Haufen, ein Schrei, wie ihn nur die Todesangst einer Menschenkehle zu entreißen pflegt; einen Augenblick war alles, auch der Deichgraf und der Schimmel, wie gelähmt; nur ein Arbeiter hatte gleich einem Wegweiser seinen Arm gestreckt; der wies nach der Nordwestecke der beiden Deiche, dort wo der neue auf den alten stieß. Nur das Tosen des Sturmes und das Rauschen des Wassers war zu hören. Hauke drehte sich im Sattel: was gab das dort? Seine Augen wurden groß: „Herr Gott! Ein Bruch! Ein Bruch im alten Deich!“

„Euere Schuld, Deichgraf!“, schrie eine Stimme aus dem Haufen: „Euere Schuld! Nehmt's mit vor Gottes Thron!“

Haukes zornrotes Antlitz war totenbleich geworden; der Mond, der es beschien, konnte es nicht bleicher machen; seine Arme hingen schlaff, er wusste kaum, dass er den Zügel hielt. Aber auch das war nur ein Augenblick; schon richtete er sich auf, ein hartes Stöhnen brach aus seinem Munde; dann wandte er stumm sein Pferd, und der Schimmel schnob und raste ostwärts auf dem Deich mit ihm dahin. Des Reiters Augen flogen scharf nach allen Seiten; in seinem Kopfe wühlten die Gedanken: Was hatte er für Schuld vor Gottes Thron zu tragen? – Der Durchstich des neuen Deichs – vielleicht, sie hätten's fertig gebracht, wenn er sein Halt nicht gerufen hätte; aber – es war noch eins, und es schoss ihm heiß zu Herzen, er wusste es nur zu gut – im vorigen Sommer, hätte damals Ole Peters' böses Maul ihn nicht zurückgehalten – da lag's! Er allein hatte die Schwäche des alten Deichs erkannt; er hätte trotz alledem das neue Werk betreiben müssen; „Herr Gott, ja ich bekenn es", rief er plötzlich laut in den Sturm hinaus, „ich habe meines Amtes schlecht gewartet!"

Zu seiner Linken, dicht an des Pferdes Hufen, tobte das Meer; vor ihm, und jetzt in voller Finsternis, lag der alte Koog mit seinen Werften und heimatlichen Häusern; das bleiche Himmelslicht war völlig ausgetan; nur von einer Stelle brach ein Lichtschein durch das Dunkel. Und wie ein Trost kam es an des Mannes Herz; es musste von seinem Haus herüberscheinen, es war ihm wie ein Gruß von Weib und Kind. Gottlob, die saßen sicher auf der hohen Werfte! Die anderen, gewiss, sie waren schon im Geestdorf droben; von dorther schimmerte so viel Lichtschein, wie er niemals noch gesehen hatte; ja selbst hoch oben aus der Luft, es mochte wohl vom Kirchturm sein, brach solcher in die Nacht hinaus. ‚Sie werden alle fort sein, alle!', sprach Hauke bei sich selber; ‚freilich auf mancher Werfte wird ein Haus in Trümmern liegen, schlechte Jahre werden für die überschwemmten Fennen kommen; Siele und Schleusen zu reparieren sein! Wir müssen's tragen, und ich will helfen, auch denen, die mir Leids getan; nur, Herr, mein Gott, sei gnädig mit uns Menschen!'

Da warf er seine Augen seitwärts nach dem neuen Koog; um ihn schäumte das Meer; aber in ihm lag es wie nächtlicher Friede. Ein unwillkürliches Jauchzen brach aus des Reiters Brust: „Der Hauke-Haien-Deich, er soll schon halten; er wird es noch nach hundert Jahren tun!"

Ein donnerartiges Rauschen zu seinen Füßen weckte ihn aus diesen Träumen; der Schimmel wollte nicht mehr vorwärts. Was war das? – Das Pferd sprang zurück, und er fühlte es, ein Deichstück stürzte vor ihm in die Tiefe. Er riss die Augen auf und schüttelte alles Sinnen von sich: er hielt am alten Deich, der Schimmel hatte mit den Vorderhufen schon darauf gestanden. Unwillkürlich riss er das Pferd zurück; da flog der letzte Wolkenmantel von dem Mond, und das milde Gestirn beleuchtete den Graus, der schäumend zischend vor ihm in die Tiefe stürzte, in den alten Koog hinab.

Wie sinnlos starrte Hauke darauf hin; eine Sündflut war's, um Tier und Menschen zu verschlingen. Da blinkte wieder ihm der Lichtschein in die Augen; es war derselbe, den er vorhin gewahrt hatte; noch immer brannte der auf seiner Werfte; und als er jetzt ermutigt in den Koog hinabsah, gewahrte er wohl, dass hinter dem sinnverwirrenden Strudel, der tosend vor ihm hinabstürzte, nur noch eine Breite von etwa hundert Schritten überflutet war; dahinter konnte er deutlich den Weg erkennen, der vom Koog heranführte. Er sah noch mehr: ein Wagen, nein, eine zweiräderige Karriole kam wie toll gegen den Deich herangefahren; ein Weib, ja auch ein Kind saßen darin. Und jetzt – war das nicht das kreischende Gebell eines kleinen Hundes, das im Sturm vorüberflog? Allmächtiger Gott! Sein Weib, sein Kind waren es; schon kamen sie dicht heran, und die schäumende Wassermasse drängte auf sie zu. Ein Schrei, ein Verzweiflungsschrei brach aus der Brust des Reiters: „Elke!“, schrie er; „Elke! Zurück! Zurück!“

Aber Sturm und Meer waren nicht barmherzig, ihr Toben zerwehte seine Worte; nur seinen Mantel hatte der Sturm erfasst, es hätte ihn bald vom Pferd herabgerissen; und das Fuhrwerk flog ohne Aufenthalt der stürzenden Flut entgegen. Da sah er, dass das Weib wie gegen ihn hinauf die Arme streckte: Hatte sie ihn erkannt? Hatte die Sehnsucht, die Todesangst um ihn sie aus dem sicheren Haus getrieben? Und jetzt – rief sie ein letztes Wort ihm zu? – Die Fragen fuhren durch sein Hirn; sie blieben ohne Antwort: Von ihr zu ihm, von ihm zu ihr waren die Worte all verloren; nur ein Brausen wie vom Weltenuntergang füllte ihre Ohren und ließ keinen andern Laut hinein.

„Mein Kind! O Elke, o getreue Elke!“, schrie Hauke in den Sturm hinaus. Da sank aufs Neue ein großes Stück des Deiches vor ihm in die Tiefe, und donnernd stürzte das Meer sich hinterdrein; noch einmal sah er drunten den Kopf des Pferdes, die Räder des Gefährtes aus dem wüsten Gräuel emportauchen und dann quirlend darin untergehen. Die starren Augen des Reiters, der so einsam auf dem Deiche hielt, sahen weiter nichts. „Das Ende!“, sprach er leise vor sich hin; dann ritt er an den Abgrund, wo unter ihm die Wasser, unheimlich rauschend, sein Heimatsdorf zu überfluten begannen; noch immer sah er das Licht von seinem Hause schimmern; es war ihm wie entseelt. Er richtete sich hoch auf und stieß dem Schimmel die Sporen in die Weichen; das Tier bäumte sich, es hätte sich fast überschlagen; aber die Kraft des Mannes drückte es herunter. „Vorwärts!“, rief er noch einmal, wie er es so oft zum festen Ritt gerufen hatte: „Herr Gott, nimm mich; verschon die andern!“

Noch ein Sporenstich; ein Schrei des Schimmels, der Sturm und Wellenbrausen überschrie; dann unten aus dem hinabstürzenden Strom ein dumpfer Schall, ein kurzer Kampf.

Der Mond sah leuchtend aus der Höhe; aber unten auf dem Deiche war kein Leben mehr als nur die wilden Wasser, die bald den alten Koog fast völlig überflutet hatten. Noch immer aber ragte die Werfte von Hauke Haiens Hofstatt aus dem Schwall hervor, noch schimmerte von dort der Lichtschein, und von der Geest her, wo die Häuser allmählich dunkel wurden, warf noch die einsame Leuchte aus dem Kirchturm ihre zitternden Lichtfunken über die schäumenden Wellen.«

Der Erzähler schwieg; ich griff nach dem gefüllten Glase, das seit lange vor mir stand; aber ich führte es nicht zum Munde; meine Hand blieb auf dem Tische ruhen.

„Das ist die Geschichte von Hauke Haien“, begann mein Wirt noch einmal, „wie ich sie nach bestem Wissen nur berichten konnte. Freilich, die Wirtschafterin unseres Deichgrafen würde sie Ihnen anders erzählt haben; denn auch das weiß man zu berichten: jenes weiße Pferdsgerippe ist nach der Flut wiederum, wie vormals, im Mondschein auf Jevershallig zu sehen gewesen; das ganze Dorf will es gesehen haben. – So viel ist sicher: Hauke Haien mit Weib und Kind ging unter in dieser Flut; nicht einmal ihre Grabstätte hab ich droben auf dem Kirchhof finden können; die toten Körper werden von dem abströmenden Wasser durch den Bruch ins Meer hinausgetrieben und auf dessen Grunde allmählich in ihre Urbestandteile aufgelöst sein – so haben sie Ruhe vor den Menschen gehabt. Aber der Hauke-Haien-Deich steht noch jetzt nach hundert Jahren, und wenn Sie morgen nach der Stadt reiten und die halbe Stunde Umweg nicht scheuen wollen, so werden Sie ihn unter den Hufen Ihres Pferdes haben.

Der Dank, den einstmals Jewe Manners bei den Enkeln seinem Erbauer versprochen hatte, ist, wie Sie gesehen haben, ausgeblieben; denn so ist es, Herr: Dem Sokrates gaben sie ein Gift zu trinken, und unseren Herrn Christus schlugen sie an das Kreuz! Das geht in den letzten Zeiten nicht mehr so leicht; aber – einen Gewaltsmenschen oder einen bösen stiernackigen Pfaffen zum Heiligen oder einen tüchtigen Kerl, nur weil er uns um Kopfeslänge überwachsen war, zum Spuk und Nachtgespenst zu machen – das geht noch alle Tage.“

Als das ernsthafte Männlein das gesagt hatte, stand es auf und horchte nach draußen. „Es ist dort etwas anders worden“, sagte er und zog die Wolldecke vom Fenster; es war heller Mondschein. „Seht nur“, fuhr er fort, „dort kommen die Gevollmächtigten zurück; aber sie zerstreuen sich, sie gehen nach Hause; – drüben am andern Ufer muss ein Bruch geschehen sein; das Wasser ist gefallen.“

Ich blickte neben ihm hinaus; die Fenster hier oben lagen über dem Rand des Deiches; es war, wie er gesagt hatte. Ich nahm mein

Glas und trank den Rest: „Haben Sie Dank für diesen Abend!“, sagte ich; „ich denk, wir können ruhig schlafen!“

„Das können wir“, entgegnete der kleine Herr; „ich wünsche von Herzen eine wohlschlafende Nacht!“

– – Beim Hinabgehen traf ich unten auf dem Flur den Deichgrafen; er wollte noch eine Karte, die er in der Schenkstube gelassen hatte, mit nach Hause nehmen. „Alles vorüber!“, sagte er. „Aber unser Schulmeister hat Ihnen wohl schön was weisgemacht; er gehört zu den Aufklärern!“

– „Er scheint ein verständiger Mann!“

„Ja, ja, gewiss; aber Sie können Ihren eigenen Augen doch nicht misstrauen; und drüben an der anderen Seite, ich sagte es ja voraus, ist der Deich gebrochen!“

Ich zuckte die Achseln: „Das muss beschlafen werden! Gute Nacht, Herr Deichgraf!“

Er lachte: „Gute Nacht!“

– – Am andern Morgen, beim goldensten Sonnenlichte, das über einer weiten Verwüstung aufgegangen war, ritt ich über den Hauke-Haien-Deich zur Stadt hinunter.

BIOGRAFIE

Theodor Storm
1817–1888

Jahr	Ort	Ereignis	Alter
1817	Husum (a. d. Nordsee, Herzogtum Schleswig)	14. September: Theodor Storm wird geboren (Vornamen ausführlich: Hans Theodor Woldsen). Seine Eltern sind der Justizrat Johann Casimir Storm und seine Frau Lucie, geb. Woldsen. Die Vorfahren waren väterlicherseits Bauern, mütterlicherseits Kaufleute und Bürgermeister in Husum. Im Elternhaus herrscht eine freie und unreligiöse Atmosphäre.	
1826	Husum	Storm kommt auf das Gymnasium.	9
1835	Lübeck	Storm tritt in das Katharineum ein, ein Gymnasium.	18
1836	Altona	Storm verliebt sich in die 10-jährige Bertha von Buchan und schreibt für sie (1837) das Märchen *Hans Bär*.	19
1837	Kiel	April: Beginn des Jura-Studiums.	20
1838	Berlin	Fortsetzung des Studiums; Reise mit Freunden nach Dresden.	21
1839	Kiel	Herbst: Fortsetzung des Studiums. In den Kieler Jahren Freundschaft mit dem später berühmten Historiker Theodor Mommsen (1817–1903) und seinem Bruder. Vorbereitung des Gedichtbandes *Liederbuch dreier Freunde* (1843; mit 40 Gedichten Storms). Sammeln von Sagen zusammen mit Karl Müllenhoff.	22

Jahr	Ort	Ereignis	Alter
1842	Kiel	Juristisches Abschlussexamen.	25
1843	Husum	Februar: Storm eröffnet eine Praxis als Rechtsanwalt.	26
1844	Segeberg, Husum	Januar: Verlobung mit Constanze Esmarch (1825–1865), einer Cousine.	27
1846	Segeberg, Husum	15. September: Eheschließung mit Constanze. Das Paar wohnt in Husum. In der Ehe geboren werden Hans (1848), Ernst, Karl, Lisbeth, Lucie, Elsabe und Gertrud.	29
1847	Husum	Nebenher stattfindende Liebschaft mit Dorothea Jensen (1828–1903).	30
1849	Husum	Storm, deutsch und vor allem demokratisch gesonnen, unterzeichnet eine Petition, der zufolge der dänische König nicht mehr Herzog des Herzogtums Schleswig sein soll.	32
1852	Berlin Kiel	Die Novelle *Immensee* kommt als Buch heraus; dies ist Storms Durchbruch. Der Band *Gedichte* erscheint; darin *Die Stadt*: „Am grauen Strand, am grauen Meer […].“	35
1853	Potsdam	Beginn von Storms Exil (bis 1864). Oktober: Storm, der nach der Petition von 1849 nicht mehr im Herzogtum Schleswig arbeiten kann oder will, erwirbt eine Stelle als preußischer Gerichtsassessor. Begegnungen mit der Berliner Literatenszene (Theodor Fontane, Paul Heyse u. a.).	36
1855	Süddeutschland	Herbstreise, auch zu Eduard Mörike in Stuttgart.	38
1856	Heiligenstadt (Thüringen; heute: Heilbad Heiligenstadt)	Juli: Storms neue Stelle in Preußen: Kreisrichter. In den folgenden Jahren mehrere Novellen, z. B. *Veronica*, *Auf der Universität*.	39
1864	Husum	März: Rückkehr in die Heimat, Storm wird Landvogt. (Der dänische König herrscht seit dem Deutsch-Dänischen Krieg von 1864 nicht mehr in Schleswig; 1867 wird dieses Herzogtum preußische Provinz.)	47
1865	Husum Baden-Baden	20. Mai: Constanze stirbt nach der Geburt des siebten Kindes. September: Treffen mit dem russischen Schriftsteller Iwan Turgenjew.	48

Jahr	Ort	Ereignis	Alter
1866	Husum	13. Juni: Storm heiratet Dorothea Jensen, seine Geliebte von 1847. (1868 wird die Tochter Friederike geboren.) Oktober: Einzug in das Haus Wasserreihe 31 (heute Museum ‚Storm-Haus').	49
1868	Braunschweig Husum	Der Verlag Westermann eröffnet die Reihe: Theodor Storm: *Sämtliche Schriften*, die bis 1889 neunzehn Bände umfassen wird. Die preußische Administration streicht Storms Landvogt-Stelle. Storm wird Amtsrichter – mit niedrigerem Gehalt. Später Beförderungen bis zum Amtsgerichtsrat. In den 70er Jahren erscheinen die Novellen *Viola tricolor* (1874), *Aquis submersus* (1876), *Carsten Curator* (1878).	51
1872	Salzburg	August: Reise.	55
1876	Würzburg	August: Reise zu seinem labilen Sohn Hans, der mit Mühe sein Medizinstudium bewältigt. (Zweite Reise dorthin Februar 1877.)	59
1880	Husum, Hademarschen (zwischen Husum und Hamburg)	Mai: Pensionierung. Storm bereitet seinen Umzug nach Hademarschen vor (dort ab 1881). Es entstehen u. a. *Der Herr Etatsrat* (1881), *Hans und Heinz Kirch* (1882).	63
1883	Hademarschen	Storm ist als Lyriker und Novellist berühmt; er bekommt den ‚Maximilian-Orden für Kunst und Wissenschaft' des bayerischen Königs.	66
1884	Berlin	Mai: Reise zu den Bekannten der Exil-Zeit. *Zur Chronik von Grieshuus* erscheint.	67
1885	Hademarschen	Februar: Erste Pläne für den *Schimmelreiter*.	68
1886	Thüringen	Mai: Reise, auch zum Goethe-Archiv in Weimar und seinem Direktor, Storms Freund Erich Schmidt.	69
1887	Hademarschen	Diagnose auf Magenkrebs. Große Schmerzen.	70
1888	Hademarschen	Storm vollendet den *Schimmelreiter*. Tod Storms in seinem 71. Lebensjahr am 4. Juli.	71

WORT- UND SACHERKLÄRUNGEN

5 **Frau Senator Feddersen** Elsabe Feddersen (1741–1829) war Storms Urgroßmutter mütterlicherseits. In die Zeit der zwanziger Jahre fällt auch die Sturmflut in der Nacht vom 3. zum 4. Februar 1825 als „das erste große Ereignis in Storms jungem Leben", das in der Beschreibung der Sturmfluten im „Schimmelreiter" nachklingt.

Leipziger Die „Leipziger Lesefrüchte, gesammelt in den besten literarischen Fruchtgärten des In- und Auslandes" erschienen 1832–1846.

Pappes Hamburger Lesefrüchte Johann Joseph Christian Pappe (1768–1856) war ein Schriftsteller, der 1801 als Redakteur der „Hamburger Neuen Zeitung" nach Hamburg kam, wo er später auch andere Zeitungen leitete. 1811 gründete er die „Lesefrüchte vom Felde der neuesten Literatur des In- und Auslandes", die bis 1842 bestanden.

6 **Harde** Ein aus mehreren Kirchspielen bestehender Verwaltungs- und Gerichtsbezirk im Herzogtum Schleswig.

7 **Diekgraf un Gevollmächtigten un wecke von de annern Interessenten** Deichgraf und Gevollmächtigte und welche von den anderen Interessenten.

8 **anno 17** Wenn die berühmte Weihnachtsflut des Jahres 1717 gemeint ist, kann der Schimmelreiter noch nicht in Erscheinung getreten sein!

9 **Siel** Dasselbe wie: Schleuse. Verschließbarer Wasserdurchlass im Deich, der der Entwässerung des Marschlandes hinter den Deichen dient.

Hans Mommsen Hans Momsen (Storm schreibt Mommsen) wurde am 23. Oktober 1735 in dem Kirchdorf Fahretoft an der schleswigschen Westküste geboren. Nach seiner Konfirmation (1752) wurde er Deicharbeiter. Seine Studien der Mathematik und Navigation trieb er daneben weiter; im Sommer ging er als Landmesser nach Dithmarschen. Nach dem Tode des Vaters erbte er die kleine Bauernstelle und das Amt des Deichvogts. Der Mathematiker und Mechaniker betrieb dann schließlich noch eine Privatschule für Mathematik, Landmessen und Navigation. 1811 ist er gestorben. Dieser in der Allgemeinen Deutschen Biographie (mit den Angaben der älteren Literatur bis 1874) verzeichnete Lebenslauf von Hans Momsen wurde das Modell für Storms Jugendgeschichte seines Deichgrafen, den er allerdings früher leben lässt: ca. 1700–1756.

Euklid Bekannter griechischer Mathematiker aus der Zeit um 300 v. Chr. Die „Elemente" seiner Geometrie begründeten die mathematische Wissenschaft.

11 **Allerheiligentag** Hoher katholischer Festtag am 1. November, der allen Heiligen gewidmet ist.

Äquinoktialstürme Zur Zeit der Tag- und Nachtgleiche im Frühling und im Herbst.

12 **Unschlittkerze** Die früher aus Abfallfetten der Schlachtzeit von den Bauern zu Hause hergestellten Kerzen.

Gnidder Gniddergold = Rauschgold, gnidderschwarz = glänzend schwarz.

14 **Seewermut** Artemisia maritima, dient zur Herstellung des Magenbitters, der als Vorbeugungsmittel gegen das Marschfieber gilt.

15 **Strandläufer** Schnepfenartige Vogelart aus der Ordnung der Regenpfeifer.

17 **Krontaler von Christian IV.** Christian IV., der von 1588–1648 regierte, war einer der volkstümlichsten dänischen Könige. Unter seiner Regierung wurde 1616 Glückstadt gegründet.

20 **glasurte Kachel** Glasierte Kachel. Die aus Holland bekannte Wandverkleidung findet sich auch in den Wohnstuben der wohlhabenden friesischen Marschbauern.

25 **Zur Brüche** Brök *(plattdeutsch)*: Strafe, Geldstrafe. Eine in der niederen Gerichtsbarkeit früher häufige Bezeichnung, deren amtlicher Gebrauch erst durch eine Verordnung der siebziger Jahre des 19. Jahrhunderts untersagt wurde.

26 **Furke** Auch: Forke. Gabel mit zwei oder mehreren Zinken und hölzernem Stiel, die in der Landwirtschaft Verwendung findet.

27 **Eisboseln** Wurfwettspiel mit zwei Kugeln auf dem Eis. Heute: Boßeln.

30 **Bummeis** Windeis: dünnes Eis auf den Wiesen, unter dem das Wasser abgelaufen ist.

32 **Positur** *(lateinisch, französisch)* Stellung, auch mit abschätzigem Nebensinn gebraucht.

34 **Gildesaal** Gilde: ursprünglich Vereinigung von Kaufleuten, später auch von Schützen u. a.

Altenteil Die dem alten Bauern, der seinen Besitz den Kindern übergeben hat, zustehende Nebenwohnung mit Unterhalt.

38 **Schatulle** Verschließbarer Kasten zum Aufbewahren von Geld und Wertsachen.

39 **Herbstschau** Zweimal im Jahr wird Deichschau gehalten: die Frühlingsschau im März oder April und die Herbstschau im Oktober.

Selbstverstand Heute ist nur noch das Eigenschaftswort „selbstverständlich" üblich.

42 **Dat is de Dod ...** Das ist der Tod, der alles frisst, / Nimmt Kunst und Wissenschaft dir mit; / Der kluge Mann ist nun dahingegangen, / Gott gebe ihm seliges Auferstehen.

43 **Beilegerofen** Kastenförmiger eiserner Ofen, der durch eine Öffnung in der Wand vom Herd aus zu heizen ist.

44 **Hest du din Dagwark richtig dan, ...** Hast du dein Tagwerk richtig getan, dann kommt der Schlaf von selbst heran.

Ringreiten Altes Reiterspiel, bei dem der Reiter mit einer Stange nach aufgehängten Ringen stechen oder solche von der Erde aufsammeln muss.

54 **Torfringel** Der Torf wird zum Trocknen in ringförmigen Haufen aufgeschichtet.

58 **Warmbier** Biersuppe, die früher in Schleswig-Holstein als Frühkost genossen wurde.

59 **Priesterhandel** Ein gutes Geschäft; der Pastor kann billiger verkaufen als der Bauer.

62 **Lawrenz sein Kind** In Hamburg soll ein Bürger Laurentius (um 1600) einen Sohn gehabt haben, der bei seiner Konfirmation 10 Fuß weniger 2 Zoll maß.

69 **Konventikel** *(französisch)* Heimliche Zusammenkunft religiöser Sekten.

holländischer Flickschneider Der Holländer Gerhard Groote gründete um 1376 eine christliche Brüderschaft der Brüder des gemeinsamen Lebens, die in eigenen Häusern ein klösterliches Leben ohne Bindung durch Gelübde führten.

separatistisch *(französisch)* Sich abspaltend, loslösend, vereinzelnd.

75 **Rottgans** Eine Ringelgans, die an der Westküste Schleswig-Holsteins nach ihrem Ruf Rottgans genannt wird.

77 **Zuckerkistenholz** Die Kisten für den Import von Rohzucker waren hergestellt aus dem Holz einer tropisch-amerikanischen Baumart. Das Holz fand in Norddeutschland Verwendung für die Herstellung kleinerer Möbel und Behälter.

84 **Marschfieber** Ein Gallen- und Wechselfieber, das auf die Ausdünstungen des erhitzten Marschbodens zurückgeführt wird.

89 **hippokratisch** Hippokrates: Griechischer Arzt des 5. Jahrhunderts v. Chr., der in einer ihm zugeschriebenen Schrift die Anzeichen des herannahenden Todes beschrieben hat.

Hölp mi! ... Hilf mir! Du bist ja über dem Wasser ... Gnade Gott den anderen!

90 **Lätare** *(lateinisch)* Der Name des dritten Sonntags vor Ostern. Laetare = freue dich.

FÜR BINNENLÄNDISCHE LESER

Diese Worterklärungen wurden von Storm der Buchausgabe beigefügt.

Schlick Der graue Ton des Meerbodens, der bei der Ebbe bloßgelegt wird.

Marsch Dem Meere abgewonnenes Land, dessen Boden der fest gewordene Schlick, der *Klei*, bildet.

Geest Das höhere Land im Gegensatz zur Marsch.

Haff Das Meer.

Fenne Ein durch Gräben eingehegtes Stück Marschland.

Springfluten Die ersten nach Voll- und Neumond eintretenden Fluten.

Werfte Zum Schutze gegen Wassergefahr aufgeworfener Erdhügel in der Marsch, worauf die Gebäude, auch wohl Dörfer liegen.

Hallig Kleine, unbedeichte Insel.

Profil Das Bild des Deiches bei einem Quer- oder Längenschnitt.

Dossierung (oder Böschung) Die Abfalllinie des Deiches.

Interessenten Die wegen Landbesitz bei den Deichen interessiert sind.

Bestickung Belegung und Besteckung mit Stroh bei frischen Deichstrecken.

Vorland Der Teil des Festlandes vor den Deichen.

Koog Ein durch Eindeichung dem Meere abgewonnener Landbezirk.

Priel Wasserlauf in den Watten und Außendeichen.

Watten Von der Flut bespülte Schlick- und Sandstrecken an der Nordsee.

Demat Ein Landmaß in der Marsch.

Pesel Ein für außerordentliche Gelegenheiten bestimmtes Gemach, in den Marschen gewöhnlich neben der Wohnstube.

Lahnungen Zäune von Buschwerk, die zur besseren Anschlickung vom Strande in die Watten hinausgesteckt werden.

Zeitgeschichtlicher Hintergrund

Die Novelle *Der Schimmelreiter* war Storms letztes Werk, das er im Jahr 1888 kurz vor seinem Tod vollenden konnte. Zu der Zeit befand sich die Welt im Umbruch: In der sogenannten Gründerzeit war der Fortschrittsglaube ungebrochen und die Industrialisierung nahm zu. Doch der Mensch, vor allem auf dem Land, konnte mit diesen Entwicklungen nicht immer mithalten – und war den Naturgewalten trotz aller Ingenieurskunst ausgeliefert.

In der Literatur wurde diese Polarität zum literarischen Motiv: Zu den Autoren des (poetischen) Realismus (ca. 1848–1890) zählen neben Theodor Storm Schriftsteller wie Gottfried Keller, Paul Heyse oder Theodor Fontane, mit dem Storm seit seiner Potsdamer Zeit persönlich befreundet war. Eine bevorzugte epische Gattung war in dieser Zeit die Novelle.

So lebte man in Schleswig-Holstein um 1900 (Franziska Böhmer, 2015)

Seit 1867 waren die Herzogtümer Schleswig und Holstein, nun durch einen Bindestrich geeint, preußische Provinz. Die Preußen reformierten Verwaltung und Staatsaufbau. Die kleinteiligen und zum Teil konkurrierenden Strukturen aus der Zeit des Dänischen Gesamtstaates wurden aufgelöst und 21 einheitliche Landkreise entstanden. Verwaltung und Rechtsprechung wurden getrennt, ein Provinziallandtag mit zumindest beratender Funktion etabliert. Mit dem 1900 für das Deutsche Reich eingeführten Bürgerlichen Gesetzbuch wurde auch das bis dahin übliche Nebeneinander verschiedener Rechtsnormen beendet. Die Grenzziehung im Norden von 1864 sorgte für Konflikte mit der dänischsprachigen Bevölkerung. Die Industrialisierung hatte nun das flache Land erreicht und das Leben der Menschen grundlegend verändert.

In nur hundert Jahren hatte sich die Bevölkerung mehr als verdoppelt, 1,39 Millionen Menschen lebten nun in der Provinz. Seit den 1870er-Jahren wuchsen die alten Städte über ihre Stadtmauern hinaus. Aus den bis dahin Flecken genannten Marktorten wurden Städte. Wasser kam über Leitungen ins Haus, Abwässer flossen in Schwemmkanalisationen, Gas und Strom erhellten die Stuben, Straßenbahnen und Fahrräder sorgten in den Städten für eine neue Mobilität.

Symbol der Zeit war die Eisenbahn. Neben dem großen System der Normalspurbahn entstanden, vor allem von den Kreisen getragen, über 1.000 Kilometer Strecken für Kleinbahnen. Sie erschlossen vor allem das flache Land. Damit waren auch verderbliche Agrarprodukte transportierbar [...]. Industrialisierung und Verkehrsrevolution führten zusammen dazu, dass sich die bis dahin regionalen Märkte auflösten. Produktion und Konsum wurden in einem bis dahin nicht gekannten Ausmaß entkoppelt.

[...] In der sogenannten „Gründerzeit“ breitete sich im neuen Kaiserreich nun ein fast euphorischer Fortschrittsglaube aus. Überall entstanden neue Fabriken und schufen neue Arbeit für die wachsende Bevölkerung. Im Zuge der Industrialisierung entstand als neue Gesellschaftsschicht die Arbeiterklasse. [...] Um 1850 wurden in Industrie und Gewerbe an sechs Tagen in der Woche noch bis zu 14 Stunden gearbeitet. Das ruinierte die Gesundheit der Arbeiter. Es gelang, die Arbeitszeit bis 1910 auf neun Stunden zu senken. Auch Kinderarbeit wurde verboten. Für Arbeiter und Angestellte waren keine Urlaubstage festgelegt. Beamten standen dagegen in den 1890er-Jahren meist zehn Urlaubstage zu. [...]

[... A]uf dem Land wurde in den Bauernhäusern zunehmend der Wohn- und Wirtschaftsbereich getrennt. [...] Die ländliche Unterschicht bestand aus den Knechten und Mägden, die häufig nur einen Schlafplatz und eine Truhe für ihre Besitztümer hatten, und den Landarbeitern. Deren meist enge und zugige Häuser mit nur einer Stube wurden Ende des 19. Jahrhunderts zunehmend ausgebaut oder neu errichtet. Die neuen Wohnungen bestanden nun aus einer Küche und zwei Zimmern. [...] Genauso wie beim Wohnen wurde auch in der Familie nun der private Bereich zunehmend von dem der Arbeit getrennt. [...] Auf dem Land löste sich die Hausgemeinschaft von Bauernfamilie und Gesinde zunehmend auf. Man aß nun nicht mehr gemeinsam am langen Tisch, sondern getrennt.

Franziska Böhmer: *So lebte man in Schleswig-Holstein um 1900*. In: Gesellschaft für Schleswig-Holsteinische Geschichte, 2015. http://www.geschichte-s-h.de/so-lebte-man-in-schleswig-holstein-um-1900 (abgerufen am 27.11.2019)

Schicksalhafte Fluten (Susanne Abolins-Aufderheide, 2012)

„Wer nicht deichen will, muss weichen". Diese Erkenntnis besitzt an der Nordsee seit Jahrhunderten Gültigkeit. Sturmfluten, hervorgerufen durch ausgeprägte Sturmtiefs und starke Nordweststürme, bedrohen nach wie vor die Küste.

Vor mehreren hundert Jahren existiert die zerrissene Landschaft der Nordfriesischen Inseln noch nicht. Husum ist eine noch unbedeutende Siedlung im Landesinnern. Von Sylt bis zur Höhe der Eidermündung zieht sich ein natürlicher Sanddünenwall, angeschwemmt nach der letzten Eiszeit, der das tief liegende Marschland von der Nordsee abgrenzt. Seit der ersten Jahrtausendwende schützen sich Menschen, die hier siedeln, zusätzlich mit Deichen. Doch seit dem späten Mittelalter steigt der Meeresspiegel kontinuierlich an. Es vergeht kein Jahrhundert ohne katastrophale Überschwemmungen. Besonders verheerend sind die Sturmfluten der Jahre 1362 und 1634, die die Nordseeküste Schleswig-Holsteins verwüsten. Sie verändern den Küstenverlauf grundlegend – die heutige Küstenlinie wird geformt. Die erste Grote Mandränke, auch Zweite Marcellusflut genannt, ereignet sich am 16. Januar 1362. Die Wellen schlagen mehr als zwei Meter über die Deichkronen. Laut dem Chronisten Anton Heimreich brechen an der nordfriesischen Küste 21 Deiche. 100.000 Menschen sollen ums Leben gekommen sein – eine Zahl, die wahrscheinlich übertrieben ist.

Zerstörerisch nagen die Fluten vor allem an Alt-Nordstrand. Die Siedlung Rungholt geht zusammen mit sieben anderen Gemeinden im nordfriesischen Wattenmeer unter. Rungholt wird mit der Zeit zum mythischen Ort, bis das Meer Anfang des 20. Jahrhunderts im Watt Überreste von Warften, Gebäuden und Zisternen freispült.

Die Marcellusflut spaltet Südfall als erste Hallig von Alt-Nordstrand ab. Husum liegt nun an der Küste und hat Zugang zur weiten Welt. Ein Markt wird errichtet und ein Hafen angelegt. Innerhalb von Jahrzehnten erblüht Husum zur geschäftigen Handelsstadt.

Probleme aber haben die Marschbauern: In der Flut gehen große Flächen Kulturland verloren. Die Menschen versuchen nun, durch organisierten Deichbau dem Meer das verlorene Land wieder abzuringen. Bislang hatte man nur niedrige, sogenannte Sommerdeiche gebaut, die für die zumeist weniger starken Sturmfluten im Sommer ausreichten. Vor den Gewalten des Meeres schützen in erster Linie Warften – künstlich aus Erde aufgeschüttete, meist kreisrunde Besiedlungshügel.

Die Wirkung der Marcellusflut bleibt als so verheerend in Erinnerung, dass die Sturmflut am 11./12. Oktober 1634 zweite Grote Mandränke

Küstenverlauf in Nordfriesland um das Jahr 1240, vor der ersten großen Mandränke (1362): schwarz umrandet dagegen der heutige Küstenverlauf mit den Nordfriesischen Inseln und der Hafenstadt Husum – Storms Geburtsstadt –, die einst im Landesinneren lag.

genannt wird. Die Sturmflut, auch als Burchardiflut bezeichnet, verwüstet die Küste bis hinunter zur Elbmündung. Laut den damaligen Chronisten erreicht das Meer einen Stand von etwa vier Metern über dem mittleren

Tidehochwasser – zum Vergleich: Bei der bislang höchsten Sturmflut aller Zeiten werden 1976 in Husum 4,11 Meter gemessen.

Obwohl die Deiche schon erheblich verbessert worden sind, brechen sie diesmal an mehreren hundert Stellen. In Nordfriesland kommen nach historischen Belegen 8.000 Menschen um, vermutlich gibt es sogar doppelt so viele Opfer. Zigtausende Stück Vieh verenden in den Wassermassen. Die Insel Strand (Alt-Nordstrand) wird in Pellworm, die Halbinsel Nordstrand und die Hallig Nordstrandischmoor zerrissen. Der Norderhever entsteht, ein großer Priel – ein im Watt bis zu 30 Meter tief eingegrabener Fluss. Die Halligen Nübbel und Nieland versinken im Meer.

Herzog Friedrich III. befiehlt den Inselbewohnern, die Deiche möglichst umgehend wieder aufzubauen. Auf Pellworm gelingt das 1637. Auf Nordstrand leben viele Bauern weiter auf Warften, zahlreiche Überlebende verlassen aber nach der zweiten Groten Mandränke ihre Heimat und ziehen auf das Festland. Der Herzog holt zur Eindeichung Hilfe aus den Niederlanden. Bald ist ein Drittel der Fläche von Alt-Nordstrand wiedergewonnen.

Susanne Abolins-Aufderheide: *Schicksalhafte Fluten: Die Grote Mandränke.* In: NDR, 16.1.2012. https://www.ndr.de/geschichte/chronologie/Schicksalhafte-Fluten-Die-Grote-Mandraenke,grotemandraenke101.html (abgerufen am 25.11.2019)

Gibt es ein reales Vorbild für Hauke Haien? (2013)

Hattstedt – kalter Winterwind bläst über den Deich, der die Hattstedter Marsch nördlich von Husum vor der Nordsee schützt. Die steife Brise zaust die Bäume und Sträucher in der menschenleeren Ebene. Eine milchige Sonne erhellt die Szenerie.

Hier ist das *Schimmelreiter*-Land. Hier steht der Schimmelreiterkrug, ein altes Wirtshaus, das Vorbild für die Gaststätte in der Novelle ist. Dort wurde in den 30er-Jahren des letzten Jahrhunderts auch Theodor Storms Alters- und Meisterwerk verfilmt. Vor 125 Jahren, im April und Mai 1888, erschien der *Schimmelreiter*, die Geschichte des Deichgrafen Hauke Haien, erstmals in der *Deutschen Rundschau*. Die Veröffentlichung als Buch erlebte Storm (1817–1888) nicht mehr – er starb im Juli desselben Jahres.

Die Novelle ist zu einer Art Nationalepos der Nordfriesen geworden. Die Verehrung ging so weit, dass 1961 der Hauke-Haien-Koog nach der Titelfigur benannt wurde. Ein Lehrer habe den Vorschlag gemacht, sagt Thomas Steensen, Direktor des Nordfriisk Instituuts in Bredstedt. „Es ist schon außergewöhnlich, dass ein Ort nach einer Romanfigur benannt wurde – wo gibt es das sonst?"

Der „Schimmelreiterkrug" in Sterdebüll im „Hattstetter Neuen Koog" (hier eine Aufnahme nach 1950) soll Vorbild für Storms Gasthaus im *Schimmelreiter* gewesen sein. Anhand von Storms Skizzen lassen sich auch andere geografische Gegebenheiten seiner Novelle gut nachvollziehen.

Für Steensen liegt die Bedeutung des *Schimmelreiters* für die Nordfriesen in der Auseinandersetzung mit zentralen Leitmotiven der friesischen Geschichte, nämlich Deichbau und Sturmflut. „Das anhand der Novelle gezeichnete Bild des Deichgrafen, der seinen modernen Deich gegen alle Widerstände durchsetzt, hat dazu geführt, dass Hauke Haien als ‚der friesische Mensch schlechthin' gedeutet wurde."

Doch wer war dieser friesische Mensch? Immer wieder gibt es Vermutungen, wer Vorbild für den *Schimmelreiter* gewesen sein könnte. Selbst nach 125 Jahren gibt es noch neue Untersuchungen zu dem Thema. Bei der Storm-Gesellschaft in Husum werden mehrere Personen genannt, bei denen sich Storm bedient haben soll, etwa der Mathematiker Hans Momsen und die Deichgrafen Hans Iwert Schmidt (1774–1824) und sein Sohn Johann Iwersen Schmidt (1798–1875). Für den Storm-Forscher und Wirtschaftswissenschaftler Ekkehard Schmidt ist dagegen klar: Nur Hans Iwert (oder Iwersen) Schmidt kann Hauke Haien sein. In einem Büchlein hat er seine Erkenntnisse publiziert.

In jahrelanger detektivischer Arbeit hat der Eckernförder die Archive in Hamburg und Schleswig-Holstein durchforstet und eine Vielzahl von realen Vorbildern für Personen und Orte in der Novelle entdeckt. „Der

BIOGRAFIE

WORT- UND SACHERKLÄRUNGEN

MATERIALIEN

Lundberg, Hof des Deichgrafen Johann Iwersen Schmidt (1798–1875) in der Hattstedter Marsch. Aquarell von Julius Grelstorff (1779): Ein Vorbild für den „Deichgrafenhof" in der Novelle.

größte Teil aller Personen hat gelebt", ist Schmidt sicher. „Das Ganze ist eine Familiensage." Getauft wurde das Vorbild für Hauke Haien demnach vom Urgroßonkel von Storms Ehefrau Constanze. Institutsdirektor Steensen gibt dagegen zu bedenken, dass der fiktive Hauke Haien ein Aufsteiger gewesen sei – anders als die alteingesessene Deichgrafen-Familie Iwersen Schmidt. [...]

Nordfriesisch herb – 125 Jahre „Der Schimmelreiter". In: Die Welt, 11.2.2013. https://www.welt.de/newsticker/dpa_nt/starline/buch/literaturreportage/arartic113541937/ Nordfriesisch-herb-125-Jahre-Der-Schimmelreiter.html (abgerufen am 2.12.2019)

Die Literatur des Realismus (Sarah Murrenhoff, 2014)

Die zweite Hälfte des 19. Jahrhunderts stellt die Lebensrealität vieler Menschen in Europa auf den Kopf: Es ist eine Zeit gravierender Veränderungen. Die Industrialisierung führt zu erheblichen Fortschritten in Wirtschaft und Wissenschaft, Technik und Medizin. Damit gehen einerseits ungekannte Vereinfachungen für Alltag und Arbeit einher. Andererseits verändert sich die Arbeitswelt für viele zum Schlechten. Auf dem Land treiben die technischen Verbesserungen sowie das Bevölkerungswachstum Kleinbauern und besitzlose Tagelöhner in einen existenziellen Überlebenskampf. Auf der Suche nach einer Möglichkeit, in dieser neuen,

modernen Welt zu existieren, ziehen daher Unzählige vom Land in die Städte. [...] Auch in ideeller Hinsicht verändert sich die Gesellschaft: Neue Erkenntnisse in den Naturwissenschaften stellen das christliche Weltbild infrage. Traditionelle Werte und Institutionen wie die Ständegesellschaft oder die Großfamilie verlieren zunehmend an Allgemeingültigkeit.
Als 1848 die Märzrevolution scheitert und damit die Aussicht auf eine breite politische Mitgestaltung in weite Ferne rückt, scheinen alle Hoffnungen und Ideale der Bürgerlichen infrage gestellt. Das bürgerliche Selbstverständnis ist endgültig angeschlagen. Aus der ideellen Haltlosigkeit geht eine Sehnsucht nach neuer Verankerung hervor. Das Bürgertum muss sich in der Welt neu verorten. [...]

Beides, die Lebensrealität des Menschen und die naturwissenschaftliche Betrachtung der Welt, avanciert zum literarischen Motiv der Epoche. Gleichzeitig distanzieren sich Schriftsteller von den klassizistischen oder romantischen Anschauungen früherer Generationen, welche eine ästhetische Erziehung zur Harmonie zwischen Geist und Welt oder auch eine zeitlose Universalpoesie anstrebten. Im Realismus gilt das Ideal der Authentizität. Kunst und Leben sollen nicht mehr voneinander getrennt werden. Als gelungen gilt in dieser Zeit ein Werk, wenn seine Erzählung das Kriterium der *Wahrscheinlichkeit* einhält: Ist es denkbar, dass sich die Geschichte so in der realen Welt abspielen könnte? Berücksichtigt sie die Regeln der Welt *da draußen*? [...]

Besonders im deutschsprachigen Raum setzt sich vorerst der sogenannte *poetische Realismus* durch. Der Schriftsteller Otto Ludwig prägt den Begriff. Der poetische Realismus fordert zwar die Auseinandersetzung mit der nüchternen Realität, verzichtet aber weder auf Kunstgriffe noch auf Poetik. Vielmehr streben seine Vertreter nach einer dichterischen Ausgestaltung und Überhöhung der Wirklichkeit – erst der Künstler bringt das Schöne hervor und formt es. Kritiker sprechen diesbezüglich auch von einer „Verklärung" der Wirklichkeit. [...] Der Künstler soll in der Banalität des Alltäglichen das Besondere ausmachen, es hervorheben und überzeichnen. Unschwer finden sich in realistischen Romanen bestimmte Techniken der Ästhetisierung. [...]

Die Protagonisten müssen nicht immer [...] dem Großbürgertum entspringen. Auch die Sorgen des kleinbürgerlichen Alltags finden Eingang in die realistische Literatur. Bisweilen sprechen Kritiker auch vom „bürgerlichen Realismus". In den Fokus rücken alltägliche menschliche Probleme von Einzelnen, die in einen möglichst konkreten gesellschaftlichen und historischen Kontext eingebettet werden. Auf diese Weise ist die

Theodor Storm lebte von 1866 bis 1880 hier in diesem Haus in Husum. Heute beherbergt das Gebäude ein Literaturmuseum für den Schriftsteller des *Schimmelreiters*.

Handlung meist lokal und zeitlich eindeutig zu verorten. Da die Sachverhalte der zeitgenössischen Leserschaft glaubwürdig erscheinen sollen, ist die Handlung meist in der Gegenwart und tatsächlichen Umgebung der jeweiligen Dichter angelegt. Eine starke Beziehung zur Heimat zeichnet die meisten realistischen Erzählungen aus. Schließlich sind Realisten der Überzeugung, dass das unmittelbare Umfeld das glaubhafteste Setting für realistische Erzählungen darstellt. [...]

Ebenso wie die Erzählhandlung durch ortsgenaue Schauplätze auf dingfesten Boden gestellt wird, werden auch die Protagonisten greifbarer: Sie sollen keine entrückten Luftgestalten mehr sein. Die psychologische Komponente gewinnt an Bedeutung. So finden sich klar strukturierte Einblicke in das Innenleben der Figuren und die Handlungsabläufe lassen sich kausal begründen. Eines der großen Konfliktthemen des Realismus sind die Spannungen zwischen Individuum und Gesellschaft, wobei nicht die Masse, sondern die Persönlichkeit des Einzelnen ins Zentrum der Betrachtung rückt. [...]

Sarah Murrenhoff: *Die Literatur des Realismus (1848–1880/90)*. In: Zeit Online, 6. Mai 2014. https://blog.zeit.de/schueler/2014/05/06/literatur-des-realismus (abgerufen am 4.12.2019)

Was verstehen wir unter Realismus? (Theodor Fontane, 1848)

[...] Vor allen Dingen verstehen wir *nicht* darunter das nackte Wiedergeben alltäglichen Lebens, am wenigsten seines Elends und seiner Schattenseiten. Traurig genug, dass es nöt[...]ig ist, derlei sich [...] von selbst verstehende Dinge noch erst versichern zu müssen. Aber es ist noch nicht allzu lange her, dass man (namentlich in der Malerei) *Misere* mit Realismus verwechselte und bei Darstellung eines sterbenden Proletariers, den hungernde Kinder umstehen, oder gar bei Produktionen jener sogenannten Tendenzbilder (schlesische Weber, das Jagdrecht u. dgl. m.) sich einbildete, der Kunst eine glänzende Richtung vorgezeichnet zu haben. Diese Richtung verhält sich zum echten Realismus wie das rohe Erz zum Metall: die Läuterung fehlt. Wo[h]l ist das Motto des Realismus der Goethe'sche Zuruf:

Greif nur hinein ins volle Menschenleben,
Wo du es packst, da ist's interessant;

aber freilich, die Hand, die diesen Griff t[...]ut, muss eine künstlerische sein. Das Leben ist doch immer nur der Marmorsteinbruch, der den Stoff zu unendlichen Bildwerken in sich trägt; sie schlummern darin, aber nur dem Auge des Geweihten sichtbar und nur durch seine Hand zu erwecken. Der Block an sich, nur herausgerissen aus einem größern Ganzen, ist noch kein Kunstwerk, und dennoch haben wir die Erkenntnis als einen unbedingten Fortschritt zu begrüßen, dass es zunächst des Stoffes, oder sagen wir lieber des *Wirklichen*, zu allem künstlerischen Schaffen bedarf. [...]

Theodor Fontane: *Unsere lyrische und epische Poesie seit 1848*. © CC: Dr. Rudolf Brandmeyer, Universität Duisburg-Essen Fakultät für Geisteswissenschaften/Germanistik; Projekt Lyriktheorie. https://www.uni-due.de/lyriktheorie/texte/1853_fontane.html#edition (abgerufen am 27.11.2019)

Definition Novelle (Gutzen/Oellers/Petersen, 1989)

[...] Im Gegensatz zur „bloßen" Erzählung gehört die Novelle zu jenen Arten der Epik, die sich einer Form-Definition nicht völlig entziehen, wenn sie auch von Autoren und Wissenschaftlern höchst unterschiedlich bestimmt worden ist. Der Name, der auf das italienische Wort „novella" (für „Neuigkeit") zurückgeht und seit der Renaissance als literarischer Begriff geführt wird, verweist darauf, dass es sich bei der Novelle um eine (kürzere) Vers- oder Prosaerzählung handelt, in deren Mittelpunkt ein unerwartetes Ereignis steht. Sie ist grundsätzlich straff geformt, gibt epischen Exkursen selten Raum, lässt das Geschehen in der wirklichen (oder einer fiktiv wirklichen) Welt spielen und führt meist recht geradlinig auf den Schluss, den Ausgang des Geschehens zu.

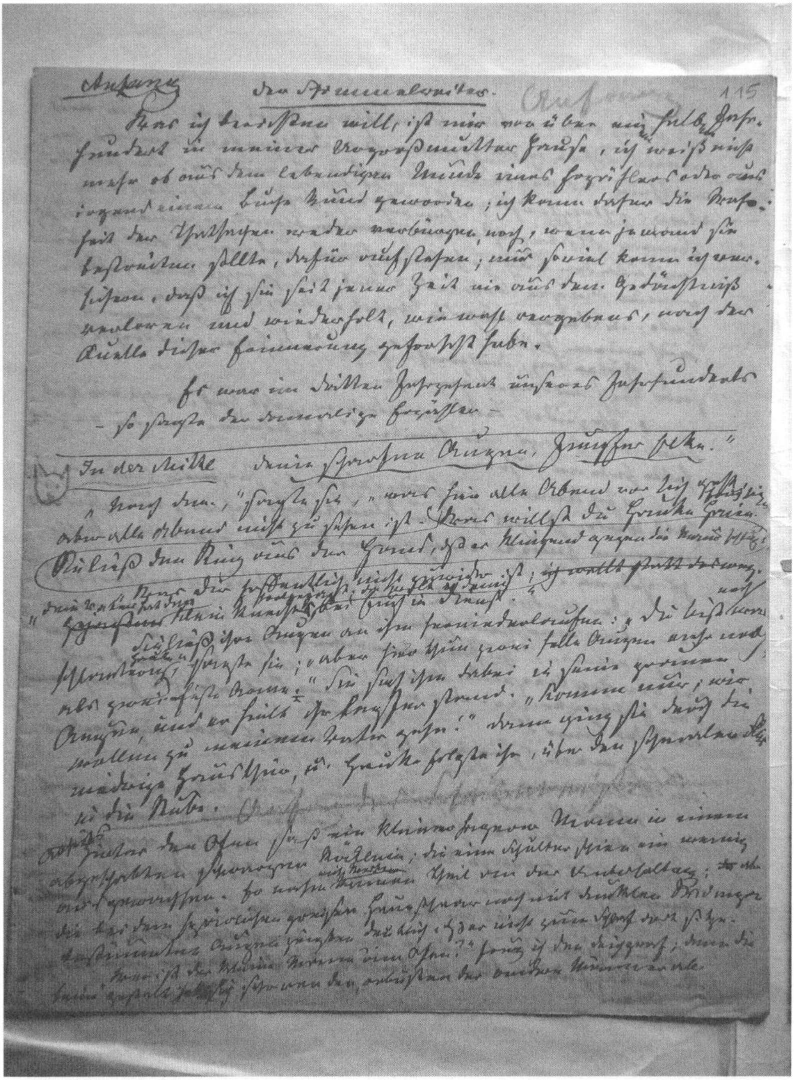

Die Originalschrift der Novelle *Der Schimmelreiter:* Der Anfang. Kurz vor Erscheinen 1888 strich Storm noch etwa eine Manuskriptseite am Ende seines Textes, die sich mit dem „gespenstigen Reiter“ beschäftigte.

Goethe, dessen *Novelle* häufig als beispielhaft hingestellt wird, hat im Gespräch mit Eckermann als das Kernstück dieser epischen Form die Darstellung „einer sich ereigneten unerhörten Begebenheit“ (25.1.1827) bezeichnet und damit das Überraschende und Außergewöhnliche als die spezifischen Momente des Novellistischen hervorgehoben.

Die zahlreichen Definitionsversuche sind meist ebenso hilfreich wie anfechtbar: Sie machen auf ein artbildendes Strukturprinzip aufmerksam, das der Analyse des Textes eine sinnvolle Richtung geben kann; aber sie treffen nicht immer zu, schließen also Texte aus, die zur Textart „Novelle" gehören (sich u. U. gar Novelle nennen), und stehen immer in der Gefahr, Eigenschaften als artspezifisch auszugeben, die durchaus auch anderen Arten der Epik zukommen. Zu den berühmtesten Novellendefinitionen gehören neben der von Goethe noch die von Tieck und Heyse. [...]

Dieter Gutzen, Norbert Oellers, Jürgen H. Petersen: *Arten der Epik*. In: dies.: Einführung in die neuere deutsche Literaturwissenschaft. Ein Arbeitsbuch. 6. neugefasste Auflage. Berlin: Erich Schmidt Verlag, 1989. S. 40–41.

Theodor Storm und die Entstehung des *Schimmelreiters*

„Jetzt aber rührt sich ein alter mächtiger Deichsagenstoff in mir, und da werde ich die Augen offen halten; aber es gilt vorher noch viele Studien!", schrieb Theodor Storm am 3. Februar 1885 an seinen Freund Erich Schmidt. Der „Deichstoff" war ihm in Form der Geschichte *Der gespenstige Reiter. Ein Reiseabenteuer* (1838) einst begegnet und Storm holte den Stoff, der ursprünglich in der Gegend um Danzig spielt, in seiner Novelle an die nordfriesische Küste. Storm arbeitet sich anhand des alten Sagenstoffs in die Wissenschaft des Deichbaus ein und erfindet wohl anhand verschiedener realer Vorbilder den Schimmelreiter und Deichgrafen Hauke Haien.

Im April und Mai 1888 erschien *Der Schimmelreiter* in zwei Teilen in der *Deutschen Rundschau.* Die Buchveröffentlichung im Herbst erlebte der an Magenkrebs erkrankte Storm, der eine ganz eigene Sicht auf die Gattung der Novelle hatte, nicht mehr: Er starb am 4. Juli 1888.

Storms Schreibprozesse (Gerd Eversberg, 2014)

Während der letzten Lebensjahrzehnte ähneln die Schreibprozesse Storms einander sehr; allmählich entwickelte er ein Verfahren, bei dem er von tragfähigen Erzählstoffen ausgehend über intensive Quellen- und Materialstudien zur Niederschrift einzelner Szenen überging, die er anschließend in Arbeitshandschriften miteinander zu einem Erzählganzen verknüpfte. Ausgehend von diesem Konzept stellte er – zumeist eigenhändig, in einigen Fällen auch mit Unterstützung von Familienmitgliedern – eine Reinschrift her, die als Druckvorlage an den Verlag geschickt wurde. Storm ließ seine Erzählungen fast ausnahmslos zunächst als Zeitschriftenabdruck erscheinen, um erst danach eine separate Buchausgabe herauszubringen. Dabei verfolgte er zwei Ziele. Zum einen erreichte er durch die Vorabdrucke eine weitaus größere Leserschaft als durch die Buchausgaben, denn die Auflagen der vor allem im Abonnement vertriebenen Familienzeitschriften waren um ein Vielfaches höher als die der schwerer verkäuflichen Bücher. Zum anderen erlaubten es ihm diese Vordrucke, seine neuen Texte mit Abstand zu lesen und ihre Wirkung auf die zukünftigen Leser zu überprüfen. Storm hat sich gegenüber Freunden und Kollegen häufig über seine Schreibprozesse geäußert; es handelt sich um denselben Kreis Gleichgesinnter, an die er nach Fertigstellung einer Novelle den Zeitschriftenabdruck – oft schon als Korrekturbogen – verschickt, begierig, ihre Reaktionen zu erfahren. Natürlich erwartete Storm zuallererst Zustimmung und Lob für die jeweils neue Arbeit; aber er interessierte sich auch und vor allem für kritische Anmerkungen seiner ersten Leser, die er für die anschließende Bearbeitung der Texte für die ersten Buchausgaben verwendete. Der Übergang von Zeitschriftendruck zur Buchausgabe ist daher für die Vollendung der jeweiligen Novelle die entscheidende Gelenkstelle, während Storm bei der Aufnahme in die seit 1868 bei Westermann in Braunschweig erscheinende Gesamtausgabe nur noch unwesentliche Korrekturen vornahm. [...]

Gerd Eversberg (Hg.): *Der Schimmelreiter. Novelle von Theodor Storm. Historisch-kritische Edition.* Berlin: Erich Schmidt Verlag, 2014. S. 459.

Quellen und Einflüsse auf den *Schimmelreiter* (Andreas Blödorn, 2017)

[...] Die Quellen, die Storm für seine Deichnovelle [*Der Schimmelreiter*] benutzt hat, sind zahlreich. Eversbergs Historisch-kritische Textedition führt erstmals ein annotiertes Verzeichnis aller Quellen auf, das über 50 verschiedene Titel umfasst [...]. Unterschieden werden muss dabei allerdings zwischen direkt von Storm benannten oder mittelbar aus dem

BIOGRAFIE | WORT- UND SACHERKLÄRUNGEN | MATERIALIEN

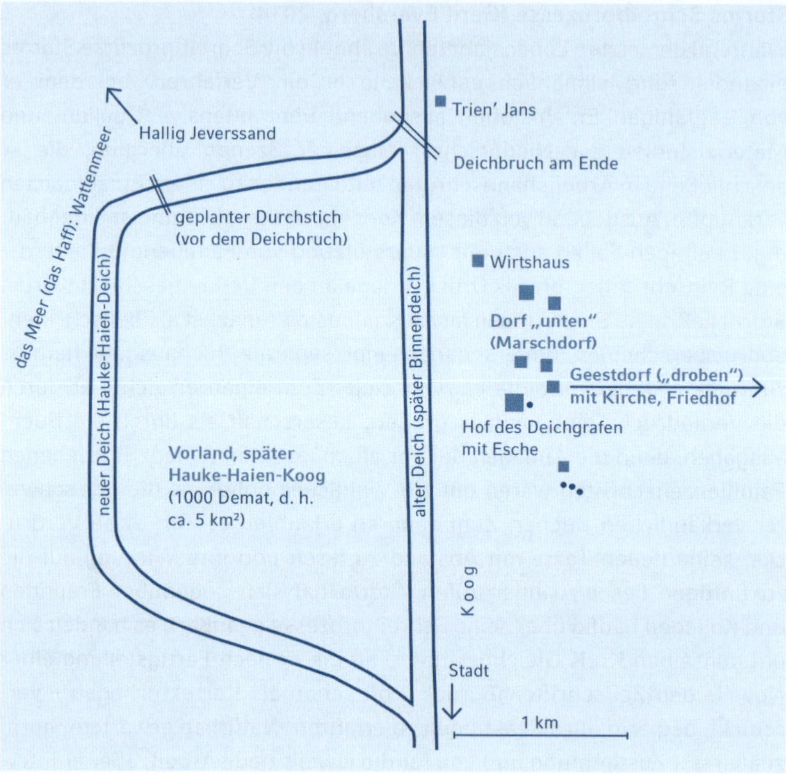

So stellt sich der Schauplatz des *Schimmelreiters* in Storms Novelle dar.

Novellentext erschließbaren Quellen und solchen, die nur mit „gewisse[r] Wahrscheinlichkeit“ (ebd., S. 531) als solche betrachtet werden können. Storms vorrangiges Interesse galt vor allem Schriften und Chroniken zur Geschichte der Sturmfluten, des Deichbaus und der Landgewinnung an der schleswig-holsteinischen Nordseeküste sowie regionalhistorischen und juristischen Schriften. Beraten ließ er sich in Deichbauangelegenheiten von seinem Heider Freund, dem Wasserbauingenieur Christian Eckermann, der selbst über die *Geschichte der Eindeichungen in Norderdithmarschen* publiziert hatte (1882) und der ihm für die Arbeit an der Novelle einige (von Storm allerdings nicht im Einzelnen benannte) Schriften und Manuskripte anvertraute [...].

Sicher belegt durch ihre Erwähnung oder Zitation in Storms „Concept“-Handschrift sind neben Anton Heimreichs erstmals 1666 erschienener

Nordfresischer Chronik aber eine Reihe weiterer Quellen, darunter die Laßsche *Sammlung Husumscher Nachrichten* (1750–52), Christian Johansens *Halligenbuch* (1866), Johann Georg Kohls *Die Marschen und Inseln der Herzogthümer Schleswig und Holstein* (1846), Christian Peter Hansens *Das Schleswig'sche Wattenmeer und die friesischen Inseln* (1865), Nikolaus Falcks *Handbuch des Schleswig-Holsteinischen Privatrechts* (1825 ff.), das von Cai Lorenz von Brockdorff und Friedrich Ludwig von Eggers herausgegebene *Corpus Statutorum Slesvicensium* (1794) und Knut Jungbohn Clements *Lebens- und Leidensgeschichte der Frisen* (1845).

Eine ganze Reihe weiterer Quellen lässt sich aus dem Novellentext erschließen [...], unter anderem Aemil Storms medizinische Dissertation *De Febre sic dicta Marchica* (1857) und Johann Nicolai Tetens *Reisen in die Marschlander an der Nordsee zur Beobachtung des Deichbaus in Briefen* (1788). Dem historischen Deichvogt Hans Momsen, der die Darstellung des jungen Hauke Haien inspirierte, begegnete Storm in Claus Harms' *Schleswig-Holsteinischem Gnomon* (1843). Zur allgemeinen Information dienten ihm darüber hinaus weitere Schriften wie u. a. Christian Ulrich Beccaus *Versuch einer urkundlichen Darstellung der Geschichte Husums* (1854) oder Carl Schraders *Systematische Übersicht des Deichrechts* (1805). Johannes Mejers in Caspar Danckwerths *Newe Landesbeschreibung der Zwey Herzogthumer Schleswich und Holstein* (1652) abgedruckte Karte der Nordgoesharde nördlich von Husum gab die Vorlage ab für eine Arbeitszeichnung, die er sich von Eckermanns Tochter Gertrud anfertigen ließ. Storms lebenslangem Interesse an Heimatsagen, Spukgeschichten und Anekdoten verdanken sich eine Reihe literarischer Quellen und Einflüsse, die z. T. intertextuell aus der Novelle erschließbar sind: Neben der Weichselsage *Der gespenstige Reiter* (1838), die das Wiedergängermotiv für die Begegnung mit dem Schimmelreiter auf der Ebene von Storms Binnenrahmen beisteuerte [...], sind hier v. a. Karl Müllenhoffs *Sagen, Märchen und Lieder der Herzogthumer Schleswig, Holstein und Lauenburg* (1845), Georg Schambachs und Wilhelm Müllers Sammlung *Niedersächsische Sagen und Märchen* (1855), Wilhelm Johann Albert von Tettaus und Jodocus Deodatus Hubertus Temmes Sammlung *Die Volkssagen Ostpreusens, Litthauens und Westpreusens* (1837) sowie Storms aus einer Lübeckischen Quelle übernommene und in Karl Leonhard Biernatzkis *Volksbuch für das Jahr 1847* veröffentlichte Anekdote *Das Wunderkind* zu nennen. Neben der Luther-Bibel, aus der Storm im *Schimmelreiter* zitiert, ist zudem Klaus Groths *De Heisterkrog* (aus: *Quickborn*, Teil 2, 1871) ebenso Motivquelle wie v. a. Theodor Mügges Erzählung *Sam Wiebe. Ein Lebensbild aus den Marschen*

(1854), in der Storm eine das Erzählen von vergangenen Sturmfluten einleitende Begegnung mit einem alten Schulmeister auf dem Deich vor Husum vorgeprägt finden konnte. Aufschlussreich für Storms Arbeitsprozess ist insbesondere sein Umgang mit geografischem Kartenmaterial und mit historischen Quellendaten. [...]

Andreas Blödorn: *Der Schimmelreiter. Quellen und Einflüsse*. In: Christian Demandt/Philipp Theisohn (Hg.): Storm Handbuch. Leben – Werk – Wirkung. Stuttgart: J. B. Metzler, 2017. S. 250.

Der gespenstige Reiter. Ein Reiseabenteuer (1838)

Es war in den ersten Tagen des Monates April, im Jahre 1829 – so erzählte mir mein Freund – als Geschäfte von Wichtigkeit mein persönliches Erscheinen in Marienburg erforderlich machten; ich musste mich also zu einer Reise dahin entschließen, so gern ich sie auch bis zur schönern Jahreszeit aufgeschoben hätte, denn wer selten reiset, macht so eine Partie lieber bei schönem Wetter; allein die Nothwendigkeit der Sache machte, dass ich meine Reise beschleunigen musste.

Ein gemiethetes Reitpferd stand um vier Uhr nachmittags vor meiner Thüre; ich ließ den Braunen nicht lange warten, schwang mich hinauf, und nach wenigen Minuten hatte ich Danzig im Rücken.

Mein Weg längs der Chaussee ging gut, und das einzige Hindernis, welches ich zu bekämpfen hatte, war das kalte, unangenehme, regnigte Wetter.

Durchfroren und durchnässt kam ich bei ziemlicher Dunkelheit in Dirschau an; stieg im erstgelegenen Gasthof ab, um ein wenig zu ruhen, meinem sich einfindenden Appetit durch einen Imbiss zu begegnen, und durch einen erwärmenden Trunk meine Glieder zu erfrischen; fragte unter Anderm den Wirth, wie es mit der Weichsel stände, und bekam zur Antwort: „Schlecht; Ihr Hinüberkommen wird nicht allein beschwerlich, sondern auch gefährlich seyn;" doch ich durfte mich nicht abschrecken lassen, weil ich nach meinem Bestimmungsorte musste, und wo möglich wollte ich dort noch an demselben Abend eintreffen; ich bezahlte dem Wirthe meine Rechnung und eilte weiter; aber angekommen an der Weichsel, wurde ich von den Fährknechten zu meinem Schrecken unterrichtet, dass das heutige Hinüberkommen für keinen Preis ausführbar sey, wenn ich nicht mit Gewalt in die Arme des Todes eilen wolle; auch sahe ich zum Theil die Unmöglichkeit der Sache wohl selber ein; doch wurde mir der Vorschlag gemacht, dass ich bis zur Güttländer Fähre reiten solle, weil dort das Hinüberschaffen vielleicht noch zu bewerkstelligen seyn würde. Ich ließ mir dieses nicht zwei Mal sagen, griff in die Zügel, lenkte um, und fort ging's zur Güttlander Fähre. –

Dunkler und dunkler wurde es rings um mich, nur hin und wieder drang das Leuchten eines Sternes durch die Nebelwolken, fremd war mir die in schwarze Schatten gehüllte Gegend, kein menschliches Wesen erblickte ich, und nur das Brausen des Sturmes und das Geprassel des, durch das Wasser immer höher gehobenen und geborstenen Eises waren meine schaurigen Begleiter. – Da plötzlich höre ich dicht hinter mir das rasche Trappeln eines Pferdes, und freudig, in dem Wahne, einen Gesellschafter nahe zu haben, blicke ich mich erwartungsvoll um und sehe – Nichts – wohl aber trabt es immer schärfer und näher, mein Brauner schnaubt und stampft, kaum vermochte mein spitziger Sporn, ihn vorwärts zu treiben, und ein kalter Schauer überlief meinen ganzen Körper; doch beruhigte ich mich, da mein sonderbarer Begleiter verschwunden zu seyn schien; als ich ihn aber plötzlich wieder, ohne ihn zu sehen, vor mir hersprengen hörte, war es, als wollten mir meine Glieder die Dienste versagen, ein Fieberfrost durchrieselte mich, und mein Pferd wurde höchst unruhig; was aber die Unheimlichkeit noch mehr vermehrte, war: dass dieses unbegreifliche Wesen mir plötzlich und pfeilschnell vorüber zu sausen schien, so hörte sich das ungewöhnliche Geräusch wenigstens an, welches sich wieder allmählig verlor, um aber, wie es schien, mit erneuter Schnelligkeit zurückzukehren; es wieder hören, dicht hinter mir haben, die anscheinende Gestalt eines weißen Pferdes, mit einem schwarzen, menschenähnlichen Gebilde darauf sitzend, mir im fliegenden Galopp vorbeireiten zu sehen, war Eins; mein Brauner machte einen Seitensprung, und es fehlte nicht viel, so wären wir Beide den Damm, ohne es zu wollen, hinabgestürzt.
Ich habe die letzten Feldzüge mitgemacht, feindliche Kugeln tödteten neben mir meine besten Kameraden, vom Kanonendonner bebte die Erde, doch mich machte nichts erbeben; aber hier auf dem Weichseldamme, ich gestehe es zu meiner Schande, zitterte ich an allen Gliedern. –
Da hörte ich in der Ferne das Bellen eines Hundes, und wurde das Blinken eines Lichtes gewahr. Ha! dachte ich, da werden sich auch Menschen befinden, wie du einer bist; schnell ritt ich dem Lichtscheine entgegen, und kam an eine sogenannte Wachtbude; ich stieg ab, und fragte die darin versammelte Menge, ob ich bei ihnen die Nacht über verweilen könnte – denn für heute war ich des Reisens satt – und meine Frage wurde mit „Ja" beantwortet.
Froh, ein schützendes Obdach gefunden zu haben, brachte ich zuerst mein Pferd in Sicherheit, setzte mich dann ruhig in eine Ecke, pflegte mich, so gut es sich thun ließ, und hörte die Gespräche der Landleute, die hier auf Eiswache waren, mit an; ließ aber wohlbedächtig, um mich nicht Neckereien Preis zu geben, nichts von meinem überstandenen Abenteuer merken.

Da war's, als rauschte irgend etwas dem Fenster vorbei. Mit einem Schreckensausruf sprangen mehre Männer auf, und Einer von ihnen sagte: „Es muss irgendwo große Gefahr seyn, denn der Reiter auf dem Schimmel lässt sich sehen"; und der größte Theil eilte hinaus.

Der Reiter nun befremdete mich nicht, wohl aber die gemachte Bemerkung, weshalb ich den neben mir sitzenden alten Mann ersuchte mir hierüber eine genügende Erklärung zu geben, worauf ich folgende Auskunft erhielt:

„Vor vielen Jahren, da sich auch unsere Vorfahren hier einst versammelt hatten, um auf den Gefahr drohenden Eisgang genau Acht zu haben, bekleidete ein entschlossener, einsichtsvoller und allgemein beliebter Mann aus ihrer Mitte das Amt eines Deichgeschworenen. An einem jener verhängnisvollen Tage entstand eine Stopfung des Eises, mit jeder Minute stieg das Wasser und die Gefahr; der erwähnte Deichgeschworene, der einen prächtigen Schimmel ritt, sprengte auf und nieder, überzeugte sich überall selbst von der Gefahr und gab zu deren Abwehr die richtigsten und angemessensten Befehle; dennoch unterlagen die Kräfte der schwachen Menschen der schrecklichen Gewalt der Natur, das Wasser fand durch den Damm einen Durchweg, und schrecklich war die Verheerung, die es anrichtete. Mit niedergeschlagenem Muthe kam der Deichgeschworene in gestrecktem Gallopp beim Deichbruche an, durch den sich das Wasser mit furchtbarer Gewalt und brausendem Getöse auf die so ergiebigen Fluren ergoss; laut klagte er sich an, auf diese Seite nicht genug Acht gegeben zu haben, sah darauf still und unbewegt dieses Schrecken der Natur einige Augenblicke an; dann schien ihn die Verzweiflung in vollem Maaße zu ergreifen, er drückt seinem Schimmel die Sporen in die Seiten, ein Sprung – und Ross und Reiter verschwinden in den Abgrund. – Noch scheinen Beide nicht Ruhe gefunden zu haben, denn sobald Gefahr vorhanden ist, lassen sie sich noch immer sehen." –

Ich setzte am (andern) Morgen meine Reise weiter fort, sah den Reiter nicht wieder, wohl aber die schreckliche Verheerung, die das Wasser im obengenannten Jahre angerichtet hatte.

Hiemit schloss mein Freund, betheuerte die Wahrheit der Sache, und schien durch mein Kopfschütteln verdrießlich werden zu wollen.

(Aus: *Das Danziger Dampfboot*)

Lesefrüchten vom Felde der neuesten Literatur des In- und Auslandes. (Ernsten und fröhlichen Inhalts.) Gesammelt von J. J. C. Pappe, Jahrgang 1838, Zweiter Band. Hamburg, 1838. S. 125–128. Zitiert nach: http://w3.storm-gesellschaft.de/index.php?seite=84165 (abgerufen am 23.11.2019)

Die Entstehung des *Schimmelreiters* (Gerd Eversberg, 2014)

[... Storm] hat seine Hauptfigur, den Bauernsohn und späteren Deichgrafen Hauke Haien, nach dem Vorbild einer Reihe tatkräftiger Männer gestaltet, von deren Vorzügen er gelesen hat oder denen er persönlich begegnet ist.

Die Planung [für den *Schimmelreiter*] begann 1885; die Niederschrift der Novelle erfolgte seit Juni 1887. Storms schwere Magenkrankheit bestimmte ihn, gegen den drohenden Tod anzuschreiben; im Herbst begann er mit der Reinschrift und konnte die Novelle Ende Januar fertigstellen. Am 9. Februar 1888 schickte er das Manuskript an den Verlag.

Der Schimmelreiter erschien im April und Mai 1888 in zwei Teilen in der *Deutschen Rundschau*. Bereits Mitte Mai las der Dichter die Korrekturen der Buchausgabe und fügte zum besseren Verständnis Worterklärungen „Für binnenländische Leser!" hinzu. Anfang Juni unterschrieb er den Verlagsvertrag für die Buchausgabe, die im Herbst 1888 ausgeliefert wurde. Theodor Storm starb am 4. Juli 1888 in Hademarschen und erlebte das Erscheinen der ersten Buchausgabe nicht mehr. [...]

Gerd Eversberg (Hg.): *Der Schimmelreiter. Novelle von Theodor Storm. Historisch-kritische Edition.* Berlin: Erich Schmidt Verlag, 2014. Vorwort, S. 6.

Storms historischer Kontext (Birgit Althans, 2011)

Die Arbeit an seiner letzten und ihm [Storm] wichtigsten Erzählung, seiner für ihn „größten" Novelle, wie er mehreren Bekannten und befreundeten Schriftstellern im Verlauf der Verfertigung der Geschichte zwischen 1885 und 1886 schrieb, [...] gestaltete sich für ihn überaus schwierig und stockend. Der Stoff der „Geisterspuknovelle" war komplex, erforderte ausgiebige Recherchen der Methoden modernen Deichbaus und war von langen Krankheitsabschnitten begleitet, wurde oft unterbrochen und erst kurz vor seinem Tod vollendet. Storm agierte dabei nicht nur als poetischer Erzähler, sondern ging bei der Bearbeitung seines Stoffes analytisch, in einem der Foucault'schen „Archäologie" ähnlichen Verfahren wie ein Historiker und Literaturwissenschaftler oder ein die eigene Kultur befremdender Ethnograf vor [...].

Seine Geschichte beschreibt nur vordergründig die Schwierigkeiten und Widrigkeiten beim Deichbau, die Konflikte zwischen Deichbauern und – zwar lokal gewähltem, aber von der Obrigkeit bestätigtem – Deichgraf in einer nordfriesischen Gemeinde. Storm zerlegte und sezierte [...] die unterschiedlichen Konfliktlagen und diversen Perspektiven auf die Ereignisse in unterschiedliche Schichten, Wissens- und Aussagesysteme und historisch-politische Kontexte. Auch ihn interessierten in seiner Analyse die drei Achsen „Wissen“, „Macht“ und „Selbstverhältnisse“ [...] in einer im Übergang befindlichen Gesellschaft, aber auch die Produktivität der Macht. [...]

Storms eigener historischer Kontext, in dem er die Geschichte verfasste, war die der Auseinandersetzungen um die wechselnde politische Fremdherrschaft und die Unabhängigkeitsbestrebungen in Schleswig-Holstein im ausgehenden 19. Jahrhundert. Als in dieser Situation überaus engagierter Bürger kostete ihn seine politische Anwaltschaft unter anderem seine Anwaltspraxis in Husum und zwang ihn ins pekuniär und mental schwierig zu ertragende Exil; er musste als Assessor ohne festes Gehalt am preußischen Kreisgericht das „große Militärkasino Potsdam“ (Storm) ertragen. Storm entwarf aus dieser Perspektive die Chronik der Auseinandersetzungen um das Deichprojekt des Hauke Haien sowohl als Geschichte eines Kollektivs, der Auflehnung der einheimischen Bevölkerung gegen Auflagen einer ebenso fernen wie fremden Regierung, wie auch als individuelle Erfahrung der Exklusion und Inklusion moderner Subjektkonstituierung im 19. Jahrhundert. Deichbau war zu Storms Zeit, dem Ende des 19. Jahrhunderts, durch die Regierung zu legitimieren und stand damit per se im Konflikt mit der Tradition, die den Deichbau seit dem Mittelalter als Genossenschaftsrecht kannte, als mündlich überliefertes und seit dem 16. Jahrhundert festgeschriebenes „Spadelandrecht“, zu dem alle vor dem Deich Wohnenden verpflichtet waren (de nich will dieken, mutt wieken). [...] Die Novelle steht somit in einem aufgeladenen Spannungsverhältnis zwischen wissenschaftlich und rational begründetem Küstenschutz und regionalem Aberglauben, aus dem sie auch ihre besondere „Stimmung“ und die von Storm angestrebte Atmosphäre des „Schauerlichen“ und Unheimlichen, Befremdenden gewinnt [...].

Birgit Althans: *Storms Schimmelreiter. Das Töten als Initiation ins Soziale*. In: Paragrana. 20. 2011. S. 328–331.

Storms Novellenpoetik (Claudia Stockinger, 2017)

[...] Storms Novellenpoetik lässt sich in ihren unterschiedlichen Facetten [...] nur dann erschließen, wenn immer zugleich jene Bedingungen, unter denen die Texte entstehen, genauer jene spezifischen (medialen) Formen berücksichtigt werden, in denen die Texte publiziert werden: sei es fortgesetzt in Zeitschriften, sei es in Buchform (ob nun als erschwingliche Einzelpublikationen oder in Sammelbänden, in Werk- oder Prachtausgaben). Aufgrund seines ausgeprägten Nachweltbewusstseins bezog Storm selbstverständlich die Prosaproduktion ebenfalls in die eigene Werkbiografie mit ein; bei aller Hochschätzung des Dramas und v. a. der Lyrik reduzierte Storm auch diese Texte nicht auf eine bloß ökonomische Funktion. Dass er aber die frühen Novellen in die Nähe der Stimmungslyrik rückte oder für die späteren Novellen eine enge Nähe zum Drama behauptete, verwundert von daher nicht bzw. lässt sich aus der Haltung des Autors zu den drei Gattungen erklären.

[...] Storms Verständnis des Genres Novelle ist volatil; es verändert sich durch die Werkbiografie hindurch. Grundlegend für Storms Prosawerk ist hingegen ein Dichtungsverständnis, das an die Erfahrungswirklichkeit der zeitgenössischen Leser anknüpft, um diese zu verallgemeinern, das also alltägliche Vorkommnisse („die Realität") poetisch „verklärt". Storms Freund Hartmuth Brinkmann sieht genau darin den besonderen „Vorzug" von Storms „Sachen": dass sie auf einem „frische[n] Griff ins wirkliche Leben" beruhen. „Was wir Alle erlebt haben, das finden wir in Deinen Novellen in poetischer Steigerung wieder" [...].

Andere Elemente der Novellistik Storms wie die je eigene Ausformung dieses Realismus in Stimmungs- bzw. Resignationsnovellen (1), in Novellen mit ausgewiesenen Realitätseffekten (2) und schließlich in Novellen, die das Geschlossenheitsideal des Dramas ins Prosaische transponieren (3), stehen für die besondere Dynamik von Storms Verständnis des Genres. Sie legen eine Einteilung des überaus umfangreichen novellistischen Werks in drei Werkphasen nahe, die zugleich biografische Abschnitte markieren [...].

Zwar soll diese Einteilung im Folgenden nicht grundsätzlich infrage gestellt werden. Ordnet man aber die zwischen 1847 und 1864, also zwischen Storms erster Husumer Zeit und den Jahren als Gerichtsassessor und Kreisrichter in Potsdam und Heiligenstadt, entstehenden Novellen ganz einem eher lyrisch-situationistisch geprägten Frühwerk zu [...], wird man in poetologischer Hinsicht den einzelnen Texten nur ansatzweise gerecht. [...] Das Spätwerk entsteht nach Storms Pensionierung in Hademarschen zwischen 1880 und 1888 [...]. Es ist tendenziell stärker von Storms „Experimentierfreude" [...] in der Novellistik geprägt, die den Realismus etwa ins Grotesk-Komische, ja Unheimliche ausdehnte (vgl. *Der Herr Etatsrat*, 1881; *Der Schimmelreiter*, 1888).

Vor allem aber war Storm in diesen Jahren daran interessiert, seine Prosaproduktionen an der „hohen Tragödie" auszurichten, d. h. die Frage nach „Begrenzung" oder „Unzulänglichkeit" [...] als nicht nur partielles, sondern grundsätzliches anthropologisches Problem zu verhandeln. Dabei experimentierte Storm auch mit Erklärungsmustern, die von zeitgenössischen Vererbungs- und Degenerationstheorien bereitgestellt wurden [...]. Von ihrer poetologischen Anlage her gemeinsam ist allen Texten (mindestens) dieser Phase ein „im Mittelpunkte" der Novelle „stehende[r] Konflikt" [...], ein die jeweilige Novelle „organisirende[s] Centrum" [...]

Storms Verständnis der Novelle lässt sich nur erschließen, wenn man zugleich bedenkt, dass es auf dem nach 1850 entstehenden Massenmarkt zwischen den Produktionsbedingungen, den Rezeptionserwartungen und der Ästhetik der Texte zu vielfältigen Rückkopplungseffekten kommt. Dem ausgewiesenen „Medienprofi" Storm kann das nur nützen, und zwar in mehrerlei Hinsicht: Als „Dichter" im emphatischen Sinn möchte er sich in den literaturgeschichtlich relevanten Kanon einschreiben, als (Nebenerwerbs-)„Schriftsteller" mit Familie wirbt er um die nachhaltige Aufmerksamkeit der zeitgenössischen Leserschichten. Die Bereitschaft zur Publikation in Periodika ist dafür die *conditio sine qua non*, das Interesse an Einzelpublikationen für jeden Geldbeutel bis hin zu Schmuckausgaben für den Bildungs- und Besitzbürgerhaushalt versteht sich ebenfalls von selbst. Storm lässt sich von seinen Verlegern nicht die Butter vom Brot nehmen, weder wörtlich verstanden, bezogen auf die Honorare, noch im übertragenen Sinn, bezogen auf den Referenzrahmen, den Horaz' Anspruch des „Exegi monumentum aere perennius" („Denkmal steht, was ich schuf, ewiger als Metall"; Horaz 1820, 239) für den Autor des 19. Jahrhunderts bedeutete. Auch die sich in Storms Überlegungen zunehmend profilierende Nähe von Dramen- und Novellenpoetik, die Tatsache also, dass Storms Novellen- zunehmend *als* Dramenpoetik begründet wird, erklärt sich dadurch. Die Novelle Storms sollte sich an der bedeutendsten Gattung der Zeit, der Dramatik, messen lassen können bzw. mit dieser Schritt halten. Dem zeitgenössischen Gattungsverständnis zufolge und seinen medialen wie (aufmerksamkeits-) ökonomischen Voraussetzungen nach bot sich im Bereich der Prosa hierfür allein die Novelle an.

Claudia Stockinger: *Storms Verständnis des Genres Novelle: Novellenpoetik als Medienpoetik.* In: Christian Demandt / Philipp Theisohn (Hg.): Storm Handbuch. Leben – Werk – Wirkung. Stuttgart: J. B. Metzler, 2017. S. 119–125.

Aspekte der Interpretation

Storms Novelle *Der Schimmelreiter* bietet eine Vielzahl an Interpretationsansätzen. Im Mittelpunkt steht dabei häufig die Spukgeschichte und ihre darstellenden Mittel im Text: Betrachtet werden die Natur, die Personen und Tiere. Da es sich bei Storms Alterstext um eine Novelle des Realismus handelt, spielt der Gegensatz zwischen Fortschritt und Aberglaube, zwischen Hauke Haien und der Dorfgemeinschaft, natürlich ebenfalls eine häufig betrachtete Rolle. Grundsätzliches Thema ist auch die epische Gattung Novelle und die „verschachtelten" Rahmen mit ihren Erzählern. Bei der umfangreichen Beschäftigung mit dem *Schimmelreiter* kann man auf jeden Fall erkennen, welches Gesamtkunstwerk Storm mit seiner letzten Novelle gelungen ist.

Deichbau und Selbstopfer in *Der Schimmelreiter* (Christoph D. Weber, 2016)

Mit der Altersnovelle *Der Schimmelreiter* gelang es Theodor Storm (1817–1888) einen Mythos für die Küstenregion Nordfrieslands zu erschaffen. In den Jahrzehnten nach der Erstveröffentlichung im Jahre 1888 verfestigte sich die literarische Gestalt des Deichgrafen Hauke Haien zu einer außerliterarischen Sagenfigur. Der sonst geläufige Prozess, „in dem Sagengestalten von Schriftstellern zu literarischen Figuren umgeformt werden", verlief in diesem Fall auf umgekehrte Weise. [...] Maßgebend für die fortwährende Resonanz der Novelle ist der darin geschilderte Zweikampf des Menschen mit der Natur. Das fruchtbare Marschland, das die Existenzgrundlage für den Deichgrafen und die Dorfgemeinschaft bildet, bedarf des beständigen Schutzes vor wiederkehrenden Sturmfluten. [...] Der

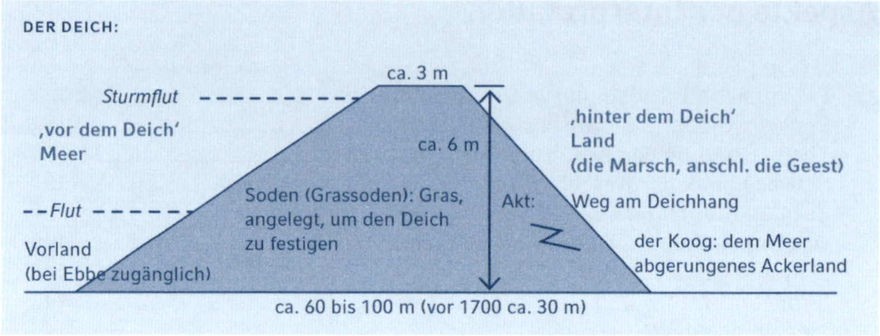

Aufbau eines Deiches

Kernkonflikt konstituiert sich im Widerstreit zwischen dem rational denkenden, willensstarken Einzelgänger und Erneuerer Hauke Haien und den scheinbar untätigen, abergläubischen Marschleuten. Nach wie vor setzen Letztere ihr volles Vertrauen in Gott, dass er den bestehenden Koog mitsamt dem ungeschützten Vorland vor Überschwemmungen bewahren wird. Der Deichgraf hingegen verspricht mittels eines neuen Deichs mit flacherem Profil Sicherheit und Wohlstand zu verschaffen. [...] Theodor Storm betrieb während der Niederschrift des *Schimmelreiters* extensive Quellenstudien. Aus heterogenen Textbezügen, die aus Deichbauschriften, Zeitungsberichten, Chroniken und Sagenerzählungen bestehen, ist ein stimmiges Gesellschaftsbild Nordfrieslands in der ersten Hälfte des 18. Jahrhunderts entstanden. Selbst der Novellenschauplatz entspricht in Einzelheiten der reell existierenden Topografie der nordwestlich von Husum gelegenen Hattstedtermarsch. Die von Hauke Haien vorangetriebene Eindeichung des ungeschützten Vorlands stimmt mit dem Grundriss des um 1500 erbauten Hattstedter Neuen Koogs überein. [...]

Im *Schimmelreiter* nimmt der Deichgevollmächtigte Jewe Manners die Mittlerrolle zwischen Tradition und Neuerung ein. Als Hauke Haiens Verbündeter beim Deichbau erkennt er die Vorherrschaft der göttlichen Vorsehung apodiktisch an [...]. Dieses Gottesvertrauen setzt aber nicht voraus, angesichts der bestehenden Naturgefahren in fatalistischer Untätigkeit zu verharren. Dank der fürsorglichen Leitherrschaft Gottes ist es möglich, mit dem über Generationen erworbenen Fachwissen sich gegen das Meereswüten zu behaupten. [...]

In vereinzelten Forschungsbeiträgen ist auf Quellentexte verwiesen worden, die Storm für die Darstellung der in der Binnenerzählung hereinbrechenden Flutkatastrophe eingearbeitet haben könnte. [...] Bezeichnenderweise liefert die Sturmflut „vor Allerheiligen im Oktober [1756]" das einzig konkret nachweisbare Datum in Hauke Haiens Lebenslauf. [...] Die historische Begebenheit gedenkt sofern nicht nur des Hinwegscheidens des fiktiven nordfriesischen Deichgrafen, sondern man könnte auch behaupten, dass ohne Storms Literarisierung das Unglücksereignis längst in Vergessenheit geraten wäre. Dessen Schadensbereich und die miteinhergehende mediale Aufarbeitung war, gemessen an der Weihnachtsflut von 1717 und der Februarflut von 1825, geringer ausgefallen. [...]

Der Tod der Mutter mit ihren Kindern ist einer von vielen Unglücksfällen, die sich in den Elbmarschen zugetragen haben. Dieses Motiv taucht ebenfalls als tragischer Höhepunkt in Storms *Schimmelreiter* auf. Entgegen der Ermahnungen Hauke Haiens verlassen seine Familienangehörigen, die Gattin Elke und das Töchterchen Wienke, die sichere Heimstätte. Bei der Deichbruchstelle kommt es dann zur Katastrophe, wenn die hereinströmenden Wassermassen die beiden in den Tod reißen. In einer Ironie des Schicksals bleibt der auf der Werft stehende Hof vor der Flut verschont. Auffallend ist, dass man im Unterschied zu den chronikalischen Berichten aus dem 18. Jahrhundert nicht vernimmt, ob weitere Todesopfer zu beklagen waren. An dieser Stelle wird in der Novelle die Erzählperspektive der Marschbauern ausgeblendet. Hierarchisierend liegt der narrative Fokus auf dem tragischen Untergang des überragenden Deichgrafen, der nach dem Unfalltod Elkes und Wienkes sich mit dem Schimmel in den Bruch stürzt. Die Sturmflut von 1756 figuriert als Unglück, das einzig Hauke Haien und seiner Familie das Leben gekostet hat, wodurch eine ausschließlich ihm zufallende Schuldenlast suggeriert wird. Aus der Flutkatastrophe, die die Chroniken als eine über das Kollektiv verhängte Gottesstrafe deuten, ist durch deren Literarisierung im späten 19. Jahrhundert ein Einzelschicksal geworden. [...]

Die literarische Figur Hauke Haiens, der aufgrund seiner aufgeklärten Denkweise sämtliche Warnzeichen und Wahrsagereien verleugnet, nimmt demzufolge eine anachronistische Außenseiterrolle ein. Für den Deichgrafen hat sich die äußere Natur vollends zu einem stummen Gegenüber gewandelt, das mit mathematischem Verstand dominiert und bezwungen werden muss. In Anklang an Goethes Ballade *Der Erlkönig* (1782) ist Hauke Haien darauf bedacht, seiner Tochter Wienke die kindliche Furcht vor dem Meer zu nehmen. Mit aufgerissenen Augen sagt sie ihrem Vater, dass es zu ihr spreche, woraufhin er besänftigend antwortet: „Es spricht nicht; es rauscht und toset nur!" [...] Auffallend ist, dass diejenigen Menschen, die in der Novelle Zugang zum Übersinnlichen haben, stereotyp Frauen oder einfache Bauersleute sind. Sie gehören insofern nicht der gebildeten Elite an. Die angeblich erblickten Wunderzeichen werden rege unter den Mägden besprochen, und die Unheilsahnung verbreitet sich wie ein Miasma im ganzen Dorf. Einzig im Haus des Deichgrafen findet „das abergläubige Geschwätz" kein Gehör, was fatale Folgen für Hauke Haien und seine Familie haben wird. [...]

Der von Storm erschaffene Mythos des sich aufopfernden Schimmelreiters hat bis heute nichts an Relevanz eingebüßt. Auf prägnante Weise veranschaulicht die Altersnovelle, wie durch Krisensituationen archaische Denkstrukturen reaktualisiert werden, die das „aufgeklärte" Individuum als überwunden abgetan hat. Der Deichgraf zerbricht an der Verantwortungslast, seine Mitmenschen vor weiteren Überschwemmungen zu beschützen. Als Konsequenz seines Scheiterns schultert er die gänzliche Verantwortung für das hereingebrochene Unglück und gibt sich in einem Akt der moralischen Selbstentleibung den Fluten preis.

Christoph D. Weber: *Deichbau und Selbstopfer: der Katastrophendiskurs in Theodor Storms Der Schimmelreiter.* In: Deutsche Vierteljahrsschrift für Literaturwissenschaft und Geistesgeschichte, 90. März, 2016. S. 109–133.

Spuk als Gerücht: Storms Volkskunde (Ethel Matala de Mazza, 2013)

[...] Storm hat die Reitergeschichte offenbar bereits in seiner Jugend gelesen und sich ihrer erinnert, als er mit [Theodor] Mommsen Sagen sammelte, aber damals auch bedauert, dass der Schimmelreiter, „so sehr er auch als Deichsage seinem ganzen Charakter nach hierher passt", „leider nicht unserm Vaterlande" gehört. Der Ich-Erzähler der späteren Novelle, der nostalgisch seiner Jugendlektüre bei der Urgroßmutter nachhängt, hat das vergessen. In der Geschichte, die er erinnert, fehlen die Ortsnamen Danzig, Dirschau und Güttland. An deren Stelle sind genaue Beschreibungen des nordfriesischen Marschlands zwischen Bredstedt und Husum getreten, die hinreichen, um den Küstenstreifen an der Nordsee auch ohne die Nennung der Städte lokalisierbar zu machen.

Was über die öde Gegend sonst zu sagen ist, erfährt der Binnenerzähler von einem alten Mann, der im Wirtshaus „hinter dem Ofen" sitzt und bereitwillig sein Lokalwissen ausbreitet [...]. Der Mann im „abgeschabten schwarzen Röcklein" ist der „Schulmeister": ein Kollege also all der Lehrer, die Storm, [Theodor] Mommsen und Müllenhoff einst mit dem Großteil ihres regionalen Sagenmaterials belieferten.

[...] Wie der Schulmeister selbst zugibt, weist seine Lebensgeschichte Hauke Haiens zu [Hans] Momsen enge Parallelen auf. Allerdings machen die „Überlieferungen verständiger Leute", zu denen „Erzählungen der Enkel und Urenkel" hinzukommen, nur einen Teil der Quellen des Alten aus. Der Schulmeister muss den Rest auf das stützen, was damals und „auch jetzt noch das Geschwätz des ganzen Marschdorfes" ist [...]. Das sind in erster Linie Gerüchte, die im Dorf rundgehen und umso wilder wuchern, je manischer Hauke Haien sein Bauprojekt eines neuen Deiches verfolgt. [...] Im Gerede der Dorfbewohner verquicken sich diese Relikte archaischen Kultglaubens mit dem Spott über Hauke Haien und später mit den Indiskretionen seiner Knechte und Mägde zu einer Legende, in der der rastlose Mann – vom Schulmeister als Sonderling porträtiert, der primär seiner Überheblichkeit wegen auf hohem Ross sitzt – zum Teufelsreiter wird, lange bevor er in der Apokalypse der „Sündflut" umkommt.

Statt alte Lokalsagen lediglich neu zu fassen, erzählt Storms *Schimmelreiter*-Novelle auf diese Weise von der Genese einer Sage aus einem Gewirk von Gerüchten, in denen der erzählte Spuk von jenem Unheimlichen nicht zu trennen ist, das der Fama *per se* innewohnt. Denn weil Gerüchte stets als sekundär zitierte Rede kursieren – als das, „von dem man sagt, dass es alle sagen" – schaffen sie, wovon sie sprechen. [...]

Es sei, so hat es Storm in einem vielzitierten Brief vom 20. Oktober 1887 gegenüber Paul Heyse selbst beschrieben, das Kunststück seiner Novelle gewesen, aus einem Jungen wie Hauke Haien einen Deichgrafen und aus diesem ein „Nachtgespenst" zu machen. [...] Der Hauke Haien, den Storms Novelle verewigt, ist nicht „als Wegbereiter des technischen Fortschritts", sondern als „Gespenst unsterblich": als apostrophierter Schimmelreiter, der die Weichselufer für immer verlassen hat, um nur mehr durch die Marsch an der Nordseeküste Nordfrieslands zu streifen.

Anders als in den Geschichten *Am Kamin* wird durch diese Heimholung der Reiterspuk nicht domestiziert und privatisiert, sondern – im Gegenteil – politisch aufgeladen, wenn die Region Schleswig-Holsteins über die elegischen Beschreibungen der Landschaft so deutlich in den Fokus rückt. Die Situation in dieser Region hatte sich seit den 1860er-Jahren erneut gewandelt. Nachdem Storm zwanzig Jahre zuvor die Sammlung von Sagen, Märchen und Liedern unternommen hatte, um dem dänischen König patriotisch die Stirn zu bieten und dessen Vorhaben zu torpedieren, die Provinzen in seinen Gesamtstaat einzugliedern, richtet sich sein Ressentiment inzwischen gegen einen neuen Gegner. 1867 war Schleswig-Holstein von Preußen annektiert worden. Die Reformen, die in der Folge durchgesetzt wurden, zielten in dieselbe Richtung wie zuvor bereits in Westfalen, wo sich Annette von Droste-Hülshoff [...] mit ihrem Westfalen-

Werk gegen die preußische Bürokratie stemmte. [...] Als junger Jurist hatte [Storm] bereits in Potsdam, wo er Volontär war, Gelegenheit gehabt, den preußischen Staatsapparat kennenzulernen, der ihn abstieß, wohl auch überforderte. Dass ihn die Annexion Schleswig-Holsteins, kaum dass er nach 10-jährigem „Exil" in Preußen wieder nach Husum zurückgekehrt war, erneut zum preußischen Beamten machte, kam ihm alles andere als gelegen. Mit verschobenem Akzent folgt auch bei ihm die novellistische Hinwendung zur Heimat und zu den Eigentümlichkeiten ihrer Bewohner [...] dem Impuls, die nordfriesische Provinz in einem vergangenen Zustand zu konservieren, der unter der preußischen Vorherrschaft zur gespenstischen Retrofiktion geworden war.

Ganz folgerichtig ist im Spuk des *Schimmelreiters* jede Erinnerung daran getilgt, dass es im 17. und 18. Jahrhundert in erster Linie der dänische König war, der in Nordfriesland die Modernisierung und Kommerzialisierung des Deichbaus vorantrieb, indem er seinen „Geheimen-Conferenzrath" Jean Henri Desmercieres mit der Aufgabe betraute. Genauso wenig lässt er noch erahnen, dass der gespenstische Reiter ursprünglich im Raum zwischen Dirschau und Güttland beheimatet war [...]. Heimholung der Sage heißt im *Schimmelreiter* im präzisen Sinne: der Spukgestalt in Schleswig eine neue Heimat zu geben, weil sie dort gut hinpasst, und die Preußen, denen in Norddeutschland die Zukunft gehört, auf diese Weise wenigstens um eine schöne alte Geschichte zu bringen.

Auch wenn Storm sich als „eigentlich unpolitisches Thierl" bezeichnet hat, darf man darin einen kleinen politischen Coup sehen. Eine strategische Verbündung mit einem Reiter, der nicht totzukriegen ist und der nach seinem Geisterritt an der Küste zwischen Husum und Bredstedt zwar nie mehr gesehen wurde, aber bis heute von sich reden macht, da Storm mit seiner Novelle dafür gesorgt hat, dass man auch jenseits von Schleswig-Holstein immer wieder von ihm liest und bemerkt: Der Schimmelreiter ist sagenhaft schnell, aber sehr weit weg von Husum reitet er nie.

Ethel Matala de Mazza: *Spuk als Gerücht. Theodor Storms Volkskunde*. In: Elisabeth Strowick; Ulrike Vedder (Hg.): Wirklichkeit und Wahrnehmung. Neue Perspektiven auf Theodor Storm. Publikationen zur Zeitschrift für Germanistik; Neue Folge. Band 27. Bern: Peter Lang AG, 2013. S. 123–129.

Thematisierung von Natur und Weiblichkeit (Irmgard Roebling, 2000)

[...] Die eminente Bedeutung der Natur für den Autor Storm ist von der Forschung in verschiedenen Interpretationszusammenhängen beschrieben worden. Nicht nur ist Natur ein stetes Objekt des Erlebens und Darstellens in seiner Dichtung – Storms Naturgedichte gehören mit zum Eindringlichsten, was die deutsche Sprache kennt –, sondern die neuzeitliche Thematisierung von Natur, das Nachdenken über neue wissenschaftliche Erkenntnisse und Naturkonzepte wird als handlungsstrukturierender Hintergrund oder als Diskutiergegenstand in seine Texte einbezogen. [...] Er partizipiert intensiv an den Errungenschaften der Naturwissenschaften (z. B. Darwinismus und Vererbungslehre) und verfolgt die naturalistischen Versuche, Literatur inhaltlich und konzeptionell an diesen Errungenschaften teilnehmen zu lassen. Mit seinem [...] psychologischen Feingefühl spürt er der inneren Natur des Menschen nach und liefert häufig poetische Darstellungen dessen, was Freud wenig später systematisch zu fassen sucht. [...]

In seine *Schimmelreiter*-Novelle lässt Storm von all diesen Naturvorstellungen Elemente einfließen und erweitert das Spektrum noch um eine merkwürdige Verbindung von literarisierter Wissenschafts- und Technikreflexion auf der einen Seite und spukhaft magischem Naturgeschehen auf der anderen Seite. Während dem Phänomen von Aberglauben und Dämonischem in der Novelle verschiedentlich nachgegangen wurde [...], ist von der Forschung bisher der Tatsache, dass Storm seinen *Schimmelreiter*, der ja eine Spukgeschichte ist, in der Mitte des 18. Jahrhunderts spielen lässt, auf dem Höhepunkt der Aufklärung in Deutschland also, nur wenig Beachtung geschenkt worden. Dass diese zeitliche Situierung kein Zufallsgriff ist, legt die Profilierung der Zeitstruktur und die Verbindung mit dem eigenen Erzählzeitraum nahe. Der Autor markiert nämlich den Zusammenhang seiner Lebenszeit mit der erzählten Zeit durch die gestaffelte Erinnerungsannäherung an die Zeit des 18. Jahrhunderts: Der erste Erzähler berichtet rückwärts sich wendend aus seiner Jugendzeit, der zweite Erzähler erinnert ein Erlebnis vom „dritten Jahrzehnt unseres Jahrhunderts" [HL, S. 5], der dritte Erzähler [Schulmeister] präzisiert den Zeitraum seiner in der Vergangenheit liegenden Erzählung mit der Einleitung: „In der Mitte des vorigen Jahrhunderts, oder vielmehr, um genauer zu bestimmen, vor und nach derselben, gab es hier einen Deichgrafen" [HL, S. 9]. Durch die Stufenkonstruktion, durch die genauen Zeitangaben und durch Bemerkungen wie „niemals aus dem Gedächtnis verloren" [ebenda] wird der Eindruck erzeugt, als versichere sich hier eine Instanz erzählend eines Zeitraums und einer Kontinuität, die für die eigene Identität wesentlich ist. Und in der Tat wird man die Gründerzeit, die Epoche der Entstehung des *Schimmelreiters*, mit der Hochentwicklung von Naturwissenschaft, Technik, Kapitalismus und Kolonialismus nur aus der Fortentwicklung dessen verstehen können, was in der Aufklärung einen ersten Höhepunkt erreicht hatte.

Ganz offensichtlich hatte der Autor Storm, der sich der Endphase seines Lebens und Schaffens bewusst war, das Bedürfnis nach abschließender Erkenntnis und Problematisierung der eigenen Epoche. Und so versuchte er, deren Gewordensein durch eine Art Ursprungsmythos sich und seinen Lesern zu erläutern. Diesen Mythos gestaltet er durch Einbindung regional typischer Spuk- und Sagengeschichten in eine Rekonstruktion des modernen Menschen. In der langen Erkundungszeit während der Entstehung der Novelle hat Storm sichtlich nicht nur Deich-Sagen gesammelt und diese seinem Anliegen assimiliert, sondern auch Aufklärungsforschung betrieben, um die Umbrüche im Selbstverständnis der Menschen, in der Ausbildung einer bürgerlichen Identität und im modernen Verhalten zur Natur selbst zu verstehen [...].

[...]

Sieht man sich die Eingangsphase der Novelle bis zur Erzählung der eigentlichen Schimmelreitergeschichte vor dem Hintergrund des bisher Überdachten an, so wird man mit Bewunderung die dramaturgisch raffinierte Einführung der gegenläufigen Kräfte und Bedeutungsfelder der Grundstruktur der Novelle erkennen. Ort, Zeit, Thema und Personengefüge werden expositionsartig vorgeführt, wenn auch durch die gestaffelte Rahmenkonstruktion in abschattierter Bedeutungsemphase. Dass gleich mit dem äußeren Rahmen – im Bild des männlichen Erzähler-Ichs am Lehnstuhl der Urgroßmutter – das Nebeneinander von männlicher und weiblicher Instanz im Kontext von Erzählwelten thematisiert wird, kann aufgrund der Marginalität der Szene [...] leicht übersehen werden. Erst in der Motivwiederholung bei Entfaltung des inneren Rahmens tritt mit dem insistierenden Verweis auf das andere Erzählen der Haushälterin Antje Vollmers die Bedeutung des Themas männlich-weiblich für die Handlung und die Erzählprozesse in den Vordergrund.

Stärker ins Auge fallen im Novelleneingang andere Grundvorgaben, die mit dem mittleren Rahmen einsetzen: Die Topografie der Küstenlandschaft als Grenzgebiet von sicherem Land und wildem, bedrohlichem Naturelement, das Motiv des Deichs als Grenzmarkierung und Schutzkonstruktion und die Motivverbindung von Deich und Erzählen; der zweite Erzähler stellt sich ja sogleich als Reiter auf dem Deich vor, und vom dritten Erzähler, dem Schulmeister, erfahren wir noch in der Exposition, dass er auf Dauer Logis im Wirtshaus auf dem Binnendeich genommen hat.

Die Zeit wird mit Oktober angegeben [...], deren Bedeutung im Laufe des Textes durch ständige Wiederholung immer weiter ins Bewusstsein rückt. Die Zeitangabe Oktober zusammen mit dem Signal des kommenden

Allerheiligenfestes, das fünfmal im Text auftaucht, leitet alle Umschwünge zum Dramatischen ein, steht immer am Anfang des Einbruchs entfesselter Natur. Weist die Küstenlandschaft auf das Aufeinanderstoßen von topografisch Sicherem und Unsicherem, so wird [...] mit Allerheiligen und der Oktoberzeit jahreszeitlich auf die Äquinoktialstürme (zwischen Sommer und Winter) verwiesen und mental auf das Aneinanderstoßen aufgeklärten Denkens mit abergläubischen Vorstellungen und Riten, die mit dem Fest Allerheiligen und Allerseelen verbunden sind. Auch Vorstellungen vom Hereinragen der Welt der Toten ins Reich der Lebendigen werden mit diesem Datum angedeutet. [...]

Irmgard Roebling: *„Von Menschentragik und wildem Naturgeheimnis". Die Thematisierung von Natur und Weiblichkeit in „Der Schimmelreiter".* In: Gerd Eversberg; David A. Jackson; Eckart Pastor (Hg.): Stormlektüren. Festschrift für Karl Ernst Laage zum 80. Geburtstag. Würzburg: Königshausen & Neumann, 2000. S. 183–190.

Storms Poetik der Geschlechter (Stefani Kugler, 2017)

Theodor Storm kann sicherlich als *der* poetische Realist der deutschen Literatur gelten, in dessen Werk Geschlechterverhältnisse und -codierungen der zweiten Hälfte des 19. Jahrhunderts am vielfältigsten aufgegriffen und kulturgeschichtlich reflektiert werden. Die Kategorie Gender dominiert die thematischen Schwerpunktbildungen aller Werkphasen, vom zentralen Sujet meist scheiternder Jugendlieben in der frühen Prosa an, über die um soziale, kulturelle, religiöse und generationale Differenzen erweiterten Geschlechterbeziehungen der mittleren Novellistik bis hin zu den tragischen Ehe- und Familienkonstellationen im Spätwerk. An zahllosen Lebensläufen männlicher und weiblicher Figuren führen Storms Erzählungen vor, wie sich die Konstituierung von Subjektivität und Identität auf der Grundlage der bürgerlichen Differenzierung von Geschlecht vollzieht, das eines der bedeutsamsten Ordnungskonzepte der Moderne darstellt.

[...]

Der Schimmelreiter stellt schließlich auch im Hinblick auf die Semantisierung von Geschlecht den Höhepunkt von Storms Prosa dar. Im Mittelpunkt seiner letzten Erzählung stehen eine außergewöhnliche männliche Karriere im Übergang zur aufgeklärten, technisierten und fortschrittsorientierten bürgerlichen Gesellschaft sowie ihre komplizierte Überlieferungsgeschichte. Die mehrfach gestaffelten Erzählebenen verlängern das in der Sattelzeit – und somit in der Phase der Etablierung der bürgerlichen Geschlechterdichotomie – angesiedelte Geschehen um Hauke Haien über die Restaurationsepoche hinaus bis in die gründerzeitliche Erzählgegenwart des äußersten Rahmenerzählers. Dadurch wird der Blick auf die historische Formierung und Weiterentwicklung, aber zugleich auch auf die lückenhafte Tradierung des „Wissens" um männliche Größe gelenkt, das sich im Spannungsfeld zwischen der Verehrung für den genialen Kulturschaffenden und der ängstlichen Verdammung des die dörflich-ständischen Traditionen sprengenden Machtmenschen bewegt, aber auch den liebevollen Ehemann und Vater einbezieht. Wie von der neueren Forschung detailliert herausgearbeitet wurde, spielen Repräsentationen von Geschlecht auf allen Ebenen der Novelle eine entscheidende Rolle: in der Figurenkonstellation (Hauke – Elke – Wienke, Vaterfiguren – Trien Jans), in den räumlichen Dimensionen mit ihren Geschlechtercodierungen, in der erzählerischen Vermittlung und Rezeption (die Erzählkonkurrenz zwischen dem „aufgeklärten" Schulmeister und der abergläubischen Version von Antje Vollmers, die Rezeption in der Männergesellschaft in der Dorfschenke bzw. unter der behütenden Aufsicht der Großmutter) sowie bei den intertextuellen Bezügen (etwa in der Wasserfrauengeschichte).

Als *communis opinio* kann deshalb gelten, dass Hauke Haiens Lebensgeschichte und die Frage ihrer Tradierung von einer facettenreichen Problematisierung der Zuschreibungen von Geschlechterrollen in der modernen Gesellschaft begleitet wird. Die patriarchatskritische Stoßrichtung der Novelle ist jedoch recht unterschiedlich aufgefasst worden. Laut Roebling führt der Text eine umfassende Ausgrenzung des Kreatürlich-Weiblichen aus der männlichen Kultur als „Verarmung und gesamtgesellschaftliche Fehlentwicklung" vor, der er erinnernd entgegenzuwirken versucht [...]; Forssell stellt Anzeichen von „Instabilität" bei der vermeintlich „festen hegemonialen Männlichkeit" der Hauptfigur fest, womit die Erzählung den „herrischen Heldentypus" verabschiede [...], und für Stein ist die Ehe des Deichgrafen durch die mit dem großen Bauprojekt voranschreitenden gewaltsamen Domestizierungsbemühungen geprägt, sodass „die Faktoren" beleuchtet würden, „die aufklärerisches Denken und Fortschritt destruktiv werden lassen" [...]. Letztlich erweisen sich jedenfalls beide Großerzählungen von männlicher Einmaligkeit als unzureichend und fragwürdig: Während der Protagonist dem „Hauke-Haiendeich" [HL, S. 94] alles unterordnet, durchstößt ihn der Text auf vielfache Weise – gerade um dem „anderen Geschlecht" Raum verschaffen zu können.

Stefani Kugler: *Figurenkonstellationen II: Storms Poetik der Geschlechter*. In: Christian Demandt / Philipp Theisohn (Hg.): Storm Handbuch. Leben – Werk – Wirkung. Stuttgart: J. B. Metzler, 2017. S. 335–343.

Zorn und Gotteszorn (Maximilian Bergengruen, 2017)

Dass es gerade der Zorn ist, in dem sich der Mensch gegen Gott und damit diesen infrage stellt, mithin also das erste Gebot bricht und seine Nachkommen der Vernichtung aussetzt, dies wird in zwei Novellen aus den achtziger Jahren deutlich: *Zur Chronik von Grieshuus* (1884/85) und *Der Schimmelreiter* (1888). [...]

Zorn kennzeichnet auch Hauke Haien, den Protagonisten von Storms bekanntester Novelle *Der Schimmelreiter* (1888): „Seine Augen sahen grimmig zur Seite"; „eine jähe Zornröte stieg ihm ins Gesicht"; „der Zorn stieg dem Reiter in die Augen", sein „zornrotes Antlitz war totenbleich geworden", heißt es im Laufe der Novelle über den Protagonisten [...]. Das erste Mal trifft es [...] ein Tier, nämlich den Angorakater von Trien' Jans: „Ein Grimm, wie gleichfalls eines Raubtieres, flog dem jungen Menschen ins Blut; er griff wie rasend um sich" [HL, S. 15].

An dieser Stelle wird nun, wie schon im *Auf dem Staatshof*, der Fluch explizit gemacht: „Du sollst verflucht sein! Du hast ihn totgeschlagen, du nichtsnutziger Strandläufer; du warst nicht wert, ihm seinen Schwanz zu bürsten!" [HL, S. 16]. Die theologische Konnotation der Verfluchung Haukes durch Trien' Jans wird durch die Anlehnung an die neutestamentliche Formulierung Joh 1,27 „Des ich *nicht werd bin* / das ich seine Schuchriemen aufflöse" deutlich hervorgehoben: In Trien' Jans' Augen hat sich Hauke mit niemand anderem als Jesus Christus – in Person eines seiner „geringsten Brüder [...]" (Mt 25,40) – auf Tod und Leben angelegt. Der zweite Fluch kommt aus dem Mund des Großknechtes Ole Peters anlässlich der Bevorzugung Haukes auf dem Deichgrafenhof: „Hol der Teufel den verfluchten Schreiberknecht!" [HL, S. 23]. Den dritten Fluch spricht ein Mitglied der radikalen pietistischen Gemeinde, der sogenannten „Konventikel"-Brüder, über Hauke aus: Dieser, so die Behauptung, „lastet gleich einem Stein auf der Gemeinde – der ist von Gott gefallen und suchet den Feind Gottes, den Freund der Sünde zu seinem Tröster" [HL, S. 70]. Dieser Bann-Fluch ist deswegen von herausragender Bedeutung, weil er bereits ein Gegenfluch ist. Haukes „Gebet" war nämlich, so die Argumentation, bereits selbst ein „Fluch" [...], genauer: eine Verfluchung Gottes (zu verstehen als Genitivus objectivus), die, zumindest aus Sicht der Konventikel-Brüder, darin bestand, diesem die Allmacht abzusprechen. Diese Argumentation entbehrt nicht einer gewissen Logik: „Ich weiß ja wohl", betet Hauke zu Gott anlässlich von Elkes Kindbettfieber, *„du kannst nicht allezeit, wie du willst, auch du nicht"* [HL, S. 69]; Hervorhebung M. B.). Hat man die Goethe zugeschriebene Sentenz „Nemo

BIOGRAFIE
WORT- UND SACHERKLÄRUNGEN
MATERIALIEN

contra deum nisi deus ipse" („Niemand gegen Gott, außer Gott selbst"; Goethe 1948 ff., 727) im Ohr, lässt sich in dieser Passage, immer aus der Perspektive der Konventikel-Brüder gesehen, nicht weniger als eine hybride und aggressive Konfrontation Haukes gegenüber Gott erkennen. Auch in diesem Falle entlädt sich der alttestamentliche Zorn Gottes nicht nur gegen seinen menschlichen Widersacher Hauke, sondern, wie im ersten der Zehn Gebote beschrieben, gegen dessen gesamte Familie: Haukes und Elkes Tochter Wienke ist geisteskrank (s. u.) und wird sich nicht mehr verheiraten und fortpflanzen. In dieser Geisteskrankheit wiederholt sie die Sünden des Vaters, indem sie diesem die Gott abgesprochene Allmacht zuerkennt: „Vater kann Alles – Alles!" [HL, S. 81]. Doch der Satz der fluchenden Trien' Jans – „Du strafst ihn, Gott der Herr! Ja, ja, du strafst ihn!" [HL, S. 79] – bewahrheitet sich in einem jähen Tod in der Sturmflut, welche nicht nur Hauke, sondern seine gesamte Familie mit alttestamentlicher Härte und ohne „barmherzig" zu sein, verschlingt [HL, S. 98]. Dass sich Hauke in einer Jesusähnlichen Position als Opfer für diese anbietet („Herr Gott, nimm mich; verschon die anderen", [HL, S. 98]), rettet die Familie nicht. Ganz im Gegenteil: Wenn man die theologische bzw. paratheologische Lesart weiterverfolgt, so zeigt sich in dieser Haltung nur ein erneuter Aufweis für seine Hybris gegenüber Gott.

Maximilian Bergengruen: *Familienkonstellation I: Familie und Vererbung. Zorn und Gotteszorn.* In: Christian Demandt / Philipp Theisohn (Hg.): Storm Handbuch. Leben – Werk – Wirkung. Stuttgart: J. B. Metzler, 2017. S. 327–328.

Das Unheimliche in *Der Schimmelreiter* (Aihong Jiang, 2014)

In der Novelle *Der Schimmelreiter* herrscht eine spukhafte, geheimnisvolle Atmosphäre. Dazu tragen Darstellungen irrationaler Elemente von Personen, Dingen, Sinneseindrücken, Erlebnissen und Situationen bei. Vor allem zu erwähnen ist das mächtige, tückisch erscheinende Meer, das den dunklen, abgründigen Hintergrund der Geschichte bildet. Bereits ganz am Anfang der Novelle wird der Leser durch die Schilderung der wilden Küstenlandschaft während eines Unwetters stark ergriffen: die öde, bereits von allem Vieh geleerte Marsch; die unaufhörlich wie mit Wutgebrüll an den Deich hinaufschlagenden Wellen; die wüste Dämmerung; der in der Höhe stehende, von treibendem Wolkendunkel überzogene Halbmond; das Geschrei der Vögel; das Toben von Wind und Wasser [...]. Hier ist der Ort, an dem sich die Geschichte des *Schimmelreiters* abspielt, wo die Menschen der Marschdörfer seit Generationen leben. Ein solches natürliches Umfeld bestimmt die Denk- und Lebensweise der Dorfbewohner in der Novelle. Da sie ständig dem Spiel von Wind und Meer ausgesetzt

sind, leben sie in großer Furcht vor dem unberechenbaren Meer, die ihr Denken und Handeln fesselt. Sie sehen in ihm „eine irrationale Urmacht, ein Reservoir dunkler Kräfte". [...]
In einer solchen Atmosphäre scheinen sich hinter allem unberechenbare geheime Kräfte zu verbergen. Zu erwähnen sind hier die ab und zu aufgefundenen Leichen auf den gefrorenen Watten am offenen Haff, die den Dorfbewohnern wie Seeteufel erscheinen. Auch die Begegnung des jungen Hauke Haien mit den gespenstischen Gestalten auf dem Watt, wo die Leichen gefunden werden, wirkt schauerlich. [...]
Ähnliche unheimliche Schilderungen finden sich auch in der Episode mit dem Spuk auf Jevershallig. [...] Am mysteriösesten ist das *Schimmelreiter*-Phänomen in der inneren Rahmenhandlung, das als reales Erlebnis des Ich-Erzählers wiedergegeben wird [...].
Neben den oben erwähnten, leicht erkennbaren übernatürlichen Elementen scheinen in manchen Menschen und Tieren der Novelle auch geheime Kräfte verborgen zu sein. Zum Beispiel gibt es die alte, sonderbar wirkende Frau Trien' Jans, die gerne von Wassergeistern erzählt und vor ihrem Tod die kommende Sturmflutkatastrophe vorausahnt; den Angorakater, welcher der einzige Geselle von Trien' Jans ist und der vom jungen Haien in einem Anfall plötzlicher Wut erwürgt wird; die Lachmöwe, die von Trien' Jans gefüttert und mit ihr gemeinsam vom Ehepaar Haien in dessen Hof geholt wird und die schließlich bei der Sturmflut unheimlicherweise unter den Hufen von Haiens Pferd zertreten wird; Haiens kleine Tochter Wienke, die zwar von Geburt geistig behindert ist, aber ab und zu ein weiser Mensch zu sein scheint und mit Jans, der Möwe und auch dem von Haien geretteten Hund gut auskommt. Diese vier Kreaturen bilden einen für sich geschlossenen harmonischen Kreis, der vom Ehepaar Haien als „wunderliches Vierblatt" [HL, S. 79] betrachtet wird. Nicht zuletzt ist auch der Schimmel, den Hauke Haien eines Abends von der Stadt nach Hause bringt, zu nennen. Die Unheimlichkeit dieses Tiers liegt nicht nur darin, dass Hauke Haien es von einem geheimnisvollen Unbekannten abkauft, dessen Hand wie eine Klaue aussieht [HL, S. 59] und dessen Lachen satanisch klingt, sondern auch darin, dass seit seinem Erscheinen im Dorf der Schimmel auf Jevershallig nicht mehr zu sehen ist. Die Dorfbewohner folgern daraus, dass es ein Teufelspferd ist. Der billig erworbene, abgemagerte Schimmel erholt sich prächtig. Man sieht, „wie toll er bald in den Koog hinabflog" und „wie aus seinem hageren Gesicht die Augen starren" [HL, S. 68]. So wächst die Angst der Marschbauern ihm gegenüber immer mehr.

Eine letzte Steigerung der Schilderung übernatürlicher Elemente findet man gegen Ende der Novelle in den Vorzeichen von Unheil kurz vor der Flutkatastrophe […]. In diesen Vorzeichen [HL, S. 90] deutet sich das kommende Unheil an. Die böse Vorahnung bedrückt die Dorfbewohner und treibt die unheimliche Stimmung der Binnenerzählung zum Höhepunkt. Die unheimlichen Elemente der Novelle zeigen, dass sowohl die Dorfbewohner in der inneren Rahmenhandlung, etwa um 1830, als auch die in der Binnenhandlung, etwa um 1750, noch in einer dumpfen unaufgeklärten Welt leben. […]

Aihong Jiang: *Das Unheimliche in Theodor Storms Der Schimmelreiter*. In: Literaturstraße. Chinesisch-deutsche Zeitschrift für Sprach- und Literaturwissenschaft. Band 15. 2014. S. 187–197. https://journals.ub.uni-heidelberg.de/index.php/litstr/article/view/43128/36625 (abgerufen am 4.12.2019)

„Figuren der Wiederkehr" im Realismus (Christian Begemann, 2013)

[…] Naheliegend ist das Auftreten von Gespenstern [in der Literatur des Realismus] nämlich darum, weil dieses Fortschritts- und Modernebewusstsein keineswegs ungebrochen, sondern vielmehr von Rissen durchzogen ist, durch die zurückkehrt, was man eben noch für abgelebt erklärt hat. Nicht nur steht das 19. Jahrhundert ebenso sehr im Zeichen einer kollektiven Memorialisierungstendenz und einer Wiederkehr der Vergangenheit, im Zeichen des Historismus, der obsessiven Musealisierung der Kultur und der Neigung zu historischen Stoffen in den Künsten. Auch die Frage der Metaphysik ist mitnichten hinfällig geworden, sondern hat sich lediglich verschoben und treibt Blüten wie etwa den Spiritismus, der zeitgleich mit dem Sieg der Naturwissenschaften eine Hochkonjunktur erfährt. […] Auffallend ist in der Literatur des 19. Jahrhunderts die massive Häufung von Figuren der Wiederkehr auf allen Ebenen, und das Gespenst, der Wiedergänger par excellence, ist […] eine Reflexionsfigur dieser Prozesse. […]

Während also die Programmatiker des Realismus nachgerade einen Exorzismus der als romantisch konnotierten, vermeintlich unzeitgemäßen und unrealistischen Elemente des Gespenstischen und Unheimlichen betreiben, spuken diese in auffälliger Häufigkeit in der Literatur, bei Fontane und Raabe, aber auch bei Paul Heyse oder Friedrich Gerstäcker. Vor allem aber ist es Theodor Storm, in dessen Werk Gespenster eine entscheidende Rolle spielen. Man kann dabei eine ganze Skala sehr unterschiedlicher Behandlungsweisen des Themas unterscheiden. Nicht selten markieren unheimliche Erzählelemente und -strukturen einen Übergang von Realismus in Fantastik und damit einen Grenzfall, der als solcher der

Selbstverortung realistischer Literatur dient. Das ist etwa in den Spukgeschichten *Am Kamin* (1862) und in *Der Schimmelreiter* (1888) der Fall, aber auch in *Hans und Heinz Kirch* (1882) oder in *Es waren zwei Königskinder* (1884). Noch häufiger jedoch treten metaphorische Gespenster auf. Storms Figuren stehen oft im Bann einer ambivalenten Vergangenheit, die einerseits Orientierung und Identität stiften, andererseits als determinierender Zwang erfahren werden kann. Es sind die Mächte der in der Erinnerung gegenwärtigen eigenen Lebensgeschichte, der Tradition und der Vererbung, die die Gegenwart und die Zukunft der Figuren bestimmen, ja heimsuchen; und an dieser Stelle tritt sehr häufig das Unheimliche und Gespenstische auf den Plan. [...]

Dass Storms Erzählungen in hohem Maße Erinnerungen thematisieren und strukturell durch Erinnerungen geprägt sind, hat man intensiv und perspektivenreich erforscht. [...] In der Tat entfaltet Storm geradezu eine „Theorie" der Erinnerung, ihrer Speichermedien, ihrer Mechanismen, ihrer biografischen Funktionen sowie des Umgangs mit ihr. Nicht weniger als die Zeitstruktur der Erinnerung tritt bei ihm die topische Struktur der Memoria ins Blickfeld, d. h. die Tatsache, dass diese räumlich organisiert ist, etwa insofern es Räume des Erinnerns gibt oder Orte zu Speichern und Auslösern von Erinnerungen werden. [...] Sorgfältig gestaltet Storm die Situationen und Mechanismen des Erinnerns, insbesondere in seinen Rahmenerzählungen, die die Fiktion erzählter Erinnerung in Szene setzen. An ihnen wird deutlich, wie sehr Erinnerung das Erzählen durch und durch bestimmt. Im Gegensatz zur goethezeitlichen Vorliebe für den Jüngling und seine Perspektive wird im Realismus, zumal bei Storm, häufig „aus der Perspektive von Alter und nahendem Tod erzählt" [Wünsch, 1999], wobei sich die Erinnerung ständig selbstreflexiv thematisiert. [...] Mit Blick auf die Figuren, die Erzählstruktur und die Funktionen der Erinnerung hat die Forschung überwiegend deren „positive" Aspekte betont: das Gedenken an die Toten als Überwindung von Vergessen und Vergänglichkeit, die Synthetisierung des Vergangenen in einer Einheit im Akt des Erinnerns [...].

Christian Begemann: *Figuren der Wiederkehr. Erinnerung, Tradition, Vererbung und andere Gespenster*. In: Elisabeth Strowick; Ulrike Vedder (Hg.): Wirklichkeit und Wahrnehmung. Neue Perspektiven auf Theodor Storm. Publikationen zur Zeitschrift für Germanistik; Neue Folge. Band 27. Bern: Peter Lang AG, 2013. S. 13–15.

Genie und Tragik (Ottomar Wichmann, 1921)

[...] Wie sogar der geniale Mensch bei allem Rationalismus eine Mystik braucht, sei es auch nur, um sich selbst zu verstehen [...], so braucht der Dichter zur Darstellung des Höchsten, was seinen Gegenstand bildet, das Hineinragen des Übersinnlichen und wird sich niemals scheuen, es anzuwenden. So führt Theodor Storm im *Schimmelreiter* Hauke Haien als eine in seinem Lebenskreise unbedingte Persönlichkeit vor. Mit seinem unbeirrbaren wissenschaftlich-technischen Streben, seiner vollständigen Kälte gegenüber der Sorte Lebensgenuss und behaglicher Abhängigkeit, die das Dasein seiner Dorfgenossen ausmachte, mit seinen mächtigen Leistungen und seiner schroffen Herrennatur, bedeutet Hauke Haien für diese Menschen ein Unbedingtes, ein Unfassbares und Freiheitliches, ein Jenseits des für sie Natürlichen und Selbstverständlichen. Darum ist er in diesem Lebenskreise tragisch und muss untergehen, denn ihr Hass gegen ihn ist zielsicher und unbeirrbar folgerichtig. Er *darf* nicht Recht haben, weil sonst das, was ihnen Freiheit und notwendig anzuerkennendes Gesetz ist, nicht wahr wäre. Sie werden ihn verfolgen, und wenn er sie mit Wohltaten überschüttet, denn er hat sie in dem gekränkt, worin der Mensch am tiefsten getroffen wird. Er hat gegen die Lebensanschauung verstoßen, nach der sie ihres Eigenwertes sich bewusst sind, die sie brauchen, um sich selbst „ertragen" zu können. Zugleich aber wollen und müssen sie dies [...] Wesen verstehen. So wird er zum „Schimmelreiter", wird in einem dämonischen Zusammenhang erblickt. –

Wollte nun der Dichter uns ausführlich auseinandersetzen, dass Hauke Haien ein ganz vernünftiger und gar nicht besonderer Mensch war und dass dieser Aberglaube sich bei seinen beschränkten Dorfgenossen ganz natürlich einstellen musste – so hätten wir eine rationalistische Abhandlung, und das Packendste an der Geschichte ginge verloren. Wollte er umgekehrt uns den tatsächlichen Einfluss der bösen Geister breit vorführen, so hätten wir eine elende Spuk- und Geistergeschichte und noch weniger eine Dichtung. Darum bewegt sich die Darstellung in dem Vorstellungsbereich, dass zwar die Dörfler eine abergläubische, dumme Gesellschaft sind, dass sie aber, wenn sie Hauke Haiens Werk zu einem übersinnlichen Zusammenhang in Beziehung setzen, einen wahren Zug an ihm treffen, eben die Persönlichkeit im höchsten Grade, das Tragische. Wir wissen es vom ersten bis zum letzten Augenblick selber nicht, ob die Gestalt des Schimmelreiters etwas Dämonisches hat: Die Erzählung beginnt damit, dass dem einsamen Deich-Wanderer in der Sturmnacht die Erscheinung des Reiters *tatsächlich* begegnet; das Pferdegerippe auf der Hallig, das man in Mondscheinnächten als Schimmel umherlaufen sah, ist tatsächlich verschwunden, nachdem Hauke Haien den Schimmel ins Haus gebracht hat, und er selbst schildert seiner Frau das Dämonische im Auftreten des Verkäufers. Wir stehen damit bei dem Grundgesetz dieser Darstellung des Tragischen. Um das Höchste der Persönlichkeit, die Freiheit, als volle Jenseitigkeit hinter aller natürlichen Erklärbarkeit, darzustellen, wird das Übersinnliche ohne Scheu herangezogen, aber nur schwebend, unfassbar und ohne irgendwelche theologische Beschränktheit: Denn das Wesentliche bleibt immer, das „Eigentümliche unseres Ichs", die Freiheit der Persönlichkeit darzustellen.

Die drei größten Dichtungen der Menschheit, der *Faust*, der *Hamlet* und die *Ilias* tragen diesen Zug im ausgeprägtesten Maße: Die Wesensart des Helden ist das Grundthema; dieser in seiner Denkart und die daraus sich notwendig ergebenden Handlungen sind eigentlicher Gegenstand der Dichtung; [...].

Ottomar Wichmann: *Genie und Tragik*. In: Manfred Baum (Hg.) u. a.: Kant-Studien. Philosophische Zeitschrift der Kant-Gesellschaft. Band 26, Heft 1–2. Jan 1921. S. 373–375.

Tiersymbole im Realismus (Jolanta Wozniak, 2004)

[...] Man verspürt in *Der Schimmelreiter* einerseits feste Verbundenheit mit der Natur, andererseits aber kommt Selbstsucht, Profitgier, Grausamkeit und Seelenlosigkeit des Menschen deutlich zum Ausdruck. Demzufolge entfaltet die Novelle eine Reihe von Kontrasten in verschiedenen Konstellationen: Der Mensch wird dem Tier gegenübergestellt, der Glaube dem Aberglauben, die Vernunft dem Irrationalen. [...]

Tiere spielen in dem Zusammenhang die signifikante Rolle der „unheimlichen" Weissager, die all die lauernden Gefahren unbewusst spüren, aber der menschlichen Sprache nicht mächtig sind und nur Warnzeichen geben können. [...]

Die Bekanntschaft mit dem Angorakater ist die erste nähere Verbindung, die Hauke Haien macht, abgesehen von der mit Trien' Jans, einer alten Frau aus dem Dorf. Der Kater ersetzt Hauke, der anscheinend unfähig ist, engere Kontakte mit Gleichaltrigen zu schließen, einen Spielgefährten. [...] Offensichtlich finden die beiden Einzelgänger, Hauke und der Kater, bei der alten Frau Zuflucht und von dort an gehen sie gemeinsam auf die Jagd. Der abgespaltene seelische Bereich des Protagonisten, dessen Ausdruck man in der Arroganz des Katers, seines Alter Egos erkennen kann, wird sich im Kontakt mit immer neuen Tiergestalten erweitern. [...]

Die grausame Tat Haukes [Tötung des Katers] sowie seine Arroganz wird von Trien' Jans bestraft. Für den Mord am Kater, an den die ganze Mutterliebe der Alten zu ihrem verstorbenen Sohn gebunden war, verflucht sie Hauke. Die abergläubische Dorfgemeinschaft wird, unmittelbar nach dem Erwürgen des Tieres, in Kenntnis gesetzt. [...]

Der von Hauke Haien und den Dorfleuten so mühevoll erbaute Deich, der am Ende aber durch kleine Mäuse durchbohrt und vom Meer zerstört wird, symbolisiert die „Ambivalenz der menschlichen Existenz" [...] und das ewige Streben des Menschen, dem Tod auszuweichen. Jeder ist den Gesetzen der Natur unterworfen. Wer überheblich ist oder Veränderungen bewirken will, wird mit dem Widerstand seitens der natürlichen Kräfte oder der Gesellschaft konfrontiert. [...]

Ein herrenloser Hund enthüllt das feindliche Verhältnis zwischen den meisten Dorfbewohnern und dem Deichgrafen [...]. Obwohl Hauke die Mitmenschen als wilde, böse Hunde betrachtet, rettet er „die elende Hundekreatur" [...], weil er ihn mit seiner wehrlosen Tochter assoziiert [...]. Der Hund, begraben am Deich, würde für Hauke Kapitulation und Verzicht auf seine aufklärerischen Prinzipien bedeuten. Damit würde ebenfalls die Herrschaft des Aberglaubens bestätigt. [...]

Die Tiere werden auf symbolische Weise als Mittler und Akteure der abergläubischen Ansichten gebraucht. Tiergestalten wie Strandvögel, der Angorakater, die domestizierte Möwe Claus und letztendlich der Hund und das Pferd werden gemeinhin durch das abergläubische Volk in Verbindung mit dem Protagonisten gebracht. [...]

Interessant ist hier die Verknüpfung der Tiergestalten mit der weißen Farbe als Sinnbild des Todes. Die wichtigsten Tiere im Text – ein Angorakater, ein Zugvogel und ein Araberhengst sind weiß, ein Merkmal, welches [...] als Todeskennzeichen gesehen wird. Die weißen Tiere tauchen in Haukes Leben sukzessiv auf und stellen die Auseinandersetzung zwischen der rationalen und irrationalen Sphäre seiner Persönlichkeit dar. [...]

Wie immer lässt sich bei Storm die unheimliche Erscheinung des Schimmels als Symbol lesen. Im Grimmschen Wörterbuch wird erklärt, dass das Pferd seit dem Mittelalter eine der wichtigen Machtinsignien für die Privilegierten war. Zudem hat das Tier auch seither als Postbote gedient. Darauf verweist der Schimmel in Storms Text, wenn er den Antrag auf den Bau des neuen Deiches an den Oberdeichgrafen einbringt [...]. Hier erkennt der Leser die besondere Funktion des Pferdes für den Deichgrafen, der die gute Nachricht über die Bewilligung des Deichbaus auf dem neu gekauften Pferd nach Hause bringt [...]. An dieser Stelle kommt ferner die Rolle seines Pferdes und der Vögel als Todesboten in den Sinn. [...] Der titelgebende Schimmel verkörpert gleichzeitig Haukes Ehrgeiz, Triumph, Hybris und Niederlage. [...]

Im Aufbau der Handlung wird die Rolle der Tiere in Bezug auf Aberglaube und Gerüchte über Haukes Figur offensichtlich, wenn man erstens die Bedeutung des Pferdgerippes, und an zweiter Stelle die Begegnung und die später immer stärkere symbiotische Existenz Haukes mit seinem Ross in den Blick nimmt. Man sieht deutlich, dass mit dem Ort Jevershallig – einer kleinen bei Sturmflut überfluteten Insel – das Schicksal von Trien' Jans und Hauke in Beziehung gesetzt wird. Da, wo Trien' Jans' Sohn den Tod gefunden hat, wird die Legende des Schimmelreiters ihren Anfang finden. Von hier aus verschmelzen die Schicksale der beiden. Alles geschieht wie im früher erwähnten Teufelskreis. [...]

Die Leser werden durch die unheimlichen Geschehnisse auf das tragische Ende des Deichgrafen allmählich vorbereitet. [...] Bedeutend ist eine [...] die Vernichtung prophezeiende [...] Szene [...], in der die Möwe Claus vom Schimmelreiter zertreten wird: „‚Vorwärts, Schimmel!', rief Hauke; ‚wir reiten unseren schlimmsten Ritt!' Da klang es wie ein Todesschrei unter den Hufen seines Rosses. [...] ‚Claus!', rief er. ‚Armer Claus!' War es der Vogel seines Kindes? Hatte er Ross und Reiter erkannt und sich bei ihnen bergen wollen? – Der Reiter wusste es nicht. ‚Vorwärts!' [...]" [HL, S. 93 f. ...]

Jolanta Wozniak: *Tiersymbole im Realismus. „Die schwarze Spinne", „Der Schimmelreiter" und „Effi Briest" als* Beispiele der chiffrierten Wirklichkeit des 19. Jahrhunderts. Kingston, Ontario: Queen's University, 2008. S. 40–67.

Dämonisierender Realismus: Vögel im *Schimmelreiter* (Ernst Osterkamp, 2013)

[...] Was dem Menschen in Storms Novellen widerfährt, sagt niemals der Spuk, sondern das sagen die Möwen, die Krähen und Reiher. Die Storm'schen Spukphänomene sind Ausdruck der Begrenztheit aller menschlichen Wahrnehmung, der Blick der Möwen aber ist unbegrenzt. In ihrer Sicht fällt die Welt der Tatsachen mit der Dämonie der menschlichen Existenz zu einem Bild zusammen. Und so sind es eben nicht die Pferde, sondern es sind die Vögel, die in Storms *Der Schimmelreiter*, seiner am stärksten mit dämonischen Ambiguitäten der Wahrnehmung aufgeladenen Erzählung, Aufschluss über das Geschehen geben. Mit dieser Wahrnehmung setzt der Erzähler ein:

Es war eiskalt; meine verklommenen Hände konnten kaum den Zügel halten, und ich verdachte es nicht den Krähen und Möwen, die sich fortwährend krächzend und gackernd vom Sturm ins Land hineintreiben ließen. Die Nachtdämmerung hatte begonnen, und schon konnte ich nicht mehr mit Sicherheit die Hufen meines Pferdes erkennen; keine Menschenseele war mir begegnet, ich hörte nichts als das Geschrei der Vögel, wenn sie mich oder meine treue Stute fast mit den langen Flügeln streiften, und das Toben von Wind und Wasser. [HL, S. 5]

Das ist Storms Realismus in seiner vollkommensten Form: Alles ist mit äußerster Trennschärfe der Wahrnehmung wirklichkeitskonform aufgenommen, und alles ist doch zugleich in der Ungewissheit der „Nachtdämmerung" dämonisch aufgeladen. Es ist das Geschrei der Krähen und Möwen, das die unheimliche Erscheinung ankündigt, die dem Erzähler nun zuteil wird – und was spricht denn dagegen, dass es sich bei dieser Erscheinung, die im „Vorbeifliegen" zunächst „hart" an ihm vorbeifährt und dann von „rückwärts" so dicht an ihm vorübergleitet, dass es dem Erzähler ist, „als streifte mich der fliegende Mantel" [HL, S. 6], nicht wiederum um Krähen und Möwen handelt, die ihn „fast mit den langen Flügeln" streifen? Der Schimmelreiter ist ein Vogel – so wie die unheimlichsten Gespenster in Storms dämonischem Realismus Vögel sind. Der junge Hauke Haien erblickt sie im Februar vom Deich aus im Watt, als die Eisfläche aufreißt:

> Hauke sah mit starren Augen darauf hin; denn in dem Nebel schritten dunkle Gestalten auf und ab, sie schienen ihm so groß wie Menschen. Würdevoll, aber mit seltsamen, erschreckenden Gebärden; mit langen Nasen und Hälsen sah er sie fern an den rauchenden Spalten auf und ab spazieren; plötzlich begannen sie wie Narren unheimlich auf und ab zu springen, die großen über die kleinen und die kleinen gegen die großen; dann breiteten sie sich aus und verloren alle Form. [HL, S. 13]

Aber es sind eben nicht, wie Hauke hier noch glaubt, „die Geister der Ertrunkenen" [HL, S. 13], die er hier erblickt, sondern Fischreiher und Krähen, deren Bewegungsballett Storm mit solcher Präzision aufnimmt, dass es jedem Ornithologen höchste Freude bereiten muss. In Storms dämonischem Realismus ist es gerade die Wirklichkeitstreue der Darstellung, die die Vögel zu Repräsentanten der menschlichen Dämonie erhebt.

Ernst Osterkamp: *Dämonisierender Realismus. Bemerkungen zu Theodor Storms Erzählkunst.* In: Elisabeth Strowick; Ulrike Vedder (Hg.): Wirklichkeit und Wahrnehmung. Neue Perspektiven auf Theodor Storm. Publikationen zur Zeitschrift für Germanistik; Neue Folge. Band 27. Bern: Peter Lang AG, 2013. S. 53–54.

Storms Religiosität (Franz Stuckert, 1941)

[...] Das ist die geistige und religiöse Welt, in der Theodor Storm während der zwanziger und dreißiger Jahre des 19. Jahrhunderts aufgewachsen ist: eine kühle, klare Lebensauffassung von betonter Diesseitigkeit, ohne tieferen christlich-religiösen Gehalt. Wo das Christentum einzelnen Menschen dieser Landschaft zum echten persönlichen Erlebnis wurde und wirkende Macht gewann, nahm es stets die Richtung auf die sittliche Ordnung und Durchdringung des menschlichen Gemeinschaftslebens, hielt sich aber von aller mystischen Tiefenschau oder religiösen Weltflüchtigkeit fern.

Derselbe Geist einer kühlen Weltlichkeit, der die ganze Landschaft durchweht, scheint in Storms Vaterstadt Husum geherrscht zu haben. Es ist mehr als ein äußeres Zeichen, dass die Bürgerschaft im Jahre 1807 den Abbruch der alten großen St. Marienkirche [...] beschloss und damit nicht nur der Stadt ihr weithin ragendes Wahrzeichen nahm, sondern eigentlich das Ende des christlichen Zeitalters bezeugte. [...]

Jedenfalls stand man auch in Storms Familie der Kirche und dem Christentum zurückhaltend, wenn nicht ablehnend gegenüber. Storm schreibt im Alter darüber: „Erzogen wurde wenig an mir; aber die Luft des Hauses war gesund; von Religion oder Christentum habe ich nie reden hören; ein einzelnes Mal gingen meine Mutter oder meine Großmutter wohl zur Kirche, oft war es nicht; mein Vater ging gar nicht, auch von mir wurde es nicht verlangt. So stehe ich dem sehr unbefangen gegenüber; [...].

So wuchs Storm ohne tiefere religiöse Unterweisung oder beispielhafte Lehre heran. Die starken inneren Einflüsse, die in der Kindheit sein Wesen formten, kamen ihm aus der großartig-eintönigen Natur seiner Heimat, der wechselreichen Überlieferung der Stadt sowie seiner weitverzweigten Familie und dem geheimnisvollen Sagen- und Märchengut, das noch im Volke lebendig war. Die Hauptvermittlerin dieses volkstümlichen Erbes, die geliebte „Märchentante" seiner Jugend, Lena Wies, war, obwohl eine starke sittliche Natur, ebenfalls durch und durch unkirchlich.

[...]

Das Wunder des Daseins stellt sich für Storm vor allem in den Geheimnissen von Geburt und Tod dar, die das Denken des Dichters immer wieder umkreist und die er nicht müde wird, in seinen Werken darzustellen. Gegenüber dem furchtbaren Rätsel des Todes gibt es nur eine Rettung: den Glauben an die todüberwindende Kraft des Lebens, wie sie sich äußert in der ewigen Erneuerung des Menschengeschlechts. Daher ist die einzige Form von Unsterblichkeit, die Storm anzuerkennen vermag, der Geschlechterzusammenhang, in dem die Fackel des Lebens von Generation zu Generation weitergegeben wird. An diese „irdische Unsterblichkeit" band sich sein tiefer Lebensglaube. Deshalb sehnte er sich danach, in seinen Kindern persönlich fortzuleben und nicht von ihnen vergessen zu werden, weil nur so das individuelle Dasein nicht erlischt; deshalb behandelt er in seinen späten Novellen immer wieder das Generationsproblem. Und die tiefe Tragik liegt für den Dichter dort, wo in undurchsichtiger Verkettung von Schuld und Schicksal eine Familie ausstirbt und damit der Strom des Lebens versiegt (*Eekenhof*, *Hans und Heinz Kirch*, *Zur Chronik von Grieshuus*, *Der Schimmelreiter*).

[...]

So fand [Storm] von innen her den Weg zu dem Stoffe, [...] an dem sich seine Verbundenheit mit Stamm und Heimat und seine künstlerische Größe am tiefsten offenbarte, dem *Schimmelreiter.* Unter dem Bilde dieser Gestalt volkstümlichen Aberglaubens, die deutliche Züge des Weltwanderers Wodan trägt, stellt Storm den ewigen Kampf des nordischen Menschen gegen das Schicksal dar. Hauke Haien ist zwar äußerlich Christ, aber „er hatte sich sein eigen Christentum zurecht gerechnet". Obwohl er an einen persönlichen Gott glaubt, ist er doch davon überzeugt, dass Gott keine willkürlich handelnde, den Menschen in Güte lenkende Macht ist [...]. So steht der Mensch ohne Schutz und Trost dem ungeheuren Schicksal gegenüber [...]. Und auch der Opfertod, den Hauke sich mit den Worten: „Herr Gott, nimm mich; verschon die andern!" selber gibt, weiß nichts von dem christlichen Gedanken eines stellvertretenden Leidens. Es spiegelt sich darin vielmehr die uralte heidnische Vorstellung, dass der Zorn der Gottheit durch ein Opfer versöhnt werden muss, befestigt und verstärkt durch den heimischen Volksglauben, dass das menschliche Werk durch ein lebendiges Opfer gesichert werden müsse.

Gewiss sind Storms religiöse Anschauungen nicht unmittelbar im *Schimmelreiter* dargestellt – dazu sind sie zu allgemein und im Einzelnen zu wenig durchgearbeitet – aber bezeichnend ist doch die Richtung, in der sie sich bewegen: auf eine freie, dogmenlose Religiosität [...].

Vor allem in dem eng umgrenzten Kreis der Familie stellt sich für Storm die Heiligkeit des Lebens dar, und so mag für ihn selber gelten, was er im *Schimmelreiter* von Hauke Haien sagt: „und an der Wiege seines Kindes lag er abends und morgens auf den Knien, als sei dort die Stätte seines ewigen Heils". [...]

Franz Stuckert: *Storms Religiosität*. In: Deutsche Vierteljahrsschrift für Literaturwissenschaft und Geistesgeschichte 19. 1941. S. 187–202.

Darwinismus-Diskurs und Vererbung zur Zeit Storms (Regina Fasold, 2000)

[...] Das hier zu erörternde Vererbungsproblem stand [...] in einem wichtigen diskursiven Kreuzungspunkt, aber keineswegs von Anfang an im Zentrum der Darwinismusdebatte. Die universal wirkende, Überleben garantierende und zugleich Leben beständig auslöschende Selektion bildete den Kern der Diskussion; sie stellte entschieden die kosmische Teleologie in Frage, welche nicht allein zu den als gültig anerkannten Lehren der Kirche, sondern auch zu den Dogmen der meisten philosophischen Schulen zählte. [...]

Diesen elementaren, alle Bereiche der Geisteswissenschaften schließlich erfassenden Folgerungen konnte sich kaum ein Intellektueller der damaligen Zeit entziehen [...]. [...] Bei Theodor Storm ist durch einschlägige briefliche Äußerungen und Tagebuchnotizen in der Forschung seit Langem bekannt, dass er den Darwinismus in seinen entscheidenden Fragestellungen wahrgenommen haben muss. [...] Das Vererbungsproblem, das im Zentrum seines Nachdenkens stand, interessierte ihn vor allem aus sehr persönlichen Gründen, wie man weiß. Die Sorgen um die Kinder spielen hierbei die entscheidende Rolle, um den an Alkoholismus erkrankten Ältesten z. B., um den jüngsten Sohn Karl, der an Konzentrationsschwäche litt, um die Tochter Lucie, die 1886 in eine Kieler Nervenklinik eingeliefert werden musste. [...]

Auf welche Weise bestimmte naturwissenschaftliche Theoreme dann in die künstlerischen Texte selbst integriert worden sind, gehört zu einer Fragestellung, die einen zweiten Analyseschritt erforderte und letztlich nur mit einer [...] mikrologischen Einzeltextanalyse verbunden sein kann. [...] Dass die moderne naturwissenschaftliche Theorie mit Weltanschauungscharakter bis in die Poetik der späten Stormschen Novelle durchgeschlagen haben sollte, wagen auch wir zu bezweifeln. Dafür ist Storm als Dichter im positiven Sinne zu autark, hält er zu intensiv an den früh gefundenen, ureigensten Motiven und Themen seiner Kunst fest und nimmt er schließlich zu selektiv das zeitgenössische Wissen zur Kenntnis. Wir haben Grund zur Annahme, dass Storm den Vererbungsbegriff, obwohl er in einigen Novellen wörtlich [...], in anderen dem Sinne nach auftaucht, häufig auch als Metapher verwandt hat und dass er in der Lage war, über komplexe Abhängigkeitsbeziehungen zwischen den Generationen zu erzählen, als es der biologische Determinismus Vererbung zulassen würde. Letzterer stellt nur einen, häufig im Figurenwissen verankerten Aspekt seiner künstlerischen Deutungsarbeit dar. [...]

Regina Fasold: *Theodor Storms Verständnis von „Vererbung" im Kontext des Darwinismus-Diskurses seiner Zeit.* In: Gerd Eversberg; David A. Jackson; Eckart Pastor (Hg.): Stormlektüren. Festschrift für Karl Ernst Laage zum 80. Geburtstag. Würzburg: Königshausen & Neumann, 2000. S. 48–51.

Linienführung im *Schimmelreiter* (Andrea Krauß, 2013)

[...] Hauke Haiens Deichbauprojekt, mathematisch fundiert in Euklids Geometrie, steht im engsten Zusammenhang mit der Konstruktion von Linien. Linien organisieren Hauke Haiens Sehen; sie organisieren den

Blick des Ingenieurs, der wiederholt ein notorisches Starren praktiziert. So sieht Hauke als Heranwachsender den „brandende[n] Saum des Wassers“, der mit „hartem Schlage immer wieder dieselbe Stelle traf und [vor seinen Augen] die Grasnarbe [...] des steilen Deiches auswusch. Nach langem Hinstarren nickte er wohl langsam mit dem Kopfe oder zeichnete, ohne aufzusehen, mit der Hand eine weiche Linie in die Luft, als ob er dem Deiche damit einen sanfteren Abfall geben wollte“ [HL, S. 10 f.]. Die wichtige Gegendarstellung zwischen weich gebogener, sanfter Linie und steilem, harten Gefälle ist damit eingeführt. Sie bahnt zugleich Haiens radikale Erneuerung des Deichbaus, die sich mit genauer Datierung diskursgeschichtlich verankert. Wenn die große Sturmflut am Ende der Novelle im Jahr 1756 stattfindet, wie der Binnenerzähler (Schulmeister) anmerkt [HL, S. 89], und wenn der Deich nach seiner Fertigstellung ausdrücklich „drei Jahre“ [HL, S. 76] existiert, bevor das Katastrophenjahr erreicht wird, so liegt die Bauzeit des Deiches etwa im Jahr 1752. Nahezu zeitgleich veröffentlicht Albert Brahms seine *Anfangsgründe der Deich- und Wasserbaukunst*, die, einem zeitnahen Kommentator zufolge, „die Seedeiche und den Angriff, den diese von den Wellen leiden“ studieren:

> Brahms sahe schon ein, dass die geradlinigte Figur oder die steife Linie [...] nicht die zweckmäßigste sey, weder für die innere, noch für die äußere Seite des Deichs. Er schlug ein krummlinigtes Profil vor, aber mit convexen Seitenlinien, und zwar an beyden Seiten, an der inneren wie an der äußern [...].

[...] Die im Text wiederholt namhaft gemachte Euklid-Referenz ist in diesem Zusammenhang bedeutsam, verkörpert doch Euklids Geometrie bis weit ins 19. Jahrhundert hinein die unumgängliche Bezugsgröße der akademischen Mathematik. Das entsprechende Standardwerk, Euklids berühmte *Elemente*, gelten als erste zusammenhängende Kompilation der hellenistischen Mathematik vor und bis 300 v. Chr. [...] An keiner Stelle nehmen Euklids *Elemente* Bezug auf die materielle Welt oder auf spezifische Anwendungen der hypothetisch deduzierenden Konstruktionsaufgaben. Haiens „geistiges Sehen“ scheint von dieser Idealisierung geprägt und erzeugt auf diesem Wege ein Deichprofil der weich an- und absteigenden Linien, ein symmetrisches zumal, denn die Innenseite des Deiches und die „Außenseite nach dem Wasser“ [...] sind gleichermaßen breit. [...]

Storms komplexe Linienführung in *Der Schimmelreiter* lässt sich konzeptionell profilieren. Sie bietet [...] Anknüpfungspunkte für die Frage nach den ästhetischen Traditionen des poetischen Realismus und vermag dieser Frage eine bemerkenswerte Facette hinzuzufügen. Wenn Haiens Großprojekt die sanft auf- und absteigende weiche Linie sowohl im symmetrisch gebauten Profil wie der Krümmungslinie des Deiches realisiert, so partizipiert er an einem diskursiven Format, das in *seiner* Zeit um 1750 hohe Konjunktur hat. Nicht nur der schon erwähnte Deichbaupionier Albert Brahms verwirft 1754 „die geradlinigte" bzw. „steife Linie" zugunsten eines weichen „krummlinigte[n] Profil[s]" [...]; auch in ästhetischen Debatten begegnet eine derartig geschwungene Linie. [...]

Hauke Haien sieht, wenn er aufs Meer und seine Wellen starrt, als inneres Bild den formalisierten Kurvenschwung, die schöne Welle. Was er nicht sieht und was im katastrophischen Ende seine Sicht vollkommen beherrscht, ist das Meer in seiner erhabenen Unform, ein Meer, das sich der Repräsentation entzieht. [...]

Andrea Krauß: *Linienführung. Ästhetisches Kalkül in Storms „Schimmelreiter".* In: Elisabeth Strowick; Ulrike Vedder (Hg.): Wirklichkeit und Wahrnehmung. Neue Perspektiven auf Theodor Storm. Publikationen zur Zeitschrift für Germanistik; Neue Folge. Band 27. Bern: Peter Lang AG, 2013. S. 154–165.

Rezeption/Theater

Die Figur des Schimmelreiters fasziniert auch heute noch Leser, Maler, Hörer und Publikum gleichermaßen. Doch die Transponierung von Storms wortkarger Novelle auf die Bühne birgt besondere Herausforderungen, die aber durchaus gemeistert werden können, wie einige Umsetzungen beweisen.

Bei der dreimaligen Verfilmung der Bildungsgeschichte von Hauke Haien in den Jahren 1934, 1978 und 1984 ist die jeweilige zeitgeschichtliche Interpretation von Storms Vorlage interessant und verspricht einen anregenden Filmeabend.

Die *Schimmelreiter*-Verfilmungen (Hans Krah / Martin Nies, 2017)

Von [Storms *Schimmelreiter*] liegen mehrere Transponierungen in andere Medien vor: bisher drei Verfilmungen (D 1934 Curt Oertel / Hans Deppe; BRD 1978 Alfred Weidenmann; DDR 1984 Klaus Gendries), eine Graphic Novel (2014 Jens Natter), diverse Hörbuchfassungen entweder als Lesung des Gesamttextes (z. B. 1984 gelesen von Gert Westphal; 2008 gelesen von Sven Görtz) oder als „Buchzusammenfassung" in sechzehn Minuten (2016 gelesen von Yannick Esters) sowie zwei Hörspiele (1986 MDR-Kultur; 2015 Titania Medien, Gruselkabinett Nr. 98), womit lediglich die narrativen Inszenierungen ohne Bühnenfassungen und auch nicht die zahlreichen bildlichen Darstellungen des Sujets in Malerei und Grafik oder die Referenznamen anderer nichtliterarischer künstlerischer Texte erfasst sind.

[...] In der ersten Verfilmung durch Curt Oertel und Hans Deppe 1933/34 wird der Referenztext funktionalisiert, um die eigene Kommunikationsabsicht im Gewand eines Klassikers autorisiert erscheinen zu lassen [...]. Der im Abspann von der Filmwertungskammer als „besonders wertvoll" und „Spitzenleistung der deutschen Filmproduktion" prädikatierte Film dient in der Konstituierungsphase des Nationalsozialismus der Vermittlung zentraler Normen, Werte und Ideologeme. Bereits der Filmbeginn stellt Diegese und Handlung mit der Inszenierung eines Pfluges auf „vaterländischer Scholle" und einer schriftlich fixierten Schilderung des harten Überlebenskampfes des „Friesenvolkes" semantisch in den Kontext des Blut-und-Boden-Ideologems. Demgegenüber umso unangemessener muss die Dekadenz des alten Deichgrafen scheinen, der zudem seine Amtspflicht der Deichpflege vernachlässigt. So wird im Unterschied zum Ausgangstext, in dem es heißt, dass dem Deichgrafen das Leibgericht schon Monate vor dem Tod nicht mehr hatte schmecken wollen, sein Sterben kausallogisch als Folge der Genusssucht, die ihn als „gefräßigen Parasiten am Volkskörper" ausweist, und damit als eine narrative Sanktion für ideologisch nicht wünschenswertes Verhalten dargestellt. In Übereinstimmung mit nationalsozialistischen Geschlechterrollenbildern zeigt sich Elke als Helferfigur des rechten Mannes – ihr Bewusstwerden der Notwendigkeit dieser Helferrolle inszeniert der Film modellbildend für spätere NS-Filme als das Erwachen von Sendungsbewusstsein [...]. Während der Rede vor den Bauern, in der der neue Deichgraf Hauke Haien in einem Akt der Selbstlegitimation die Dorfgemeinschaft zum Bau eines neuen Deiches aufruft, ist die Figurenkonzeption Haiens als ein Führeräquivalent aufgrund der Ähnlichkeit in Aussehen, Mimik, Gestik, Körperhaltung und Sprechweise mit Hitler evident. [...] Um dieses Konzept von vorbildlicher „Führerschaft" nicht filmisch-argumentativ zu unterminieren, ist die Umdeutung bzw. Nicht-Ausgestaltung einiger Elemente des Referenztextes im NS-*Schimmelreiter*-Film zwingend: Das „degenerierte" Kind Hauke Haiens ist in dieser Charakteristik nicht weiter thematisiert, da es dem Menschenideal des Nationalsozialismus widerspräche, dem idealisierten

Mathias Wiemann spielte 1934 den Deichgrafen Hauke Haien in der Verfilmung der Novelle durch Hans Deppe und Curt Oertel. Der Zeit geschuldet transportiert der Film Normen und Werte des Nationalsozialismus.

Führer „krankes Erbgut" zuzuschreiben. Der Tod Hauke Haiens ist nicht mehr zugleich als eine narrative Selbstsanktion für eigennütziges Verhalten doppelmotiviert, sondern bleibt auf den Opferstatus für die Gemeinschaft reduziert. [...]

Indem der Film sich darüber hinaus intermedial als eine Literaturverfilmung exponiert, wenn zu Filmbeginn der Buchdeckel von Theodor Storms *Schimmelreiter* aufgeschlagen und sodann die Diegese zunächst schriftsprachlich-literarisch etabliert wird, und auch im weiteren Filmverlauf Schrift stets als Kommunikat von „Autorität" erscheint (z. B. in Form von Befehlen, Anordnungen, Ankündigungen des Oberdeichgrafen und in Sinnsprüchen die seit Alters tradiertes Wissen aufrufen), zeigt sich, wie sich der NS-Film den Eigenstatus der „Literaturverfilmung" durch den Verweis auf den kanonisierten Volksautor Storm und die Literarizität des Stoffes semantisch zur Autorisierung der filmisch vermittelten Normen, Werte und Ideologien als „überzeitliche Wahrheiten" zunutze macht.

Gegenüber diesem filmischen NS-Erbe betreibt die bundesrepublikanische Neuverfilmung von 1978 durch Alfred Weidenmann eine signifikante Entideologisierung und weitere Komplexitätsreduktion. Auch die Rahmung der Diegese wird gegenüber der Fassung von 1934 insofern weiter zurückgenommen, als die genuine Literarizität der Geschichte nun nicht mehr filmisch inszeniert ist, sondern lediglich durch ein schriftliches Storm-Zitat angezeigt wird, das vor allem die Funktion hat, nun den Spukgehalt explizit zu stützen: Das Fantastische wird autorisiert. So ist der Gespenster-Schimmel auf Jevershallig mimetisch und klar konturiert inszeniert und mit Hauke Haiens Kauf des Schimmels von dort verschwunden. Wenn auch Wegner argumentiert, der Film ziele insgesamt eher auf die Unterhaltung des Zuschauers ab, was eben mit einer Stärkung der Plot-Elemente „Liebe", „Spuk" und „persönliche Tragik" einhergehe und den Produktionsbedingungen unter der Filmförderung in den 1970er-Jahren geschuldet sei [...], zeigt sich darin nicht nur ein gänzlich anderes Erzählinteresse als im früheren *Schimmelreiter*-Film, sondern auch eine andere narrative Problemkonstellation: Tatsächlich wird die Bedeutung des Eros durch die Verfilmung deutlich aufgewertet, was erstens in der ausführlich erzählten Entscheidung Haiens zwischen den Liebesrivalinnen Vollina und Elke ersichtlich wird, zweitens in der semantischen Korrelation des Todes des alten Deichgrafen (der nun nicht mehr mit Völlerei, sondern mit libidinöser Verausgabung – dem Tanzen mit zu vielen Mädchen – eng geführt wird) und drittens in der Ausgestaltung des Themas „Vernachlässigung der Ehefrau" durch den überarbeiteten Mann [...]. So besteht eine der Transformationen gegenüber dem Referenztext darin, dass das von Elke ersehnte Kind kurz nach der Geburt stirbt, weil es „zu schwach" war (1:12), was bedeuten mag, dass die eheliche Beziehung sich als sexuell unfruchtbar gestaltet und der zentrale Konflikt sich nunmehr unter weitgehender Reduktion der politisch-ideologischen Komponente gegenüber dem NS-Film signifikant ins Private auf die Problematik ehelichen Zusammenhalts verlagert hat.

Die DDR-Produktion des *Schimmelreiter* von Klaus Gendries von 1984 fällt im Sinne der „Politisierung der Kunst" (Walter Benjamin) wieder zurück in das ideologische Paradigma: Die kulturelle Praxis der Besetzung des Deichgrafenamtes mit dem reichsten Bauern und nicht mit dem für das Amt Geeignetsten wird sowohl zur Kritik am Feudalsystem als auch am Kapitalismus genutzt, analog dem NS-Film ist der Tod des alten Deichgrafen Folge seines Lebenswandels und seiner Trunksucht. [...] In der Ordnung der dargestellten Welt erscheinen die weiblichen Figuren emanzipierter als in früheren Versionen der Geschichte [...] und Hauke Haien zeigt sich weniger als „Deichgraf", denn als mit der Gemeinschaft solidarischer Vorarbeiter, der zwischen allen anderen am Deichbau mitwirkt. [...] Wo der NS-Film sich in der Figur des Schimmelreiters ein Führer-Äquivalent modellierte, macht ihn der DDR-Film zum „tüchtigen Kerl", der „das Lichtlein ein Stück vorantragen" hilft (0:53), zum Idealtypus des Arbeiters und aufrichtigen Menschen, dem übrigens ein gesundes Kind geboren wird. [...]

Hans Krah; Martin Nies: *Storm-Adaptionen im Film. Die Reihe der Schimmelreiter-Verfilmungen.* In: Christian Demandt / Philipp Theisohn (Hg.): Storm Handbuch. Leben – Werk – Wirkung. Stuttgart: J. B. Metzler, 2017. S. 384–386.

„Haste mal 'ne Kippe?" (Louise Forssell, 2008)

[...] Am 5. Januar 2008 hatte die Novelle *Der Schimmelreiter* als Theaterstück im Thalia Theater in Hamburg Premiere in der Fassung von John von Düffel, Jorinde Dröse (Regie) und Juliane Koepp (Dramaturgie). Sämtliche Vorstellungen der Saison waren sofort ausverkauft.

Das Thalia Theater hat sich bereits durch die Inszenierung von Prosatexten, z. B. von Theodor Fontane und Thomas Mann, einen Namen gemacht. Allerdings, so hieß es nach der Premiere einstimmig in den Rezensionen: „Theodor Storms Novelle *Der Schimmelreiter* ist eigentlich kein Theaterstoff." [...] In Theodor Storms Werk fehlen nämlich [...] die pointierten Dialoge. Die Figuren bei Storm sind einfach zu schweigsam, um sie auf die Bühne zu bringen. Nach der *Schimmelreiter*-Premiere hat auch der Schriftsteller und Dramaturg John von Düffel dieses Problem in einem Interview bestätigt. [...] Zwar ist die Sprache tatsächlich karg, dieses Urteil könnte aber zugleich erstaunen, wenn man an die Gattungsdiskussion und Theodor Storms eigenes Verständnis von der Novelle erinnert;

„[...] die heutige Novelle ist die Schwester des Dramas und die strengste Form der Prosadichtung, gleich dem Drama behandelt sie die tiefsten Probleme des Menschenlebens; gleich diesem verlangt sie zu ihrer Vollendung einen im Mittelpunkt stehenden Konflikt von welchem aus sich das Ganze organisiert [...]." (Theodor Storm: „Eine zurückgezogene Vorrede aus dem Jahre 1881").

Eine solche Sichtweise auf die Novelle als „Schwester des Dramas", d. h. die Tatsache, dass dem Text eine dramatische Struktur innewohnt, könnte also fürs Gegenteil sprechen. Das bestätigt u. a. die Stormforschung, die überzeugend den *Schimmelreiter* als eine griechische Tragödie in fünf Akten auslegen konnte. [...] Die Frage ist daher weniger „ob" *Der Schimmelreiter* sich auf die Bühne inszenieren lässt, sondern eher „wie" man ihn dort darstellt. [...]

Es wäre zweifellos falsch zu behaupten, dass Storm ein Humorist war. Zur Freude des Publikums im Thalia ist aber diese Vorstellung auch amüsant; es wird sogar – an den richtigen Stellen – regelmäßig gelacht oder

Eine buchstäblich nasse Angelegenheit war die Bühnendarstellung des *Schimmelreiters* im Thalia Theater Hamburg (2008) mit Ole Lagerpusch als Hauke Haien und Elke Volkerts als seine Frau. Im Jahr 2016 stand Storms Novelle erneut auf dem Spielplan der Hamburger.

sogar Beifall geklatscht. Allmählich bleibt jedoch das Lachen im Hals stecken, und das nicht nur weil der Zuschauer es mit der Angst bekommt, dass die Schauspieler durch das gegenseitige Bespritzen mit Wasser oder ständiges Rauchen allmählich an einer Lungenentzündung erkranken. Das Ambiente ist düster: nass, kalt und feindlich. Eine große Herausforderung muss es natürlich gewesen sein, das Meer auf die Bühne zu bringen, wo tatsächlich ein Dauerregen zu herrschen scheint. Mit sehr kleinen Mitteln gelingt dies den Bühnendarstellern. Um Missmut und Misstrauen Ausdruck zu verleihen, kippen sich die Schauspieler ständig gegenseitig einen Eimer Wasser über den Kopf. Hauke Haien wird als Einziger zusätzlich – und im doppelbödigen Sinne – auch mit Dreck übergossen. Somit entsteht durch das stets bedrohliche Wasser die Stimmung von Wind, Nässe und – auch menschlicher – Kälte. Schnell werden die Requisiten dann in eine Kneipe umgebaut. Die leeren Eimer werden einfach umgekippt, und darauf setzen sich die Schauspieler und paffen ihre Zigaretten. Kettenrauchend befinden sie sich dann plötzlich im Wirtshaus und lästern über Hauke Haien. Zugleich erzählen die Schauspieler quasi wie im Chor die weitere Handlung der Novelle, die sie auf diese Weise vorantreiben. Die Handlung wird jedoch vor allem dadurch weitergeführt, dass die Schauspieler gleichzeitig in verschiedenen Rollen auftreten. So werden viele Szenen als Monologe vorgetragen statt sie szenisch/dramatisch umzusetzen. Dadurch kann man dem Originaltext einigermaßen treu bleiben. Dieser Kunstgriff dient also der dramatischen Beschleunigung, hat allerdings eher den umgekehrten Effekt, da das Stück durch das Vorlesen der Textzitate zum Teil sehr statisch wirkt. Rauch und Nässe suggerieren am Ende der Vorstellung gemeinsam die Ragnarök, den Untergang vor Anbruch eines neuen Zeitalters. Der stille Sprühregen hält nach der Katastrophe minutenlang an. Es ist ein in der Tat großartiges, aber durch und durch pechschwarzes Schlussbild, wo nichts übrig bleibt und es nur noch Verlierer gibt. In der Novelle lässt Storm hier eine gewisse Hoffnung offen, aber es sei natürlich der Lesart des Regieteams überlassen, im Jahre 2008 dieses Fazit bezüglich der Folgen der Moderne und vielleicht des Klimawandels zu ziehen. [...]

Der Schimmelreiter ist [...] die Geschichte einer einmaligen Landschaft. Symbolisch gesehen kann die Thematik u. a. als Kampf zwischen Naturgewalt und zunehmender Technik gelesen werden sowie als Versuch eines Einzelnen, der etwas als richtig erkannt hat, dies gegen alle Widerstände durchzusetzen. Dabei verliert er das menschliche Maß und den Kontakt mit der Wirklichkeit. Die Geschichte warnt auch vor Hybris, für deren verhängnisvollen Einfluss die deutsche Geschichte des zwanzigsten Jahrhunderts mehrfach Zeugnis ablegt. In *Der Schimmelreiter* kämpft gewissermaßen auch ein Don Quichotte gegen die träge Umwelt, und er wird als der Einzige dargestellt, der bereit ist, Verantwortung zu übernehmen. Hauke Haien ist zwar ein Besessener, aber es fragt sich, welcher Politiker oder Geschäftsführer heute mit Sicherheit als altruistisch betrachtet werden könnte. Es geht aber um sehr viel mehr, z. B. um Rückstand und Zivilisation sowie ihre Folgen. Die Assoziationen reichen von Themen wie dem weltweiten Klimawandel bis hin zum umstrittenen und gerade zur Premiere eingeführten Rauchverbot in den Hamburger Kneipen. Wer erinnert sich nicht an den Tsunami im Jahre 2004, wo über 500 Schweden und ebenso viele Deutsche in den Flutwellen ums Leben kamen. Weiter ist *Der Schimmelreiter* eine Geschichte des männlichen Ehrgefühls, das noch in vielen Kulturen herrscht und der Familie zum Verhängnis wird. Es werden hier, wie es sich im Medium der Literatur oder des Theaters besonders gut anbietet, Fragen wie Ethik und humanistische Werte ausgiebig diskutiert, die uns alle tatsächlich noch angehen sollten. [...]

Louise Forssell: *„Haste mal 'ne Kippe?" Theodor Storms Der Schimmelreiter als moderne Bühnenaufführung.* In: Moderna Språk. Vol 102, No 1. 2008. S. 35–46. http://ojs.ub.gu.se/ojs/index.php/modernasprak/article/view/317/317 (abgerufen am 25.11.2019)

Endzeitstimmung an der Nordsee (Wolfgang Denker, 2018)

Alize Zandwijk inszenierte […] im Großen Haus des Bremer Theaters Storms *Der Schimmelreiter* in einer Fassung von John von Düffel, der von 1995 bis 1996 Dramaturg am Oldenburgischen Staatstheater war. Die Fassung entstand bereits 2008. Sie hält sich genau an die Handlung und eng an den Text von Storm. Viele Szenen, grundsätzlich ein Problem von dramatisierten Prosavorlagen, werden allerdings nur als Erzählung vermittelt. Das betrifft vor allem den langen Schluss. Gleichwohl ist der Regisseurin ein spannender Schauspielabend gelungen.

Schon das Bühnenbild von Thomas Rupert fasziniert: ein Rundhorizont mit bedrohlichen Sturmwolken und einem kraterübersäten Mond, einem abgestorbenen Baum mit einer Kinderschaukel und einem Bühnenboden, den ein Meer von Plastiktüten bedeckt. Diese „Sündflut" von Plastiktüten steht als Metapher für die Klimasünden unserer Zeit – Endzeitstimmung an der Nordsee. Auch Haukes eindrucksvoller Schimmel besteht aus aufblasbarem Plastik.

Zu der Grundstimmung passt auch der Beginn: Figuren mit großen Köpfen aus Pappmaché geistern wie Untote durch die fahle Szenerie. Langsam wandeln sie sich zu Menschen aus Fleisch und Blut, und das Drama um Hauke Haien, der zum Deichgrafen aufsteigt und mit seinen Visionen von einem neuartigen Deich und Landgewinnung gegen fast die gesamte, verkrustete Dorfgemeinschaft kämpfen muss, nimmt Fahrt auf.

Nur seine Frau Elke und der alte Deichobmann Jewe Manners stehen ihm bei. Wissenschafts- und Fortschrittsglaube prallen auf festgefahrene Traditionen und Aberglaube, verkörpert von Haukes Gegenspieler Ole Peters.

Zandwijk kann in ihrer Inszenierung alle wichtigen Handlungselemente der Novelle sinnvoll und eindringlich verdeutlichen: Haukes Sieg beim Boßeln, die sanfte Annäherung an seine spätere Frau Elke oder die Geburt ihrer geistig behinderten Tochter Wienke.

Besonders Haukes innige Beziehung zu diesem Kind wird von Zandwijk gut herausgearbeitet, aber als Kehrseite der Medaille auch sein ehrgeiziges Streben nach Besitzvermehrung. Wenn die verheerende Sturmflut einsetzt, wirbelt die Windmaschine die Plastiktüten ordentlich durcheinander – Apokalypse zum Greifen. […] Für eine besondere Note der Inszenierung sorgt die Musikerin Maartje Teussink, die mit Klarinette, Kontrabass, Gitarre und eingestreuten Songs die düstere Stimmung verstärkt.

Wolfgang Denker: *Endzeitstimmung an der Nordsee*. In: Nordwest Zeitung Online, 9.10.2018. https://www.nwzonline.de/kultur/bremen-der-schimmelreiter-feiert-premiere-endzeitstimmung-an-der-nordsee_a_50,2,3054874070.html (abgerufen am 27.11.2019)